国家社会科学基金青年项目"政府决策视野下的邻避冲突治理研究"（项目号：13CZZ033）结项成果

国家社科基金丛书
GUOJIA SHEKE JIJIN CONGSHU

政府决策视野下的邻避治理研究

Research on NIMBY Governance from
the Perspective of Government Decision-making

黄振威　著

人民出版社

目　　录

第二编 | 现状与问题模块

第三编 | 原因模块

第四编 ｜ 治理模块

图表目录

前　言

随着工业化、城市化的飞速发展，"邻避"现象也相伴而生。"邻避"一词历史上首次出现在《基督教科学箴言报》的一篇报道里。1980年，它被用来描述当时的美国公众对于化工垃圾的抵触。后来实践部门和学界都慢慢接受并开始使用"邻避"一词，以此来概括在现代化进程中，公众对于某些公共设施或工程项目进行抵制甚至引发群体性事件的现象，也就是"不要建在我家后院"（Not In My Backyard），对应的英文缩写短语是"NIMBY"（音译为"邻避"）。与之相关的设施即为邻避设施，抗议活动则为邻避运动。①

在20世纪80年代的美国，由垃圾填埋场、机场、监狱、收容所、戒毒服务中心等设施选址引发的冲突逐渐增多。尽管民众都认为这些设施对城市发展不可或缺，却希望远离自己，落址他处。"欢迎建设，但请远离我家后院"一度成为美国"80年代的大众政治哲学"，《纽约时报》称，那是一个不折不扣的"邻避时代"。仅在1980—1987年间，美国81个地方社区申请建设垃圾填埋场、核电厂等设施，最终只有6家完工。

同一时期，在一些欧洲国家，邻避运动引发的抗议和冲突也开始广泛出现。20世纪90年代以后，亚洲一些国家或地区，如日本、韩国，以及中国台湾

① 黄涛:《邻避运动:是发展之痛，更是进步之阶》，《中国青年报》2014年7月7日。

也频繁出现以反对环境污染为主题的邻避运动。

随着现代化和城镇化的快速发展,邻避运动在中国内地也成为一个突出现象,备受关注。十一届全国人大常委会第二十九次会议公布,从1996年开始计算,与环境相关的群体性事件呈现高发频发的态势,特别是邻避类群体性事件,年均增长速度为29%。自2005年以降,共927起事件受环保部直接接报处置,其中重特大事件72起,又尤以重金属和危险化学品突发环境事件最为引人关注。[①] 与此相类似,针对垃圾处理、污水处理、火(核)电、变电站、公厕、殡仪馆等具有邻避效应的基础设施的群体性事件也此起彼伏。

如何从源头化解邻避效应,积极预防并有效处置邻避问题,既是对危机应对能力的挑战,同时也是对国家治理体系和治理能力的一个重要挑战。为此,学者们纷纷聚焦于邻避冲突、公众参与、生态补偿和风险认知等方面展开研究,却相对忽视了政府决策过程,其实很多邻避事件的起因就是政府的决策不科学、不民主,显然这是一个不可或缺的主题。

同时,从另一角度来说,近年来我国在科学决策、民主决策、依法决策建设方面取得了很大进展。党的十六大报告中就提出,要推进决策科学化民主化,"建立与群众利益密切相关的重大事项社会公示制度和社会听证制度";党的十七大报告要求,推进决策科学化民主化,"增强决策透明度和公众参与度,制定与群众利益密切相关的法律法规和公共政策原则上要公开听取意见";党的十八大报告也明确提出,"坚持科学决策、民主决策、依法决策","凡是涉及群众切身利益的决策都要充分听取群众意见",要求"就经济社会发展重大问题和涉及群众切身利益的实际问题广泛协商,广纳群言、广集民智,增进共识、增强合力"。党的十八届四中全会从全面推进依法治国的高度,将坚持科学决策、民主决策、依法决策作出了法定程序上的规定:"把公众参与、专家论证、风险评估、合法性审查、集体讨论决定确定为重大行政决策法定程序,确保

---

① 杨烨:《环保公众参与办法最快年底出台　违法者或遭实质问责》,2014年8月5日,见 http://politics.people.com.cn/n/2014/0805/c70731-25401530.html。

决策制度科学、程序正当、过程公开、责任明确。"党的十九大报告掷地有声地再次强调,要"依法健全决策机制"。根据党的代表大会精神,积极倾听民意和扩大公民有序参与,是推进决策科学化民主化的题中之意。①

然而,现实中邻避事件中公众参与已成为决策者在推行决策科学化民主化时不得不面临的困境:一方面公众参与决策过程有着民主政治价值观的支撑和政策法规的规定,另一方面决策者也对越来越频繁的公众参与产生深深的担忧和抱怨。② 决策者在面临政府决策与邻避事件中公众参与的困境,尤其是面临新情况、新问题时该如何选择? 这些对于我们思考决策的民主化和科学化机制都大有裨益。

正是基于上述观察,本书从邻避项目决策的现状与问题出发,在结合重大行政决策事项的制度文本分析和重大行政决策过程分析的基础上,探讨了邻避项目决策中政府所面临的挑战,并从完善邻避决策的公众参与机制、优化政府决策风险评估和专家论证、健全决策问责、预防决策腐败和决策责任追究机制等方面为政府从决策领域化解邻避冲突提供政策参考。全书共分八章,第一章为导论,主要介绍选题的背景及意义,并简要介绍本书所要论述的研究目的、主要内容、技术路线、分析方法和创新之处等,最后还对座谈会情况和问卷调查情况进行了说明;第二章为文献综述。第三章为重大行政决策的制度文本研究。试图搞清楚从文本上各级政府是如何强调重大行政决策的体制机制建设的,我国重大行政决策的特点和发展趋势为何,以及中央和地方在对待重大行政决策制度上有何区别,等等。第四章为重大行政决策的流程优化研究。从决策流程的视角出发,用实证的方法认真分析一个地方重大行政决策的实际运转情况,并结合决策流程优化的一般规律和国内外经验对其未来走向提出更具针对性和科学性的政策建议。第五章运用定量分析方法对邻避项目决

①　黄振威:《城市邻避设施建造决策中的公众参与》,《湖南城市学院学报》2014 年第 1 期。

②　黄小勇:《公共决策的公众参与困境及其管理策略——以广东番禺区垃圾焚烧发电厂风波为例》,《国家行政学院学报》2010 年第 5 期。

策中的主体、动因、困难和阻力、关键环节、参与性五个部分展开讨论。第六章研究邻避项目决策中的公众参与问题。通过对比剖析两只麻雀——厦门 PX 事件、漳州 PX 事件分析现阶段我国政府稳定应对邻避效应的决策模式选择，地方实践的突破，以及公众参与邻避设施决策的未来走向。第七章基于本课题实施的党政主要领导干部决策行为调查数据，用结构方程方法分析出影响邻避治理中公众参与的因素。第八章为邻避治理的对策和建议。从邻避项目决策的科学化、民主化、法治化的角度论述如何改善邻避治理。

综上所述，本书在总体上以两条线索贯穿始终：一是邻避效应的现状，二是政府决策的体制机制以及改进路径。其中现状是改进的制度背景，也是推进策略设计的基础，而政府决策的体制机制才是本研究的落脚点。应该说，当前我国政府正面临诸多困难，外部经济环境的压力和内部职能转变的要求哪一个都不易解决。但正如管理学大师西蒙所述，"管理即决策"，所以对于政府而言，推进国家治理体系和治理能力现代化，决策体制机制的优化是关键一环。

第一编

理论模块

邻避效应的发生和治理即政府决策面临挑战和纠偏的过程。现有研究多从邻避冲突、生态补偿、风险认知和公众参与等视角切入，对政府决策过程的关注相对不足。近年来虽然越来越多的学者开始涉及邻避治理中的决策问题，但深入决策文本、决策流程、决策模式以及政府决策与外界互动内部，从而全面探讨邻避治理的研究仍然不多。本模块主要介绍选题的背景及意义，并简要介绍本书所要论述的研究目的、研究框架、主要内容、技术路线、分析方法和创新之处等，同时本部分还有一项重要工作，就是对邻避治理现有文献进行梳理和分析。所以理论模块的重要性在于为下一步研究奠定基础。

第一章 导 论

第一节 问题的缘起

当前,中国正处于改革发展和治理转型的关键时期,科学、民主、合法的决策必将在其中起关键作用。一些研究也发现,我国经济的高速增长、社会的稳定和谐、危机的快速应对等都与我国决策的有效性密切相关。中国经验中最为突出的特点之一就是高效的决策模式。[1] 不过这并不能表明,当下我国的决策就是一帆风顺的,事实上,我国的决策也面临着诸多难题。一方面,决策后的执行难使得决策效果大打折扣,政策变通、执行软约束、选择性执行、政策中梗阻等时有发生。[2] 另一方面,决策本身也开始遭遇重大挑战,尤其是在民众的权利意识和环保意识日渐提高的背景下,各地更是频繁发生了"邻避"冲突直接"逼停"重大决策的现象,这引起了学术界和实践部门的广泛关注。各方面第一次真正认识到,我国党和政府制定出来的重大决策也面临着暂停、中断甚至被终结的风险。"邻避"现象、"邻避"情结、"邻避"冲突等这些用语中的一个核心词汇便是"邻避"。邻避是台湾学者从短语"NIMBY"音译而来,英文全称为"Not In My Backyard"(直译为"不要建在我家后院"),描述的是一

---

[1] 王绍光、樊鹏:《中国式共识型决策"开门"与"磨合"》,中国人民大学出版社 2013 年版。

[2] 陈丽君、傅衍:《我国公共政策执行逻辑研究述评》,《北京行政学院学报》2016 年第 5 期。

类在全球范围内广泛存在的,由废旧物处理、能源型、重化工型和交通类等设施的选址、建造和运营所引发的冲突事件。① 由于邻避设施普遍具有负外部性、成本收益分配的空间不对等性等特征②,居民似乎天然地厌恶和排斥它们。于是,反对乃至采取过激行为集体抵制邻避设施的选址、建造及运营的行为时常发生,由邻避设施所引起的冲突事件已经成为非常典型的,令各国政府非常头疼又有些束手无策的冲突事件。③ 显然,邻避现象是工业化、城市化、现代化发展到一定阶段的产物,西方国家都曾经遭遇过,乃至现在也未完全摆脱邻避事件的强烈冲击,而我国当下的邻避事件也日渐增多,邻避类影响性事件揭示出决策者在推行决策科学化、民主化、法治化过程中不得不面临的困境。

1. "集体散步"逼停 PX 项目

在公众不知情的情况下,厦门市政府及其部门对 PX 项目的运作进展顺利,但 2007 年 3 月两会期间,全国政协各界人士中的 105 人提交议案,指出该项目是一种危险化学品,致癌性高,造成厦门人,特别是周边居民对该项目的极度恐慌。④ 2007 年 6 月初,厦门市有大量公众怀疑 PX 化工项目具有毒性高、发病率高、胎儿畸形率高等特点,以"集体散步"的方式表达抗议和反对声音,虽然在此之后厦门市政府以多种方式重启环评,并引入公众参与的方式,但广大公众则在参与过程中表示反对。迫于此,2007 年 12 月,厦门 PX 化工项目最终流产。此后,上海市民效仿"集体散步",抵制"磁悬浮"项目建设。

系列 PX 决策项目遭遇"一闹就停"。继厦门"集体散步"事件后,大连

---

① 黄振威:《半公众参与决策模式——应对邻避冲突的政府策略》,《湖南大学学报》2015年第 4 期。

② 李永展、翁久惠:《邻避设施对主观环境生活品质影响之探讨:以居民对垃圾焚化厂之认知与态度为例》,《经社法制论丛》1995 年第 16 期。

③ 王佃利、徐晴晴:《邻避冲突的属性分析与治理之道——基于邻避研究综述的分析》,《中国行政管理》2012 年第 12 期。

④ 黄小勇:《在公众参与环境下如何进行民主决策——以漳州市引进 PX 项目为例》,《中国党政干部论坛》2011 年第 11 期。

(2010 年)、宁波(2012 年)、九江(2013 年)、茂名(2014 年)等地也相继发生公众抵制 PX 项目的群体性事件。一时间 PX 项目成为洪水猛兽,在持续的公众抵制潮涌中,一些地方政府甚至做出"永不上 PX 项目"的绝对化承诺。

2."民心工程为何百姓不领情"

广州市番禺区垃圾焚烧发电项目风波。广州市番禺区居住人口为 250 万,年产垃圾近 80 万吨。事发时当地的垃圾处理方式为垃圾填埋和简单的焚烧。随着城市化的进一步推进,番禺区对垃圾处理的要求也越来越高,而与此相对应的城市垃圾处理能力却没有相匹配增长,显然仅有的这些垃圾处理能力将无法继续应对城市垃圾快速增长的窘境,长此以往,"垃圾围城"的问题将无法避免。在这种外部环境和技术实力的限制下,垃圾焚烧成为被政府所接受的能解决"垃圾围城"危机的可行措施。据调研资料显示,作为市里的重点工程,番禺区垃圾焚烧发电项目尝试引进了国际先进的废弃物焚烧发电技术,并经过了有关部门一系列的规划、选址和论证工作,做到了手续完整、程序规范。2009 年 2 月,垃圾焚烧发电项目建设如期正式启动。不过令政府没有想到的是,这一举动立即引起了周边居民的强烈关注。由于燃烧废气中的二噁英可能会对健康造成严重危害,周边居民区业主通过集体行动主动组织协商和联合抗议,开始反对和抵制项目建设。① 在强烈的抵制性公众参与下,政府不得已做出两项决定:其一是暂停项目建设,实质上就是搁浅了决策;其二是广开言路,希望群众能推荐其他选择方案,并表示可能会利用公众投票最终来决定项目的选址和兴建。

与番禺事件具有相类似影响性的事件随后接连发生在全国各地,如 2016 年就发生了几起影响性事件,如 4 月嘉兴海盐县、6 月湖北仙桃、10 月西安高陵区等地的垃圾焚烧项目分别引发当地民众的集体反对而暂缓建设,广受媒体关注。

---

① 黄小勇:《公共决策的公众参与困境及其管理策略——以广东番禺区垃圾焚烧发电厂风波为例》,《国家行政学院学报》2010 年第 5 期。

3.其他邻避类公共事件

什邡事件:四川省什邡市的群体性事件。此次事件的直接导火索为什邡市建设的"宏达钼铜多金属深加工综合利用项目",具体时间为 2012 年 7 月 1 日。此项目为什邡市的灾后重建重大项目,公众对项目的关注源于其对环境可能造成的极大的负面影响,因此大量的公众集会抗议项目启动。事后,什邡市政府表示不再修建钼铜项目。① 启东事件:"集中收集,集中处理"的规模化工业污水处理更为经济,为此,政府启动了"南通排海工程",建设了 110 公里长的工程管道用于排污,南通、海门、启东沿线污水经处理后统一排放,设计能力为每天 60 万吨,后来减少到每天 15 万吨。污水处理工程管道设计入海地点为启东海域。2012 年 7 月 28 日,由于担心"南通排海工程"将对当地人民的生活产生影响,成千上万的启东公众在市政厅前面的广场和附近的道路聚集散步,散发《告全市人民书》,控诉项目对城市的影响,并冲击政府大楼,鉴于此,最终项目暂停。

从上述案例可见,近几年邻避设施的选址兴建一直处于"想建/该建而不能建"的尴尬境地。因为公众的抵制,政府被迫对邻避设施兴建的方案进行再抉择,甚至暂停或彻底终止了决策。也就是说,在面对邻避设施建造的决策时,政府传统决策程序遭遇挫折,经常需要逆回到前决策阶段对邻避设施的选址兴建进行重新决策,决策结果也经常在公众的质疑和抵制中变得不可执行。未来我国工业化、城市化的程度将呈现加快发展的趋势,邻避设施的需求也将进一步释放,而与此同时,公众也随着经济社会的发展在不断成长,他们对更多地知晓公共政策内容,表达自身政策意愿,追求自身政策利益,参与政策制定过程,影响政策结果有着越来越刚性的要求,这将成为未来我国政府决策环境的一个重要特点。所以,从政府的决策视角入手,研究已经频发并仍可能进

---

① 文辉、杨军:《突发公共事件的微博传播特征及其舆论引导——以"什邡事件"的新浪微博传播为例》,载于祝小宁:《全球治理中的公共管理创新研究——2013 年公共管理国际会议论文集续集》,电子科技大学出版社 2014 年版,第 200 页。

一步加剧的邻避治理中的政府决策与公众需求之间的张力问题,厘清邻避事件中的决策模式,分析和评价政府政策过程中的影响因素,并为政府相关领域的改革和政策调整提供指导就有着极其重要的理论价值和现实意义。

理论价值:从政府决策视野研究邻避治理问题,弥补了过去研究中多关注邻避事件中的公众的集体行动、公众参与、政府的应急管理以及环境影响评价等视角的不足,拓宽了理论视野,方便进行理论创新。

现实意义:党的十八大报告指出,要"坚持科学决策、民主决策、依法决策"。党的十八届四中全会更是明确规定,"要健全依法决策机制,把公众参与、专家论证、风险评估、合法性审查、集体讨论决定,确定为重大行政决策的法定程序……建立行政机关内部重大决策合法性审查机制……建立重大决策终身责任追究制度及责任倒查机制"。党的十九大报告掷地有声地再次强调,要"依法健全决策机制"。本书面对邻避效应时,重点关注政府如何在保持决策高效率的同时控制决策风险,为政府决策的科学化、民主化和法制化提供指导和建议。

第二节 研究框架与研究内容

一、研究框架

本课题的研究有两个基本目的:一是从政府决策的视野对邻避治理的现状和现有问题进行分析,包括邻避项目决策的普遍性问题、目前重大行政决策的制度文本现状及问题以及重大行政决策的流程现状及问题等;二是从我国邻避项目决策的现状出发,深入剖析邻避项目决策中的几个关键环节:公众参与、专家咨询、风险评估以及决策责任追究等。分析他们各自的问题和弊端,推动邻避治理的转型与优化。遵照这一研究目的,本课题研究遵循文献—现状—问题—解决对策的思路进行系统研究,具体研究框架如下:

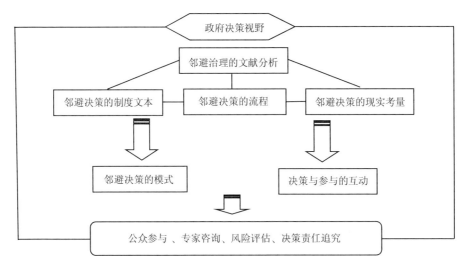

图 1.1　本课题的研究框架

（一）理论模块：邻避治理的文献评述

邻避效应的发生和治理即政府决策面临挑战和纠偏的过程。现有研究多从邻避冲突、生态补偿、风险认知和公众参与等视角切入，对政府决策过程的关注相对不足。近年来虽然越来越多的学者开始涉及邻避治理中的决策问题，但深入决策文本、决策流程、决策模式以及政府决策与外界互动内部，从而全面探讨邻避治理的研究仍然不多。本模块主要介绍选题的背景及意义，并简要介绍本书所要论述的研究目的、研究框架、主要内容、技术路线、分析方法和创新之处等，同时本部分还有一项重要工作，就是对邻避治理现有文献的进行梳理和分析。所以理论模块的重要性在于为下一步研究奠定基础。

（二）现状和问题模块：邻避决策的现实描述

通过文献分析，把握了本研究的切入点之后，本研究开始尝试回答两个关键问题：邻避项目决策究竟是怎么出台的？有什么问题？对于这些问题的解答，关涉到三块内容：邻避项目决策依据的现状和问题、邻避项目决策流程的现状和问题以及邻避项目决策实际考量的现状和问题。因为邻避设施的重要性和特殊性,大多数典型的邻避设施决策隶属于地方重大行政决策范围,所以本模块由重大行政决策制度的内容分析、重大行政决策的流程分析,以及邻避决策的现实考量三部分内容支撑。具体分析了重大行政决策的法律法规文本、重大行政决策的流程优化、邻避决策中各利益主体在决策中角色和地位、决策主体间的互动、决策影响因素的考量等方面。尤其值得注意的是,本课题还利用中央党校独有学员资源,对真正参与邻避项目决策,甚至主要决策者进行了问卷调研。运用多种分析方法,对决策主体、决策动因、决策过程、决策关键环节等相关主题进行了描述和分析,构建了邻避决策现状和问题的完整图景。

(三) 原因模块:邻避事件僵局的因素分析

第二编已经对现有邻避项目决策的制度依据、流程现状以及基于领导干部问卷调研的实践考量进行了详细的梳理,那接下来一个有趣的问题便是,从决策视角来看,当前导致邻避事件僵局的原因究竟是什么? 对于为何会发生邻避现象学界已经有比较成熟的论证,但是对于当前邻避事件僵持不下的原因却鲜有人探讨。又因为所有的外界因素的影响和所有制度的约束最终都将在"政府决策—公众参与"这对矛盾冲突中得以体现,所以本模块主要从"政府—公众"关系这对经典视角对这一问题进行研究,本课题研究证明,这种僵局涉及两种力量的暂时相对平衡,一种在于政府现有决策模式的吸纳力,另一种在于决策中关键机制缺失所引起的公众的冲击力。

(四) 治理模块:邻避决策的完善优化

决策是多环节过程,从政府决策视角研究邻避治理,即用完整链带使决策结果不断逼近公共利益最大化目标。故政府在解决邻避问题过程中,应完善公众参与机制,纠正封闭决策模式;应健全专家论证机制,提升决策科学化水平;决策方案必须进行风险评估;应在决策实施或决策纠偏注重决策责任追究。

二、研究内容

本书从研究框架出发,共分为8个部分展开相关内容的阐释,具体写作框架如下:

第一章:导论。本章也为本研究的起点。沿着背景聚焦——问题界定——设计方案的逻辑思路,本章主要介绍选题的背景及意义,并简要介绍本书所要论述的研究目的、研究框架、主要内容、技术路线、分析方法和创新之处等,最后还对座谈会情况和问卷调查情况进行了说明。

第二章:政府决策视野下的邻避治理:文献综述。本章将首先运用最新的文献计量分析方法对国际上关于"邻避"的研究文献进行系统梳理,在对文献进行聚类分析、多维尺度分析及社会网络分析之后,归纳出国际邻避研究的理论主题。之后再对国内研究进行全面梳理,概括出当前中国邻避研究的特征和进展。

第三章:邻避决策的依据:基于重大行政决策的文本考察。制度文本是重大行政决策有效实施的前提,也是决策规范运行的依据。邻避项目由于其特殊性,隶属于重大行政决策范畴。因此,在邻避项目的决策中,要避免因决策而导致的邻避设施遭受抵制,提升地方政府科学、民主、合法决策能力,制度文本的成熟度要求是最为基本的。因而,本章将对各地重大行政决策制度文本进行分析,试图搞清楚从文本上各级政府是如何强调重大行政决策的体制机制建设的,我国重大行政决策的特点和发展趋势为何,以及中央和地方在对待重大行政决策制度上有何区别等问题。

第四章:邻避项目决策流程的现状和问题:基于S区重大行政决策过程的调研。制度实施的绩效往往是深受两个因素影响的:规章制度本身是否完善以及制度实施过程是否严格顺畅。制度文本分析了一些邻避项目决策中存在的问题,但是具体的决策过程如何,中间又有何不足和掣肘,还需要深入的观察和分析。本章从决策流程的视角出发,用实证的方法认真分析一个地方重大行政决策的实际运转情况。并结合决策流程优化的一般规律和国内外经验对其未来走向提出更具针对性和科学性的政策建议。

第五章:邻避项目决策的实践考量:领导干部视角的考察。本章主要是通过对前期四轮调研问卷的分析,运用描述性统计、多重响应以及相关分析等研究方法,对邻避项目决策中的主体、邻避项目决策的动因、邻避项目决策的困难和阻力、邻避项目决策的关键环节、邻避项目决策中的公众参与五个部分展开讨论。也为下一步深入研究邻避决策模式和决策机制打下基础。

第六章:半公众参与邻避项目决策模式。在邻避事件中,现有的政府决策体制如何有效应对公众强烈的意见表达和参与始终是邻避治理必须回答核心问题。本章将对比剖析"两只麻雀"——厦门 PX 事件、漳州 PX 事件分析出现阶段我国政府稳定应对邻避效应的决策模式选择、地方实践的突破,以及公众参与邻避设施决策的未来走向。

第七章:为什么邻避从公众参与转向了社会抗争。上一章探讨了邻避决策模式的缺陷问题,这一章探讨邻避决策具体机制的缺失。公众参与作为重大行政决策程序的重要一环,在某种意义上与社会抗争是相互替代关系。但是现实中我们常见社会抗争导致失败的邻避项目,而少见公众参与促成成功的邻避设施建设。公众参与因何而消失了。这一章基于本课题实施的党政主要领导干部决策行为调查数据,用结构方程方法分析出影响公众参与的因素,尝试对这一问题进行解答。

第八章:邻避治理的对策和建议。从邻避项目决策的科学化、民主化、法治化的角度论述如何改善邻避治理。涉及的内容包括公众参与的广度、公众参与的深度和公众参与的形式三个方面来论述如何提升邻避决策中的公众参与问题。同时,因为风险评估和专家论证也是邻避项目决策中的关键环节,本章还将论述重大行政决策中风险评估的国际经验、当前重大行政决策风险评估的新趋势以及重大行政决策中的风险沟通等问题。

第三节 研究方法与调研情况

一、研究方法

本书采用规范研究与实证研究相结合、定性分析与定量分析相结合的方法,综合运用文献计量法、案例分析法、内容分析法等研究方法,结合公共管理学、政治学、法学的基本理论,深入探讨邻避项目决策的现状、问题及对策。

(一) 文献计量分析法

文献计量分析是运用引文分析技术将文献间关系数量化、并通过信息技术达成可视化的一种新型文献整理、文献分析的研究方法。"引文分析是指利用各种数学及统计学的方法和比较、归纳、抽象、概括等逻辑方法,对科学期刊、论文、著者等各种分析对象的引证与被引证现象进行分析,以揭示其数量特征和内在规律的一种文献计量分析方法。"[1]本书将首先综合运用聚类分析、多维尺度分析及社会网络分析,对国外邻避研究的公众参与、邻避冲突、环境补偿、风险管制等理论议题的研究现状进行分析。之后再对国内研究进行全面梳理,概括出当前中国邻避研究的特征和进展。

(二) 内容分析法

内容分析是针对小样本、文本及政策研究等专门设计的一套科学的分析路径。它运用一套程序对信息进行分类继而得出有效推论。[2] 内容分析的目的是对分析对象中研究主题的本质特征、趋势及未来方向进行把握,为此它的

---

① 邱均平:《信息计量学》,武汉大学出版社 2007 年版,第 320 页。
② Rebecca Morris,"Computerized Content Analysis in Management Research: A Demonstration of Advantages & Limitations", *Journal of Management*, Vol.20, No.4(1994), p.903.

主要工作就是对分析对象中的内容进行系统的、客观的和定量的描述。[①] 内容分析一般分为确立研究问题、确定研究总体、选取分析单位、设计分析维度、对文本编码以及分析和解释结果六个步骤。[②] 本书将运用内容分析法对重大行政决策的边界、程序、公众参与、责任追究等问题进行研究。

（三）结构方程分析法

结构方程模型（Structural Equation Modeling，SEM）是"基于变量的协方差矩阵来分析变量之间关系的一种统计方法"[③]。传统方法要求自变量和因变量均可测，且假设自变量不能出现测量误差，否则系数不可估计。这个矛盾在研究过程中很难得到真正解决。结构方程模型则可以克服上述的困难，它不仅允许存在测量误差，还允许分析多个潜变量（因变量也不限于只有一个）之间的结构关系，甚至容许处理一个测度变量从属于多个潜变量或者高阶因子等更为复杂的测量模型。本研究将运用结构方程方法深入理解邻避事件中公众参与的影响因素，这将有助于了解公众参与和邻避事件之间的相互关系，还有助于政府识别掌握其中各要素的影响路径，提升邻避治理的水平。

（四）典型案例剖析

本书将集中选取厦门 PX 事件、漳州 PX 事件以及云南昆明 1000 万吨/年炼油项目案例这些邻避事件中的典型案例进行研究。对这些个案产生的背景、缘由、决策过程、影响等进行全面分析。从而梳理出当前我国各级党委和政府应对邻避效应的方式以及各地方目前应对此问题的创新实践。

---

① 袁方：《社会研究方法教程》，北京大学出版社 1997 年版，第 401—402 页。
② 李钢、蓝石：《公共政策内容分析方法：理论与应用》，重庆大学出版社 2007 年版，第 6—22 页。
③ 侯杰泰：《结构方程模型及其应用》，教育科学出版社 2014 年版，第 12 页。

二、研究的基本思路、技术路线和创新点

研究思路：在引入政府决策视野和对邻避治理的基本理论进行回顾后，对邻避项目决策的依据，邻避项目决策的流程，邻避项目决策的实际考量进行研究，并在此基础上通过结构方程分析和典型案例分析对邻避决策中的模式问题和具体机制问题进行探讨，进而提出我国治理邻避效应的政策建议。技术路线请参见图1.2。

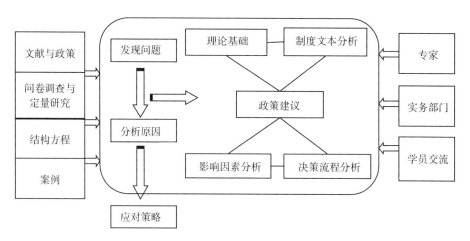

图 1.2　本课题研究的技术路线

本课题的主要创新点：

(1)研究视角新：已有研究多关注邻避效应中的环境影响评价、公众的抗争过程以及政府的危机管理，本课题将从决策视角入手，特别关照邻避效应中政府决策科学化和民主化实现机制。

(2)研究内容新：本书将运用结构方程分析研究出邻避中公众参与和社会冲突的替代机制，运用内容分析发现重大行政决策的典型特征，运用问卷调研研究我国地方党政领导干部对邻避决策的看法和动机，这些研究内容都具有一定新意。

(3)研究方法新：本课题将综合运用结构方程、典型案例研究、文献计量

分析、内容分析等组合成一种有效的、互补的研究方法集。从而方便更好地进行理论创建和提出更具有针对性的政策建议。

三、调研和问卷发放情况

（一）调研座谈情况介绍

为了更好地了解邻避设施的决策现状，以及邻避治理中的决策困境及解决思路，课题组成员集中前往福建厦门、福建漳州、云南昆明、浙江余杭、浙江嘉兴、四川广安、四川遂宁、江西九江等地进行专题调研，分别涉及项目选址、公众参与、专家论证、风险评估等不同主题，主要采取召开座谈会形式分别听取政府、企业、专家和公众对邻避治理的意见建议。鉴于需要对这一领域情况比较了解，我们在专题调研对接过程中，专门提出尽量邀请邻避项目决策的当事人或者亲历者，以及邻避治理的参与者参加，从而确保获取信息的真实性和可靠性。

与此同时，课题组还利用中央党校专题班上课的机会，借用案例教学的形式与来自全国各地的学员进行交流，还特意邀请多名县委书记研修班的学员（分别来自东、中、西部地区县委书记）展开专题座谈，请书记们谈谈县级重大公共决策（邻避项目决策）的运行现状、怎样提高决策科学化和民主化水平。（座谈提纲详见附录1）

本课题在正式立项和前期研究过程中，在广泛阅读国内外相关研究资料的基础上，已经对国外有关问题的治理情况、我国邻避项目决策中的普遍做法和实际困境进行了较为系统的梳理。在几次集中调研前，课题组也积极与相关调研地区党委办公室、政府办公室进行对接，希望充分借助它们的综合协调能力，确保高质量地完成调研任务。总的来说，调研座谈具有以下特点：

一是座谈交流兼顾不同层级、不同部门。课题组每到一地调研，都会根据当地情况召开若干次专题座谈会,邀请市、县、区、街道不同层级的主要领导,以及与邻避治理决策相关的部门主要负责人参加。确保所收集的信息是全面的,最反映客观现实的。二是座谈交流注重听取利益相关方的意见。召开了若干次与企业、村两委、村民和楼盘业主的座谈交流会,聆听他们对有关事件的描述,深入了解他们对相关事件的评价。三是座谈交流内容丰富,指向明确。每次座谈会都根据当地邻避治理的实际重点讨论一个主题,诸如公众参与的有效性问题、决策风险评估问题、专家论证问题等,使得讨论较为完整深入。同时这些主题都有共同的指向性,就是邻避治理中的决策现状及困境。

(二) 问卷设计与发放过程

调查问卷的质量高低除了直接反映测度内容的一致性、稳定性和可靠性外,还直接关系到测度内容能否准确反映所要考察事务的程度。通过问卷形式进行标准化的统计分析,从而更加客观、准确、全面地把握邻避设施建造中的决策现状以及邻避治理中的决策困境。由于不同个体的认知存在差异性,在问题选项设计中难免具有差异,加之受到题目数量的限制,难以形成一套科学的、固定的问卷模式。根据许多学者的建议,本研究进行了两次全国性的问卷调查,一次为中央党校 2013—2017 年期间主要针对党政主要领导干部决策行为的调查,一次是中央党校 2013—2015 年期间主要针对领导干部开展的邻避治理问卷调查,调查问卷设计大致都经历了几个步骤[①]:首先,研究借鉴与问题提炼。学术界当前并没有直接关于邻避治理中决策方面的问卷,所以通过查阅近年来关于邻避治理、决策两方面的国内外文献,同时参考了学者们关

---

① Churchill, G, "A Paradigm for Developing Better Measures of Marketing Constructs", *Journal of Marketing Research*, Vol.16, No.1(1979), pp.64–73; Dunn, S.C., Seaker, R.F., Waller, M.A., "Latent Variables in Business Logistics Research: Scale Development and Validation", *Journal of Business Logistics*, Vol.15, No.2(1994), pp.145–172.

于环境群体性事件设计的问卷内容,在此基础上提炼概括了问卷初步的 40 个问题选项。其次,内部讨论与完善。课题组内部曾多次召开内部讨论会,课题组成员充分发表意见,对明显存在重复、冲突的问题选项进行删减,对问卷初步框架进行适当调整。再次,外部专家论证。课题组将调查问卷(征求意见稿)发送给中央党校、浙江大学、中央财经大学、国务院发展研究中心 4 所单位的 5 位专家,逐一向他们征求对调查问卷的意见,并及时进行了书面反馈。最后,在全面吸收专家意见的基础上,最终共收集了 45 份有效问卷。问卷发放过程是将其制作成电子版后随机发送给中央党校的研究生,MPA 学生及其亲戚朋友,以及其他社会人士。根据被调查人的回答和反馈,课题组对问卷中的部分测量题的语言表述以及设问方式进行了修改,最终形成了调查问卷的正式版。(见附录 2)

调查问卷发放途径主要有三类:一是通过相关调研座谈现场发放问卷,请参会人员填写后现场回收;二是委托调研地的党委办、政府办,通过他们向各委办局发放问卷并组织回收,问卷发放对象严格按照调研组事先确定的分层随机原则进行;三是委托云南大学、浙江大学、中央党校等高校和研究机构实施的社会问卷调查,主要是了解邻避设施周边以及当地的企业、居民对邻避设施的认知和评价。

第一次问卷调查在 2013—2015 年间,我们以邻避治理中的决策和公众参与为主题进行调研,调研对象涉及决策者、执行者、参与者及利害关系人,发放过程分别委托调研地的政府办公室、其他的党委办和政府办以及有关研究机构。总共发放 270 份问卷,最终收回问卷 262 份,剔除掉不合格问卷 46 份,最终得到有效问卷 216 份,有效回收率 80%。第二次问卷调查总共发放了四轮问卷,第一轮是在 K 地专题调研时委托当地政府办发放,发放问卷数 180 份,回收后经整理,有效问卷为 150 份,有效回收率 83.3%;第二轮是委托多地党委办和政府办对单位内部和下级单位领导干部按照随机抽样方式发放,发放问卷150 份,回收后经整理,有效问卷 129 份,有效回收率 86%。第三轮是委托的有关研究机构实施的问卷调查,对象为随机抽样方式确定的局级领导,发放数量为 50 份,有效回收数量为 45 份,有效回收率达到 90%;第四轮也是委托相关高校和研究机构展开的调研,对象为随机抽样方式确定的处级领导(正职),问卷发放数量 60 份,有效回收数量 55 份,有效回收率 91.6%。四轮总共发放问卷数量达 440 份,最终回收的有效问卷达 379 份,有效回收率 86.1%。(见表 1.1)

表 1.1　问卷发放情况

问卷发放轮次	发放途径	发放数量	有效回收数量	有效回收率
第一轮	专题调研座谈 K 地	180	150	83.3%
第二轮	委托多地党委办和政府办	150	129	86%
第三轮	委托研究机构	50	45	90%
第四轮	委托研究机构	60	55	91.6%
合计		440	379	86.1%

数据来源:作者自制。

这里需要说明的是,为了保证问卷调研的针对性,也为了能够公正地、以示区分地展现不同群体对于本问题的看法,也为了之后研究的便捷性和针对性,第二次问卷调查课题组还特意设计了两套问卷,分别是公众卷和公务员卷。

第二章　政府决策视野下的邻避治理：文献综述

第一节　文献计量分析方法的引入

转型期的中国,任务艰巨且繁重,一方面要消除原有旧体制的遗留问题,另一方面须面临新旧体制并存所滋生的新矛盾,还要对新形势、新环境进行准确判断,谨慎理性地建设新制度。

随着社会主义市场经济体制的逐步确立,以及我国工业化、城市化进程的大大加快,我们对于大型工业项目和市政工程设施的新建、改建和扩建的需求日益增加,同时,它们本身也是衡量一个地区经济社会进步状况和现代化程度的重要标志,是政府能力的代名词。因此,这些项目和设施的选址、征地、拆迁、建设在全国各地掀起了一轮又一轮的浪潮。不过与之相伴随的,针对它们的抵制和冲突也在不断上演,甚至最终都演变成了极端的社会稳定事件。正如前文所述,邻避案例如今已是屡见不鲜,而且还有愈演愈烈的趋势。虽然冲突表现形态不尽相同,但对抗的结果却是一致的,且引发的对抗逐步升级,对抗方式更为直接,这是普遍存在的现实。(见表2.1)

表 2.1　近年来各地爆发的典型邻避事件一览

时间	地点	事　件
2007.6	福建厦门	市民"集体散步"抗议 PX 项目
2008.1	上海	市民集会"集体散步"抵制磁悬浮
2009.10	广州番禺	市民示威反对垃圾焚烧发电项目
2009.10	江苏吴江	市民走上街头反对垃圾焚烧发电项目
2011.8	辽宁大连	公众大规模游行反对 PX 项目
2011.11	北京	居民"散步"反对筹建餐厨垃圾处理站
2012.4	天津	"散步"抗议聚碳酸酯(PC)项目
2012.6	四川什邡	民众大规模游行抗议钼铜冶炼项目
2012.7	江苏启东	大规模集结示威抗议污水管道排海工程
2012.10	浙江镇海	民众激烈抵制 PX 项目
2013.5	四川成都	市民反对 PX 项目
2013.5	云南昆明	市民两次游行示威反对炼油炼化项目
2014.3	广东茂名	民众抗议示威反对 PX 项目
2014.5	浙江杭州	余杭区民众大规模激烈抗议垃圾焚烧发电
2016.4	浙江海盐	民众集结抗议筹建垃圾焚烧发电
2016.6	湖北仙桃	民众在街头抗议垃圾焚烧厂项目

资料来源:作者自制。

　　因此,一些显而易见的问题是,在如今稳定压倒一切的压力之下,这样严峻的情形何以形成? 政府在面对这些问题时的处境如何,它给自己角色的定位如何? 政府采取了有效措施吗,为什么一而再、再而三地发生类似的事件,政府为什么没有吸取教训? 公众对政府的态度为何,什么因素在其中起了关键作用……这些问题都亟待理论界和实践部门给出答案。

　　应当看到,在这些邻避案例中,政府、企业、直接利益相关人、社会公众都被卷入其中,国家利益、个人利益、商业利益、公共利益、政治利益等相互交织、相互纠缠,牵涉出社会的方方面面,一次次地引发了局部地区社会关系的高度紧张,并已然成为当下中国最易激化矛盾、引起冲突的领域。对于政府而言,邻避项目建设是一项政治性、法律性、经济性、群众性都非常强的工作。涉及小到设施周围居民的切身利益,大到全域内公众的福祉;小到项目和工程所带来的直接收益,大到城市形象和投资环境的口碑;小到城市总体规划和城市建设目标的实现,大到国家战略和国家安全的保障;小到政府危机处置能力的评价,大到党和国家信任度的展示。可以说,邻避问题的高度复杂性和复合性使得它必然受到各级政府和广大人民群众的高度关注,而作为宏观调控和公共产品提供主题的政府对解决这一难题负有不可推卸的责任,这也已经得到了学界的高度认同。但具体的制度设计如何,或者再往前推一步,解决本难题的关键因素是什么,冲突的本质是什么,这些都需要学界通过严谨、科学、细致的研究来予以解答。

因此,展现学者们对邻避治理的理解和思考,不仅涉及下一步研究是否具有选题、内容、方法上的创新性,是否对相关理论建设有推动作用,而且还涉及是否能准确把握邻避现象发生的内在机理,尤其对于正处于"邻避风暴中心"的中国政府而言,能否及时反思和跟进邻避治理的最新动态和走向,思考相关政策科学性、民主性、法治性的要求,可以说是理论工作者义不容辞的职责。因为国外早已经历了"邻避"阶段,积累了大量的研究和思考,为此,本研究将首先运用文献计量学方法对国际上的"邻避"研究进行梳理和总结,具体运用了聚类分析、多维尺度分析及社会网络分析之后,归纳出当前世界上邻避问题研究的热点主题。之后再对国内研究进行全面梳理,概括出当前中国邻避研究的特征和进展。

第二节　邻避研究的描述统计分析

数据的是否完整和准确,是任何实证工作都必须正视的第一项重要工作,在文献计量及可视化分析中也是如此。选择合适的数据来源,保证数据获得的完整性与准确性,这是研究必须首要解决的问题。[1]

---

① 许振亮:《国际技术创新研究前沿与学术群体可视化分析》,博士学位论文,大连理工大学 21 世纪发展研究中心,2010 年,第 32 页。

国际邻避研究前沿与学术群体的数据获取,采用主题检索形式,最后采用
"NIMBY ＊"or"LULU ＊"在 ISI Web of Knowledge 中进行主题检索,具体选择
其中的 Science Citation Index Expanded(SCI-E)、Social Sciences Citation Index
(SSCI)和 Arts & Humanities Citation Index(A & HCI)三大数据库,这样既符合
学术标准,也满足研究要求。① 时间跨度:所有年份。文献类型选择 article,数
据的最后更新时间为 2016 年 12 月 30 日。

一、邻避研究的时间分布

按照 TS＝"NIMBY ＊"or TS＝"LULU ＊"在 ISI Web of Knowledge 中进行主
题检索,所选年份为所有年份,获得每年出现的邻避研究的文章数量 1023 篇,
进而得到邻避研究文献的发展趋势,图 2.1 展现了近 25 年来的概况。从文献
中可以得知,西方国家对于邻避问题的关注肇始于 20 世纪 80 年代,第一篇被
SCI、SSCI 和 A&HCI 收录的文章出现在 1982 年。在此后长达近 40 年的时间
跨度中,相关研究数目一直呈缓慢上升之势,应该说,20 世纪 90 年代之前,邻

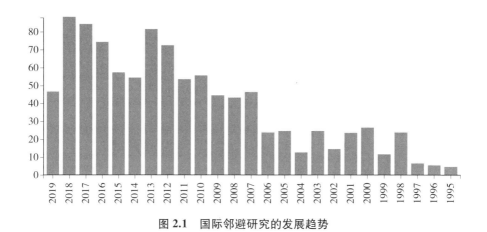

图 2.1　国际邻避研究的发展趋势

①　许振亮:《国际技术创新研究前沿与学术群体可视化分析》,博士学位论文,大连理工大
学 21 世纪发展研究中心,2010 年,第 32 页。

避问题已然出现,但并没有受到爆炸性的关注。直至进入21世纪,文章发表的增长势头才逐年看涨,2010年突破50篇/年,迄今为止最高峰为2013年的81篇/每年。值得注意的是,2013年后,国际上关于此问题的发文数量一度出现了下滑,比如2014年回落到54篇/年,之后两年的发文数又有所回升,2018年更是达到近年来的顶峰88篇/年,这跟这几年国际上对于此问题的研究进一步加深,大家纷纷搜寻新视角、新方法进行分析有关。

二、邻避研究的研究方向分布

按照TS＝"NIMBY＊"or TS＝"LULU＊"在ISI Web of Knowledge中进行主题检索并获得数据的前提下,并将类型选定为论文后,进一步进行研究方向(Research Area)的分析,显示结果表明,1023篇研究分布在162个研究方向中,限于篇幅,本书中展示出前25个方向,如表2.2所示。

表 2.2　国际邻避研究的研究方向分布表

研究方向	频次	占比
Environmental Sciences Ecology	314	30.69%
Public Administration	74	7.23%
Energy Fuels	64	6.26%
Geography	62	6.06%
Urban Studies	60	5.87%
Business Economics	53	5.18%
Engineering	53	5.18%
Government Law	49	4.79%
Sociology	31	3.03%
Agriculture	28	2.74%
Science Technology Other Topics	28	2.74%
Forestry	21	2.05%
Music	21	2.05%
Social Sciences Other Topics	20	1.96%

续表

研究方向	频次	占比
Psychology	19	1.86%
Literature	16	1.56%
Mycology	16	1.56%
Mathematics	15	1.47%
Meteorology Atmospheric Sciences	15	1.47%
Public Environmental Occupational Health	15	1.47%
Geology	14	1.37%
Plant Sciences	13	1.27%
Computer Science	11	1.08%
Chemistry	9	0.88%
Food Science Technology	9	0.88%

数据来源:作者自制。

从表2.2中所列举的频次排名前25的研究方向可以看出,邻避研究已经遍布在自然科学、工程技术、社会科学和人文科学等各个领域。总共覆盖了162个专业类别。而且,研究在各个研究方向中的分布是不均衡的。其中,生态环境科学(Environmental Sciences Ecology)所占比重最大,接近三分之一,占30.69%,这也说明邻避和环境问题的高度相关性。另外值得注意的是,在排名前十位的研究领域中,有公共管理(Public Administration)、城市研究(Urban Studies)、商业经济(Business Economics)、政府法制(Government Law)和社会学(Sociology)五个人文社会科学上榜,这也说明了邻避问题的复杂性,不仅涉及科学领域,还与政府的有效管理、城市规划和布局、经济利益的补偿、法律法规的完善和社会网络、社会心理等有密不可分的关系。

三、邻避研究的机构分布

表2.3是以 TS = "NIMBY * " OR TS = "LULU * " 为检索式,检索出的国际上关于邻避领域研究发表文献居前25位的研究机构。可以发现,高校仍然是

对邻避最为关注的研究机构。其中,发表文章最多的研究机构是埃克塞特大学,发文量为 14 篇。其次是澳大利亚国立大学和阿姆斯特丹大学,发文量为 10 篇。前十五位中有三所研究机构,分别为欧共体相关的委员会、国际应用系统分析研究所、日本国立环境研究所,发文量分别为 9 篇、7 篇和 7 篇。进入排行的非欧美大学只有阿联酋大学和南非斯泰伦博斯大学,发文量都不足 10 篇,分别为 8 篇和 7 篇。这在一定程度上表明,至少从机构设置和影响力来看,邻避研究基本更为北美洲和欧洲国家所重视,它们也是邻避研究重镇。

表 2.3　国际邻避研究的机构分布表

研究机构名称	频次
UNIV EXETER	14
AUSTRALIAN NATL UNIV	10
UNIV AMSTERDAM	10
COMMISS EUROPEAN COMMUNITIES	9
UNITED ARAB EMIRATES UNIV	8
UNIV AUTONOMA BARCELONA	8
CORNELL UNIV	7
INT INST APPL SYST ANAL	7
LUND UNIV	7
NATL INST ENVIRONM STUDIES	7
RUTGERS STATE UNIV	7
SWEDISH UNIV AGR SCI	7
UNIV ARIZONA	7
UNIV CALIF IRVINE	7
UNIV STELLENBOSCH	7

数据来源:作者自制。

四、邻避研究的国家或地区分布

表 2.4 是以 TS = "NIMBY＊" OR TS = "LULU＊" 为检索式,国际上关于邻

避领域研究发表文献居前 20 位的国家或地区。美国、英国、加拿大、荷兰、澳大利亚分居前 5 位,发文量分别为 211 篇、77 篇、47 篇、41 篇和 40 篇,这也与这些国家的邻避事件发展较早,处置措施比较成熟有关,与上文相呼应,在这些国家中,针对邻避的研究机构也相对较多。亚洲国家中中国位列第 6,紧随其后,发文量为 39 篇。日本位于第 9,发文量为 27 篇。

表 2.4　国际邻避研究的国家或地区分布表

国家或地区	频次
USA	211
England	77
Canada	47
Netherlands	41
Australia	40
Peoples R China	39
Italy	34
Germany	33
Japan	27
Sweden	25
France	24
Spain	24
Austria	23
Switzerland	16
Belgium	14
New Zealand	14
South Africa	14
Finland	13
Scotland	13
South Korea	13

数据来源:作者自制。

由邻避研究分布的国家或地区来看,北美洲与欧洲的国家占据这个发文数量前 20 个国家或地区排行榜中的多数,这也表明它们的邻避研究处于世界领先水平,亚洲中,中国居于首位,日本排名其次,这似乎表明邻避问题本身可能跟国家的社会发展总体水平有一定关联性,是发展中出现的问题。同时中国高居排行榜第六位,这也与我们这几年对于周边邻避发生密度的感知基本一致。

第三节　邻避研究的文献计量分析

上述部分对国际上邻避研究文献的分布特征进行了描述性统计,得出了一些初步的结论:第一,统计分析了国际邻避研究文献的时间分布特征,分析了多年来邻避研究的发展历程及其特点。第二,统计分析了国际邻避研究文献的研究方向分布特征,邻避研究已经遍布各个领域,总共覆盖了162个专业类别。不过,研究在各个研究方向中的分布比重是不一样的。第三,计量分析了国际邻避研究文献的机构分布特征,北美洲与欧洲国家的若干大学,是世界邻避研究的重镇。第四,北美洲与欧洲国家的邻避研究仍然处于国际邻避研究领域的领先水平,但中国的相关研究数目越来越多,研究的现象也越来越值得关注。接下来本部分将归纳出国际上邻避研究的热点主题。

本研究的数据来源于ISI Web of Knowledge数据库,具体选择其中的Science Citation Index Expanded(SCI-E)、Social Sciences Citation Index(SSCI)和Arts & Humanities Citation Index(A & HCI)三大数据库,通过选取主题词①为TS="NIMBY＊"or TS="LULU＊"的词段进行检索,共检索到相关文献1023篇。这成为我们后续进行文献计量分析的原始样本池。我们将数据进行清洗整理,将会议论文、评论性文章、书中的章节等删除,最终439篇已公开发表的学术论文进入我们分析的样本池,这样我们接下来的数据分析和挖掘应该具备较好的可信度和参考价值。

关键词是学术论文主题思想的浓缩,就一篇文章而言,关键词是作者核心

①　主题包括篇名、关键词、中文摘要,可检索出这三项中任一项或多项满足指定检索条件的文献。通过主题检索可保证文献来源的全面。

学术观点的体现;而对同一个领域的多篇文献而言,关键词所表征的是该关键词所代表主题在其领域里的热度,这就是文献计量学的基本逻辑之一,因此关键词分析是文献计量学中的重要指标。两个或更多关键词在同一篇文献中同时出现称为关键词共现(co-occurrence)。"关键词共现分析是文献计量学常用的研究方法,这种方法通过描述关键词与关键词之间的关联与结合,揭示某一领域学术研究内容的内在相关性和学科领域的微观结构。"①换句话说,在文献计量分析中,如果两组以上(包含两组)的关键词出现在同一篇文献中,可以理解为它们之间存在"共现"关联,即它们之间关系紧密。这种逻辑延伸到多篇文献中,如果关键词之间"共现"频次越高,那么在一定程度上可以说明这些关键词之间的联系就越紧密,它们之间合起来共同表征了一个独立的研究主题。本书旨在对国外邻避研究的相关文献进行"关键词共现分析",通过借助 Sati、SPSS 和 Ucinet 等专业软件,并综合运用聚类分析、多维尺度分析和社会网络分析等统计分析方法将邻避问题研究的热点议题直观地勾勒出来,并在二维图上直接展示出来。②

接下来,本部分的分析将遵循以下步骤:(1)搜索相关研究文献并提取关键词;(2)建立邻避文献关键词之间的共词、相似和相异矩阵;(3)运用相关的文献计量方法进行分析,并进行可视化操作;(4)基于可视化结果,并结合文献内容对数据进行分析并得出结论。

一、词频统计分析和共现矩阵的建立

从上文对邻避研究的时间分布进行分析后可以发现,学界对邻避问题的关注近年来呈现逐年上升之态势,直到 20 世纪 90 年代之前,研究只是呈现出不温不火的状态,不过进入 21 世纪后,文章发表的势头陡然上涨,之后一直保

---

① 谢彩霞、梁立明、王文辉:《我国纳米科技论文关键词共现分析》,《情报杂志》2005 年第3 期。

② 黄振威:《国际智库研究的文献计量分析》,《湖南大学学报》2016 年第 6 期。

持在一个较高的水平,直到今日,这股研究的热潮仍在延续。

按照研究设计,我们先从 ISI Web of Knowledge 数据库中下载相关论文的题录信息。接着我们利用文献题录信息统计分析工具 SATI 对这些题目数据进行处理,在分别进行数据格式的转换,关键词字段抽取,词频统计分析之后①,总计 1042 个关键词被抽取了出来,而这些关键词在所有论文中出现的总频次为 1708,平均每个关键词出现频次为 1.64。正如上述文献计量原理所阐释的那样,出现频次越高,关键词所代表的研究问题就越为更多学者所关注,在更多的文章里出现,关键词的含义也越能代表研究的热点主题。因此,为了使研究主题更为集中明晰,本书决定只抽取那些高频关键词进行分析。于是本书首先对所有关键词进行累积频次排序,并确定了 4 为标准线,凡是累积频次大于等于此标准的关键词才被抽取出来,接下来去除诸多无意义的关键词和许多同义关键词,最终 56 个高频关键词被确定了下来,其总频次为527 次,接近总频数的 1/3,平均每个关键词出现的频次为 9.58 次。这些高频关键词也基本代表了当下西方邻避研究的主流领域。(见表 2.5)

从这些高频关键词可以观察到,除了 NIMBY 和 LULU 本身作为邻避的高频词之外,公众态度(Public Attitudes)、公共舆论(Public Opinion)、公众参与(Public Participation)等是目前学界探讨得比较多的话题,此外,项目选址(Facility Siting)、风险感知(Risk Perception)环境正义(Environmental Justice)等关键词出现频次也比较高,这也在一定程度上反映了邻避研究一些新的理论动向。

表 2.5　邻避问题研究的高频关键词

序号	关键词	频次	序号	关键词	频次	序号	关键词	频次
1	Nimby	120	20	Planning	7	39	Housing	4
2	Wind Energy	22	21	Wind Farms	7	40	Localism	4

①　刘启元、叶鹰:《文献题录信息挖掘方法及其软件 SATI 的实现》,《信息资源管理学报》2012 年第 1 期。

序号	关键词	频次	序号	关键词	频次	序号	关键词	频次
3	Public Attitudes	21	22	Wind Farm	7	41	Australia	4
4	Renewable Energy	18	23	Environment	7	42	Fracking	4
5	Facility Siting	17	24	Protest	7	43	Risk	4
6	Wind Power	14	25	Climate Change	7	44	Social Capital	4
7	Place Attachment	14	26	Sustainability	6	45	Low-Income Housing	4
8	Public Opinion	14	27	Public Perceptions	6	46	Place	4
9	Nimbyism	12	28	Survey	6	47	Race	4
10	Public Participation	12	29	Affordable Housing	6	48	Environmentalism	4
11	Public Acceptance	11	30	Nimby Syndrome	6	49	Contingent Valuation	4
12	Risk Perception	10	31	Trust	6	50	Siting	4
13	Landfill	9	32	Waste Management	5	51	Social Housing	4
14	Social Acceptance	9	33	Local Acceptance	5	52	Willingness To Pay	4
15	China	9	34	Public Engagement	5	53	Waste Incineration	4
16	Community	8	35	Mechanism Design	5	54	Hazardous Waste	4
17	Environmental Justice	8	36	Landscape	5	55	Health	4
18	Lulu	8	37	Environmental Conflict	5	56	Social Movements	4
19	Energy	7	38	Place Identity	4			

数据来源:作者自制。

当然,高频关键词的排序反映了研究主题的聚集,但这些关键词之间并不是毫无关联的,所指代的主题之间也存在重叠和交叉,所以还需将其进行分类才能方便有效解读四十多年邻避治理的研究主题和聚焦热点。所要用到的是词篇矩阵和共词矩阵。词篇矩阵实质是一种数据矩阵,其反映的是每组关键词在不同论文中出现的情况,数字 0 和 1 代表是否出现。(见表 2.6)共词矩阵中行和列既可以是高被引论文或者高频主题词,也可以是高产或高被引作者等,行和列共现的次数则用矩阵中的数值来表征,对角线上的数字是条目出现的总次数。(见表 2.7)

表 2.6　词篇矩阵

*	1	2	4	5	6	7	8	10
Wind Energy	0	0	0	0	0	0	0	0
Public Attitudes	0	0	0	1	0	0	0	0
Renewable Energy	0	0	0	0	1	0	1	0
Facility Siting	0	1	0	0	0	0	0	0
Wind Power	0	0	0	0	0	0	0	0
Place Attachment	0	1	1	0	0	0	0	0
Public Opinion	0	1	0	0	1	0	0	0
Nimbyism	0	0	1	0	0	0	0	0
Public Participation	1	0	0	0	0	0	0	0
Public Acceptance	0	0	0	0	0	0	0	0
Risk Perception	0	0	0	0	0	0	0	0
Landfill	0	0	0	0	0	0	0	0
Social Acceptance	0	0	0	0	0	0	0	0

数据来源:作者自制。

表 2.7　共词矩阵

*	WIND ENERGY	PUBLIC ATTIT-UDES	RENE-WABLE ENERGY	FACILITY SITING	WIND POWER	PLACE ATTACH-MENT	PUBLIC OPINION	NIMB-YISM
Wind Energy	120	4	0	0	0	3	0	0
Public Attitudes	4	22	0	3	2	0	0	0
Renewable Energy	0	0	21	1	3	3	2	0
Facility Siting	0	3	1	18	2	2	4	0
Wind Power	0	2	3	2	17	0	2	1

续表

*	WIND ENERGY	PUBLIC ATTIT-UDES	RENE-WABLE ENERGY	FACILITY SITING	WIND POWER	PLACE ATTACH-MENT	PUBLIC OPINION	NIMB-YISM
Place Attachment	3	0	3	2	0	14	2	1
Public Opinion	0	0	2	4	2	2	14	1
Nimbyism	0	0	0	0	1	1	1	14

数据来源:作者自制。

基于 SATI 软件,本书将这 56 个高频关键词进行两两配对,最终生成一个 56×56 的词矩阵。[①] 由于不同的统计方法对于数据格式有不同的要求,同时,也为了消除因频次高低对结果产生的影响,本书同时还生成了相似矩阵和相异矩阵。在相似矩阵中,关键词之间的相似性是用相关系数来衡量的,也就是说,两个关键词之间的联系越紧密,反映在相关系数上时便是相关系数越接近 1;在这一点上,相异矩阵则刚好相反。[②]

二、聚类分析

聚类分析遵照的是物以类聚的原理,其实质就是将"性质相近的个体归为一类,性质差异较大的个体属于不同的类,使类内个体具有较高的同质性,类间个体具有较高的异质性"[③]。本书采用 SPSS 中的"系统聚类分析"(Hierarchical Cluster)模块对关键词相似矩阵进行分析。这种分析会遵循聚类原理,首先将单个关键词当成一类,接着会把按照预设度量标准分析关键词距离,把距离最近的两类合并,然后就是分析计算类与类之间的距离,之后再把按照预设度量标准,把距离最近的两类合并,如此反复,直至最终所有的高频

---

① 郭文斌:《知识图谱理论在教育与心理研究中的应用》,浙江大学出版社 2015 年版,第 92—94 页。

② 黄振威:《国际智库研究的文献计量分析》,《湖南大学学报》2016 年第 6 期。

③ 范柏乃、蓝志勇:《公共管理研究与定量分析方法》,科学出版社 2008 年版,第 335 页。

关键词都可被归为一类。① 很显然,研究方向明确,研究主题间相似的"学术共同体"会形成较大的类。本部分所选用的聚类方法为组间联结,度量标准选择二分类中的 Ochiai 系数。(见图 2.2)

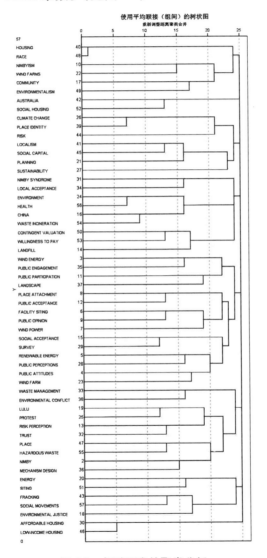

图 2.2　邻避研究的聚类分析

① 姜秉权、许振亮:《基于知识图谱的国际生态文明研究前沿:共词分析视角》,《科技与经济》2009 年第 5 期。

三、多维尺度分析

"多维尺度分析是基于研究现象之间的相似性或距离将研究对象在一个低维(一般为二至三维)的空间形象地表示出来,进行聚类或维度内含分析的一种图示法。"①运用在文献计量分析中,就是从彼此间具有相似性或相异性的高频关键词出发,用低维空间中的点结构(configuration of points)来研究和展示它们间的关系。比之聚类分析,原有的数据间结构和关系都可以在多维尺度分析的助力下在低维空间里映射出来,从而方便我们进行研读。本书中现将关键词相异矩阵导入 SPSS 采用 ALSCAL 进行分析,压力系数(Stress—I)偏高(Stress = 0.40451,RSQ = 0.14856),表明其构面解释力不好,构面配合度不好。随后采用 ucinet 中的"non—metric MDS"组件进行分析,压力系数降为0.046,结果一般。结合之前的聚类分析,我们可以将坐标图上的关键词初步分组。

四、社会网络分析

"社会网络分析是对社会关系结构及其属性加以分析的一套规范和方法,它主要分析的是不同社会单位(个体、群体或社会)所构成的关系的结构及其属性。"②与上述的聚类分析和多维尺度分析一致,在文献计量中运用社会网络分析也是为了文献间的关系以及数据结构。社会网络分析中的一个关键要素是节点,在本书的分析中,节点就是一个个的关键词,节点在共现网络中的位置越居中,则表明这个关键词在此研究领域中越处于核心地位。节点与节点间的线条是另一个值得注意的观测值,在本书中其代表的是关键词之间的共现关系,连线越粗则关系越强。信息流入流出的度数通过节点大小来表示,也就是说,节点大小代表了该关键词与网络中的其他关键词的总

---

① 张文彤:《SPSS 统计分析高级教程》,高等教育出版社 2004 年版,第 313 页。
② 林聚任:《社会网络分析:理论、方法与应用》,北京师范大学出版社 2009 年版,第 41 页。

体关联度。① 通过对 Ucinet 软件的使用，不断调整相关系数值，我们最终得到图 2.3 所示的邻避研究领域高频关键词共现的网络图。而这个结果与前面的聚类分析和多维尺度分析的分析结果也可以相互验证。

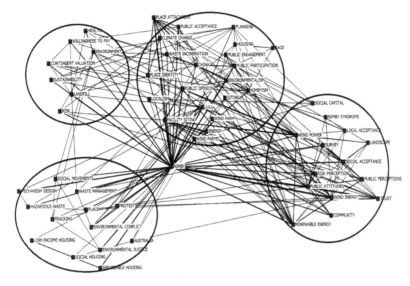

图 2.3　关键词共现网络

通过引入文献计量分析，现在我们可以比较准确客观地将邻避研究领域划分为以下 4 种类型：

类别Ⅰ：公众参与研究。主要包含了公众参与、环境保护论、邻避主义等关键词。因为邻避事件的发生、发展、补偿等还涉及空间生产和建设规划问题。这一部分包含了设施选址、公众接受、社会资本、地方认同等关键词。值得注意的是，"中国"作为关键词在此类研究中也凸显了出来，其与垃圾焚烧、公众参与等关键词联系比较紧密。

类别Ⅱ：邻避治理中的环境补偿研究。邻避设施的建造给周边居民带来了不小的困扰，尤其是健康权和发展权受到冲击。在这种情形下，合理的生态

---

① 黄振威：《国际智库研究的文献计量分析》，《湖南大学学报（社会科学版）》2016 年第6 期。

补偿一直被政府认为是缓解邻避效应的有效手段。但学界在此问题上分歧很大，而且对于环境补偿的计算也是研究者们津津乐道的话题。

类别Ⅲ：邻避冲突研究。邻避研究的滥觞跟邻避冲突密不可分，此部分的特点是用社会运动理论来观察和解释，希望借此生发出解释邻避问题的中观和微观理论。所以这一部分包含了社会运动、环境正义、机制设计等。

类别Ⅳ：风险认知研究。公众反对邻避设施建造的一个重要原因是感知到设施的高风险。但风险本身就是由客观因素和主观因素相互叠加而组成的，所以邻避问题中的经常现象是公众与政府和专家对项目风险的认知程度不一，这就涉及风险的界定、风险的衡量、认知的显示、风险沟通和风险化解，等等。

当然，这四种类别并不是决然分开的，各类别关键词之间的连线就说明了这个问题。同时我们还注意到，诸如接受（Acceptence）、态度（Attitudes）等关键词散落在各个类别中，排除掉这些关键词在不同研究视野下具有不同的释意这个因素之外，本身这也可推断出邻避研究中各类别的交集比较多这个结论。

下面本书就将依据文献计量分析的结果，结合主要文献的内容分析，对相关研究进行述评。

第四节　国外邻避研究的兴起和发展

国外对邻避问题的关注较早，诸多领域的专家，譬如城市管理学、公共管理学、社会学、经济学等分别从本科学入手，多视角审视了邻避现象，为邻避研究贡献了许多颇有启示的研究成果。

学者们的关注肯定跟当时的社会环境有关。其实从 20 世纪六七十年代开始，国外就不断有居民持续抗议建设垃圾填埋场、有毒废弃物处置场等"污染设施"。此后，其他一些公共设施，例如戒毒中心、流离失所者暂居地、养老院,乃至风力发电厂或者铁路等也被卷了进来,越来越多地遭遇到公众抵制或抗议。受影响的公众往往会联合起来共同抵制,至少也会向政府或开发商表示抗议,使得政府或开发商会顾忌是否继续推进这些设施的建设。[1] 基于抗议群体提出的要求,这类现象很快被学者们总结为"Not In My Back Yard"(NIMBY)现象,中文简称为邻避。鉴于实际生活中邻避事件越来越普遍,学者们对其开始进行深入研究。

从之前对邻避研究进行的描述性统计来看,西方学者对此问题的关注肇事于 20 世纪中后期,O'Hare(1977)是理论界最早使用这一概念的学者。[2] 基本上与此同时,邻避问题在英国、瑞典、荷兰等欧洲国家也逐渐成为公众热议的话题,并不同程度地受到了设施周边公众的抗议乃至更为极端的集体运动的挑战。

时至今日,关于什么是邻避设施、邻避这一概念的内涵外延是什么,乃至邻避这一称呼都有许多的争论(见表 1.8)。首先什么是大家认为的邻避性设施? Daniel Yankelovich Group 曾在美国对此做过一个全国范围的调查,发现按照邻避敌意(NIMBY hostility)进行分类,所有设施分为了三种:第一种类型的设施较为受大家欢迎,这里包括学校、托儿所、私人疗养院、医院、诊所等,不过仍然有 12%—15% 的人会对这些设施抱有异议。第二种类型的设施则包括了为智障人士和无家可归人士提供的住所、戒毒中心等,反对这些措施的人数也比之前翻倍了。最后大约有 40%—85% 的居民表示不愿意与第三种类型的设施,比如购物中心、精神病人和艾滋病人的治疗中心、工厂、垃圾掩埋场、监狱等打交道。这项调查虽然只是从主观感知出发来探究了一下公众对邻避设施的理解,但也在一定程度上说明,邻避设施可能并没有确定的边界,只

---

[1]　Shanoff Barry,"Not In My Backyard:The Sequel",*Waste Age*,Vol.31,Issue 8 (August 2000),pp.25-31.

[2]　O'Hare M,"Not on My Block You Don't:Facility Siting and the Strategic Importance of Compensation",*Public Policy*,Vol.24,No.4(March 1977),pp.407-458.

有程度的不同。① 而这一点从"邻避"还未统一的称谓上也反映了出来。(见表2.8)

表2.8 "邻避"的不同称谓及中文翻译

英文全文	英文简称	中文翻译(直译)
Not In My Backyard	NIMBY	不要建在我家后院
Locally Unwanted Land Used	LULU	地方不期望的土地利用
Not In Anybody's Backyard	NIABY	不要在任何人家后院
Not On Planet Earth	NOPE	不要在地球上
Build Absolutely Nothing at All Near Anybody	BANANA	绝对不要靠近任何人建设
Better In Your Backyard Than In Mine	BIYBYTIM	建在你家后院好过建在我家后院
Not-In-My-Term-of-Office	NIMTOO	不要在我的办公室范围内
Not-In-My-Bottom-Line	NIMBL	不要越过我的底线

数据来源:王佃利、徐晴晴(2012)②

不仅如此,学者们对于邻避的概念也未能完全达成共识。部分学者从设施本身的利害出发将邻避这一居民的反对行为进行了客观描述,如 Wolsink 认为,"为了满足公众不同领域的需要,建立各种公共设施是十分必要的。但值得注意的是,在这些设施中,其中一些颇为特别,一方面它们给公众带去了不错的利益和福祉,但另一方面也要看到,它们也带去了一些负面损害,如核电厂就可能有释放核辐射的风险;化工厂也可能会产生有毒物质从而对环境造成污染……随着人们逐渐抛弃了技术崇拜,并且对技术认知得更加全面,其对技术所可能带来的负面影响也有更为深刻的理解,由此,越来越多的设施伴随其可能带来的负面风险,在其选址、施工和运营等环节也理所当然地越来越

① George Pring, Penelope Canan, *Slapps : Getting Sued For Speaking Out*, Temple University Press, 1996, p.107.

② 王佃利、徐晴晴:《邻避冲突的属性分析与治理之道——基于邻避研究综述的分析》,《中国行政管理》2012 年第 12 期。

多遭遇到公众的抵制和抗议，这种现象一般被称为邻避。"①Dear 也认为："一般而言，邻避反映的是公众想要保护他们赖以生存的周遭生活工作环境的愿望，因此更为严谨的定义是，邻避是指公众面对"有害"的设施或项目时所采取的保护主义态度以及相应的反对策略……公众一般都认为这些不受欢迎的设施还是不可缺少的，但这些设施或项目不能建造在他们家附近或者在附近运营，从而产生了'不要建在我家后院'的理念。"②另一部分学者则更加聚焦于居民的情绪和非理性行为，如拉夫特和克拉里指出，"邻避显然是高度情绪化的，公众会十分固执地强烈抵制那些他们认为会产生不利影响的选址建议。"③

当然，随着邻避研究的不断深入，越来越多的学者开始反思"邻避"这一概念，不仅是它的内在含义，还在于其解释力大小。Timothy A.Gibson 就认为"邻避"的概念框架并没能有效反映出这些开发建设的设施项目所蕴含的政治和道德的复杂程度，反而使其陷入无止无尽的政治争斗和党派争端当中。④Wolsink 则更为直白地指出，邻避分析涉及环境不公、种族主义、和社会经济和性别都相关，应该进行严肃的分析而不仅仅是对其概念进行简单的理解和界定，这样很容易政治化。而现有的研究正由此转向关注社区利益和整理利益的平衡（更加关注邻避问题的操作性问题），在 Wolsink 看来，这只是分析了邻避设施的如何分配成本和风险问题，而这些导致了邻避分析的工具主义取向，这是危险的。⑤

---

① Wolsink Maarten, "Entanglement of Interests and Motives: Assumptions behind the NIMBY-theory on Facility Siting", *Urban Studies*, Vol.31, No.6(June 1994), pp.851-866.

② Dear, M, "Understanding and Overcoming the NIMBY Syndrome", *Journal of the American Planning Association*, Vol.58, No.3(Summer 1992), pp.188-300.

③ Kraft, E, Clary, B, "Citizen Participation and the Nimby Syndrome:Public Response to Radioactive Waste Disposal", *The Western Political Quarterly*, Vol.44, No.2(Jun., 1991), pp.299-328.

④ Timothy A.Gibson, "NIMBY and the Civic Good", *City and Community*. Vol.4, No.4(Dec 2005), pp.381-401.

⑤ Wolsink Maarte, "Invalid Theory Impedes Our Understanding:A Critique on the Persistence of the Language of NIMBY", *Transactions of the Institute of British Geographers*, Vol.31, No.1(March 2006), pp.85-91.

即便学者们对于邻避这一概念的讨论没有达成共识,但这并不妨碍他们对邻避设施核心特征的认知基本一致,正如学者赫希曼所指出的,"人们并非完全抗拒这些设施。但是这种设施在带来公共利益的同时也带来一些风险,其成本(或风险)主要集中在与设施毗邻的少数人身上,而其所带来的利益则分散在广泛的人群中。"①这就指出了邻避设施具有负外部性和成本效用分配不均衡的特点,而这两点是被学界所认同的。也就在这样一种前提之下,学界在邻避中的社会冲突、环境补偿、公众参与、风险认知方面展开了卓有成效的讨论。

一、邻避冲突研究

邻避问题之所以被广为热议,跟邻避设施在全世界范围内都遭遇了公众的强有力抵制有关。比如在最早遇到邻避现象的美国,美国环保局曾经报告,1980年至1987年间,全美境内只有6座有毒废弃物处理场得以完工,而本来计划是建造81座的,比例不足8%。这其中最主要影响因素便在于公民抗议,即邻避抗争。② 因此,对邻避冲突进行观察和研究是学者们的首选视角。

早期研究中,邻避效应很难得以解决的原因常被认为和邻避设施的特征以及个人的"自私自利有关",比如 Ruth Burnice McKay 就曾经总结道:第一,公众在反对"邻避"设施时往往过于情绪化,经常是无知的,也是非理性、不追求科学的;第二,它们的抗议还经常被狭隘的利益绑架;第三,它们反对的目的旨在阻碍具有公共善特征(collective good)的项目建造和运行。③

但随着对居民态度研究的不断深入,学者们在研究风力发电厂中的公众

---

① Hélène Hermansson,"The Ethics of NIMBY Conflicts",*Ethical Theory and Moral Praticec*,Vol.10,No.1(February 2007),pp.23-34.

② Susan Hunter & Kevin M. Leyden, "Beyond NIMBY:Explaining Opposition to Hazardous Waste Facilities",*Policy Studies Journal*,Vol.23,No.4(Dec 1995),pp.601-619.

③ Ruth Burnice Mckay, "Consequential Utilitarianism:Addressing Ethical Deficiencies in the Municipal Landfill Siting Process",*Journal of Business Ethics*,Vol.26,No.4(Oct 2004),pp.289-306.

态度时发现,居民的邻避态度其实可分为 4 类:(1)赞同技术的应用,但是反对任何设备在自己居住地周边建造,这是出于自利目的而产生的邻避。(2)反对任何形式的技术使用,不管设施建立在哪里,因为技术本身就是不被接受的,这主要出于对景观环境被破坏的担忧而产生的邻避。(3)之前是支持设施建造的,但是在围绕设施进行公开讨论之后,而由支持转变为抵制的邻避。(4)反对设施的建造,但是仅是因为项目本身是错误的,并不针对技术本身进行反对所产生的邻避。当然 4 类也不是截然分开的,往往交织在一起,出现不同的比例配比①而有一些学者们的研究表明,至少在邻避问题发生的初始阶段,公众的反应是理性而克制的,Gregory E.Mcavoy 聚焦于明尼苏达州反垃圾填埋场设施的案例研究,认为项目的失败不应该归因于公众自私自利的想法。对于政府来说,面对的难题是如何处理城市垃圾以及一些高风险废弃物,并且如何对整个处理过程进行有效管理;对于公众来说,关心的问题是谁来承担由于项目或设施的建造和运营带来的风险,另外就是分担风险的过程如何确保公正。② 很显然,政府的难题容易理解,同时,公众的要求也是非常合理的。日本学者在考察了废弃物管理的英国案例后也得出类似结论,邻避冲突并不总是个人自私自利行为所造成的。③ Wolsink 通过研究也得出类似结论,甚至认为还将公众的抵制行为归因于个人的自私取向是传统邻避研究过时的表现。④

---

①　Wolsink Maarten,"Wind power implementation:The nature of public attitudes:Equity and fairness instead of 'backyard motives'," *Renewable and Sustainable Energy Reviews*. Vol. 11, No. 6 (August,2007),p.1201.

②　Gregory E.Mcavoy."Partisan Probing and Democratic Decision making Rethking the Nimby Syndrome", *Policy Studies Journal*. Vol.26,No.2(June 1998),pp.274-292.

③　Masashi Yamamoto,Yuichiro Yoshida,"Does the NIMBY Strategy Really Promote a Self-Interest:Evidence from England's Waste Management Policy", *National Graduate Institute for Policy Studies*,Oct 2012,pp.1-17.

④　Wolsink,Maarten,"Wind power implementation:The nature of public attitudes:Equity and fairness instead of 'backyard motives'." *Renewable & Sustainable Energy Reviews*,Vol.11,No.6(August 2007),pp.1188-1207.

那本来是理性而克制的诉求,为什么后期冲突得以升级了呢？一些研究发现个人属性(受教育程度、职业领域)、地方依附(Place Attachments)比之个人的邻避态度更可能是危机得以升级的推动因素。[1] Katherine,Maxwell 和 David 最新的研究也证明了这一点,他们通过将个人与选民档案相匹配的方式来调查当地居民公众参与情况。最终发现,年龄、性别、是否常住居民、是否是参加地方选举的选民以及是否为房东都是不可忽视的影响因素。[2] 除了个人属性外,通过对日本 500 个邻避项目案例进行仔细的比对研究,Clingermayer 发现了社会资本在邻避冲突中的重要作用,社会资本更多,换言之联系更密切的社区具有更强的邻避冲突动员能力。[3] 除了社会因素之外,邻避冲突中的政治因素也对邻避抗争者有着直接的影响。Kuhn 和 Ballard 对 4 家加拿大污水处理厂进行了实证研究,之所以选择它们作为研究对象,是因为正好这 4 家污水处理厂选择了两种不同的管理措施。最终研究表明,强化技术标准并不能有效消解邻避抗争,两个具此特征的污水处理厂不可避免地引发了强有力的抵制行动,而与之相反,更为重视决策权下放和广泛公众参与的两家污水处理厂则成功完成了选址建设工作,并没有导致公众抗议,由此可以得出结论说,民主、权力扁平化、公正、公开和其他政治因素才是避免邻避事件中公众抗议的主要良方。[4]

---

[1]　Devine-Wright,Patrick."Public engagement with large-scale renewable energy technologies: breaking the cycle of NIMBYism." *Wiley Interdiplinary Reviews: Climate Change*, Vol. 2, No. 1 (Jan 2011) ,pp.19-26.

[2]　Katherine Levine Einstein,Maxwell Palmer,and David M.Glick."Who Participates in Local Government? Evidence from Meeting Minutes", *Perspectives on Politics*.Vol.17,No.1(March 2019) ,pp. 1-19.

[3]　Clingermayer J." Electoral Representation, Zoning Politics, and the Exclusion of Group Homes", *Political Research Quarterly*.Vol.47,No.4(Dec1994) ,pp.969-984.

[4]　Kuhn, Richard G. , K. R. Ballard, " Canadian Innovations in Siting Hazardous Waste Management Facilities." *environmental management*,Vol.22,No.4(August 1998) ,pp.533-545.

现如今,学者们更倾向于将邻避冲突看作一个框架建构的过程。① 比如
Futrell 就指出,人们过去谈论邻避问题时,考虑的相关因素主要包括信仰、态
度、意识形态、政府信任、风险认知等。但是却相对忽视了邻避运动中重要的
建构过程及其在邻避运动中的持续性。②

二、环境补偿研究

由于邻避设施具有"收益—成本"负担的不均等性,加之反对者的私人
利益是引发邻避冲突的重要因素,所以大部分研究认为,当货币补偿能够最
大程度上抵消设施的负外部性时,问题就迎刃而解了。③ 这一点得到了很
多实证研究的证明,如通过对一项美国田纳西州垃圾填埋场的研究后,
Bacot 发现,如果没有提供任何利益补偿,只有 30% 的居民对这个项目的报
以支持;如果提供了一定程度的利益补偿,支持率就上升到 60% 左右。其
中,返还财产税可使得支持率达到 63%,提供学校费用可使支持率上升到
62%,提供道路费则支持率可达到 56%。④ Jenkins and Kunreuther 做了类似
的研究,发现未补偿和补偿后公众对垃圾填埋场的支持率相差正好一半,补
偿前为 25%。⑤

基于此,不少学者与政府官员提出了很多积极的利益补偿方案,当然补偿
方案的前提是计算清楚对废弃物处理的补偿定价。Toyotaka Sakai 尝试给出

---

① S.Krimsky, A.Plough, *Environmental Hazards: Communicating Risks as a Social Process*, Dover.
MA: Auburn House Publishing Company, 1988.

② Futrell, Robert, "Framing Processes, Cognitive Liberations, and NIMBY Protest in the U.S.
Chemical-Weapons Disposal Conflict", *Sociological Inquiry*, Vol.73, No.3(August 2003), pp.359-386.

③ Frey, Bruno S, and F.Oberholzer-Gee, "The Cost of Price Incentives: An Empirical Analysis
of Motivation Crowding-Out", *American Economic Review*, Vol.87, No.4(Sep 1997), pp.746-755.

④ Bacot, Hunter, T.Bowen, and M.R.Fitzgerald, "Managing the Solid Waste Crisis", *Policy
Studies Journal*, Vol.22, No.2(June 1994), pp.229-244.

⑤ Jenkins-Smith, H., H.Kunreuther, "Mitigation and benefits measures as policy tools for siting
potentially hazardous facilities: Determinants of effectiveness and appropriateness." *Risk Analysis*, Vol.
21, No.2(April 2001), pp.371-382.

了一个理论模型。[1] 美国智库卡图研究院构建的反向抬价拍卖模型很有代表性,它认为补偿方案需要符合三个原则,补偿原则、多点原则、拍卖原则。[2] 在具体的机制上,部分学者设计了一套操作手册,基本设想就是要想办法保证两个条件同时实现,降低项目的建造与运营成本以及减少周边居民损失。[3] 这里学者们普遍运用的是条件价值方法(contingent valuation method,CVM)。它是属于陈述偏好评估法的一种,思路便是将市场中的偏好显示机制嫁接到非市场价值的评估当中,直接询问或调查公众对某一非使用价值进行支付的意愿,或者如果个人利益遭受损害时,愿意接受赔偿的程度。现在这一方法广泛地运用在诸如环境、安全、多样性价值等"非使用价值"(intrinsic value)的评估上。[4] 学者费雷拉曾经通过运用条件价值评估法对冰岛的垃圾填埋处理场的选址和建造分布进行了支付的意愿和接受赔偿的意愿的公众调查,调查结果显示,用经济价值进行衡量,总体而言,公众更倾向于接受赔偿,而相比之下不太愿意接受支付,而且在接受赔偿过程中,即便是那些反对垃圾处理场建造的公众也会愿意接受适当的一定额度的金钱赔偿。[5]

当然,除了直接的货币补偿外,其他的补偿方式方面,间接的非金钱补偿也很重要,Robin Gregory 等人总结了还有五类:(1)实物补偿。即开发商提供什么样的补偿,是依据设施给周边居民带来的损失所决定的。比如很多的邻避设施周边会配套有一些医疗保健设施;(2)应急基金。开发商致力于提供

① Sakai,Toyotaka,"Fair waste pricing:an axiomatic analysis to the NIMBY problem",*Economic Theory*,Vol.50,No.2(June 2012),pp.499–521.

② Goklany I.*Clearing the Air:The Real Story of the War on Air Pollution*,Washington,DC:Cato Institute,1999.

③ Minehart Deborah,Z.Neeman,"Effective Siting of Waste Treatment Facilities." *Journal of Environmental Economics and Management*,Vol.43,No.2(March 2002),pp.303–324.

④ L.Venkatachalam,"The contingent valuation method:a review",*Environmental Impact Assessment Review*,Vol.24,No.1(Jan 2004),pp.89–124.

⑤ Ferreira Susana,L.Gallagher,"Protest responses and community attitudes toward accepting compensation to host waste disposal infrastructure",*Land Use Policy*,Vol.27,No.2(April 2010),pp.638–652.

资金来预防和弥补未来应急或风险造成的损失,以降低设施所带来的健康风险;(3)财产保险,即开发商为设施周边真实的建筑,主要是不动产提供保险,以防止因邻避设施所造成的财产贬值;(4)效益保障。即开发者在设施建造及运营阶段雇佣周边居民,这样一方面增加当地的就业率,另一方面也提高公众收入,进而取得了公众支持;(5)经济激励,则是通过设施建造和运用来刺激消费,推动当地经济增长。① 比如建造的很多化工设施和核电设施就具有经济激励,因为这些项目设施对当地的经济贡献是巨大的。这些补偿机制为居民的利益最大化提供了保障。

不过最近的研究也表明,补偿有时候并非万能药,事实上对许多邻避项目或设施,尤其是一些高风险的项目或设施,进行损失的评估都是不可行的,而这就意味着利益补偿的使用具有一定的局限性。② 此外,民主意识也是一个重要的影响因素,一些具有较强民主意识的公众通常会基于一种责任感而从心底抵制利益补偿,有时他们甚至会认为接受利益补偿是一种羞耻的、不道德的,甚至违反法律的收受贿赂行为。③ 同时,有的学者研究也表明,政府或者开发商采取这种类似"贿赂"的手段只是治标而不治本的策略,项目本身的技术风险和其建造与运营中的潜在威胁都将依然存在。④ 这样一来,增加的经济补偿并不一定就会带来公众对于邻避设施接受程度的提高。

三、公众参与研究

现如今,公众参与已然成为现代政府决策中的必备要素。实际上,自20

---

① Gregory,Robin,et al,"Incentives Policies to Site Hazardous Waste Facilities."*Risk Analysis*,Vol.11,No.4(Dec 2010),pp.667–675.

② Kunreuther Howard,Kevin Fitzgerald,and Thomas D.Aarts,"Siting noxious facilities:A test of the facility siting credo",*Risk Analysis*,Vol.13,No.3(June 1993),pp.301–318.

③ Frey,Bruno S,Felix Oberholzer-Gee,"The cost of price incentives:An empirical analysis of motivation crowding-out",*The American economic review*,Vol.87,No.4(Sep 1997),pp.746–755.

④ Wolsink Maarten,"Invalid theory impedes our understanding:a critique on the persistence of the language of NIMBY",*Transactions of the Institute of British Geographers*,Vol.31,No.1(March 2006),pp.85–91.

世纪六七十年代以来,民主协商、参与式预算、公开听证就一直是理论界反复讨论的热点主题。而近年来,这些方式也逐渐得到实践部门的广泛认可。①而与此同时,环境补偿在邻避冲突化解中的局限性开始凸显,于是学者们开始评估在邻避设施规划中缺乏利益相关人的参与所造成的邻避效应的可能性。Popper的研究表明,如果通过有效的沟通机制将公众纳入邻避项目的决策过程中,一方面是决策透明度的显著表现,另一方面也客观上让公众认识到风险的多样性,从而提升了公众对项目风险的认知水平,从而提升公众对于邻避设施建造决策的认可度和接受度。②

公众参与在邻避冲突化解中的价值主要体现在两个方面:其一,作为一个公共产品或者公共项目,邻避设施的业主单位和政府都有义务向公众说明拟建造邻避项目的公共性,这是最基本的前提。如果该项目最终主要并不服务于公共利益,其即不具备合法性。这里值得说明的是,公共利益并不是就完全等同于空洞的,尤其是口号式的国家利益或者集体利益,也不是政府或其他公共权力机构单方面的宣称或者命令所能决定的。其必须通过民主的程序,让公共利益得以显现,或者让私人利益上升为公共利益。③于是政策制定者必须对公众参与从理念定位到实践支持进行全方位转型。在理念定位方面,传统的决策者们认为,公众是短视的、是非理性的、是自私自利的、公众参与是有碍决策效率的。而现如今,他们必须尊重公众的参与权,并真正认识到公众参与对于政策实施的帮助;由此在实践方面,政策制定者们则应改变过去单向度的、线性的决策过程,而应构建多样化的参与渠道,促成自下而上的公众参与决策方式。从这个方面讲,一些单向度交流方式也应被摒弃,诸如公民会议等

---

① Rosenbaum Walter A,"The paradoxes of public participation",*Administration & Society*,Vol. 8,No.3(Nov 1976),pp.355-383.

② Popper Frank,"Siting LULUs(locally unwanted land uses)",*Planning*(*ASPO*),Vol.47,No.4(Jan 1981),pp.12-15.

③ 陈新民:《德国公法学基础理论》,山东人民出版社2001年版,第200页。

双向交流对话机制则应当被建立起来。①

不过显然要实现这种全面的转变并不容易，Lake 的研究就表明，现有的学界和实践部门在涉及环境公平的时候都过于强调分配正义，而非真正的程序正义。② 还原到实际操作中，就表现为公众参与并不是全过程的，更多的只是体现在风险分配环节，是一种形式大于实质的公众参与。

其二，公众参与是修复抗争者信任、缓解邻避冲突的有效工具。Rabe 的实地调查表明，当公众得知他们的居住地在没有得到任何通知的情况下被选为邻避项目建造地址时，他们的反应便是惊讶和愤怒，并在这种愤怒的情绪支配之下极有可能采取激烈的集体抵制行动。由此 Rabe 建议，邻避设施的决策应该重视修复抗争者的信任，所以应当通过有效的公众参与形式，比如民主协商将公众纳入决策轨道，消除冲突。③ Lidskog 指出，有效的公众参与可以增强决策过程的公平性，由此促进政府—公众相互间的信任，这样一来，公众也更容易接受通过听证会等形式而得到的协商一致的方案，增强公众认同，毕竟这些方案都是经过反复讨论过的。④ Inhaber 的观点与此类似，并认为在邻避项目建设和运营的全过程都要有一个可供多方谈判的沟通途径，这样就可以大大降低邻避冲突发生的概率。⑤

Kunreuther 等分析了美国的大量实例后得出结论，公众和社区是否同意

---

① Devine-Wright Patrick. "Public engagement with large-scale renewable energy technologies: breaking the cycle of NIMBYism." *Wiley Interdiplinary Reviews: Climate Change*, Vol. 2, No. 1 (Jan 2011), pp.19-26.

② Lake Robert W, "Volunteers, NIMBYs, and environmental justice: dilemmas of democratic practice", *Antipode*, Vol.28, No.2(April 1996), pp.160-174.

③ Barry George Rabe, *Beyond NIMBY: Hazardous Waste Siting in Canada and the United States*, Washington, D.C.: Brookings, 1994, p.153.

④ Lidskog Rolf, "From conflict to communication? Public participation and critical communication as a solution to siting conflicts in planning for hazardous waste", *Planning Practice & Research*, Vol. 12, No.3(August 1997), pp.239-249.

⑤ Herbert Inhaber, *Slaying the NIMBY Dragon*, New Jersey: Transaction Publisheres, 1998, pp. 238-239.

接受邻避设施的最重要影响因素之一便是是否存在有效的公众参与。Kunreuther 在研究中列举了一个案例：1984 年，亚利桑那州马里科帕县的居民面临着一个困境，当地私人垃圾填埋场即将倒闭，为了不影响生活，必须得兴建新的垃圾填埋场，对于此项决定，当地居民都表示支持，唯一不能达成意见的是填埋场的选址地。一开始，公众对马里科帕县当局给出的选址地方案都投了反对票。随后县里改变行政行为方式，让公众参与到填埋场选址地比选的过程中来，成立了由当局、项目周边居民、农民团体、其他利益集团和社会团体组成的顾问委员会。最终政府、企业、社会团体和公众经过多轮的协商谈判，最终确定了选址地并最终建成运营了西北垃圾填埋场。另一个例子发生在明尼苏达州亨内平县，也是需要处理垃圾难题，需要建一座垃圾焚烧厂。与亚利桑那州马里科帕县的操作不同，在整个决策过程中，亨内平县有关部门就非常注重与公众保持密切沟通，在最易引起争议的选址环节，举行了若干次公众会议。最终的焚烧厂的选址决策过程非常顺利，不久就正式运行了。[1] 从上述几个案例 Kunreuther 总结到，在邻避设施建造过程中，真正有效的公众参与一般分为三个步骤或程序：一是按照有关标准，由公众身在其中的委员会或议事机构确立符合相关技术规格的备选场地，并向公众公开；二是各社区通过投票的方式将选择权和决定权交给公众，让他们自己选择是否参加邻避项目建造地的竞争。为了确保各社区都有兴趣参与到比选过程，当局和项目业主单位还提供资金进行调查、研究和有关宣传活动，当然也承诺竞争胜利的社区将会因建造邻避设施得到丰厚的生态补偿；三是以"乐透—拍卖"的形式决定最终的项目落在何处。[2]

　　进入新世纪后，学者 Saha 和 Mohai 的实证研究表明，由于法律上、制度

---

① 陈佛保、郝前进：《美国处理邻避冲突的做法》，《城市问题》2013 年第 6 期。

② Kunreuther Howard，"Voluntary Procedures for Siting Noxious Facilities：Lotteries，Auctions and Benefit-sharing"，in Don Munton（Editor），*Hazardous Waste Siting and Democratic Choice*，Georgetown University Press，1996，pp.338-357.

上、程序上都提供了更多的机会让公众能参与到邻避决策中来,这样一来,原先传统的"决定——宣布——辩护"的邻避项目决策模式就被抛弃了,成为主流的变成了更加开放的"参与/自愿/合作"的邻避设施决策模式。显然后一种决策模式能够更有效地下放决策权和真正地实现公众参与,而这对于恢复公众对政府当局和业主单位的信心,进而克服项目建造和运营中的各种困境非常重要。① 因此,现如今在西方国家建设邻避项目而遭遇抵制的情况愈来愈少见。

随着研究的深入,更多的学者开始更加细致地关心邻避事件中公众参与的组织问题,也即个人和组织究竟是如何参与的。个人参与部分,Linlin Sun 基于上海的案例从利益相关者理论出发研究了邻避运动中的公众参与问题。② 组织参与部分,作为公众参与中的重要组成部分,NGO 组织在邻避运动中立场如何、表现如何一直为学者们所关注。基于"环境主义者—邻避"二分法的背景下。Thomas Johnson 的研究发现,环保 NGO 和邻避主义者在公众参与方面存在显著不同。NGO 的公众参与是以尊重规则为基础的(依法抗争),最终目的是改善公众参与的制度环境。尽管邻避主义者也与公众参与立法进行互动,但相对于追求自身的局部利益而言,这是次要的。与 NGO 不同,邻避主义者可能采取有争议的策略,对地方官员施加更大的压力。③

当然,对于邻避中的公众参与问题,也有一些批评和质疑,不过这些质疑的立论点都是理论上可行的公众参与决策,在实践中是否能真的付之操作,还只不过是书斋的产物。比如最大的质疑是,日常的公共管理和公共事务行动环境正在变得越来越复杂,公众是否有足够的专业技能和信息储备参与决策,

---

① Saha Robin,Paul Mohai."Historical context and hazardous waste facility siting:Understanding temporal patterns in Michigan",*Social problems*,Vol.52(Nov 2005),pp.618-648.

② Sun, Linlin, et al, " Issues of NIMBY conflict management from the perspective of stakeholders:A case study in Shanghai",*Habitat International*,Vol.53(April 2016),pp.133-141.

③ Johnson Thomas,"Environmentalism and NIMBYism in China:promoting a rules-based approach to public participation."*Environmental Politics*,Vol.19,No.3(May 2010),pp.430-448.

或参与能得到比原有制度环境下更好的政策方案? 与此相关的是,现有的参与制度、程序和方法能不能足以确保参与者的代表性和问责能力。① 而这些是需要实践部门和学界一起联手解决的。

四、风险认知研究

风险认知是国外邻避研究者比较关注的领域。早在 20 世纪 80 年代,Slovic 等研究者就指出,风险主观特征极大影响着公众对核电的风险认知。这种风险主观特征主要包含了两个维度,即忧虑程度和熟悉程度。前者主要影响了公众对于邻避项目后果的严重性认知,后者则影响了公众对于邻避项目后果的可能性认知。② Lesbirel 则研究了公众风险认知与被公众接受的补偿金数目之间的关系,发现公众对邻避项目的认知风险程度与愿意通过补偿交换风险的程度确实相关,风险认知程度越高的设施,补偿金就变得更为重要。③ 现如今,学者们都普遍认为,邻避治理中的风险感知研究正在变得日益重要,通过研究公众对邻避项目的风险感知的差异,不仅有助于理解邻避事件的成因,而且能帮助实践部门了解邻避项目的冲击究竟有多大,以便做出针对性的对策。④

早期的风险感知研究聚焦于风险感知的主观认知(如忧虑程度和熟悉程度)维度,而实际上,风险感知除了主观认知之外,情绪在其中也起到至关重要的作用(如焦虑和恐惧等),而这一点长期没有得到应有的重视,如上文提

① Aberbach Joel D., Bert A. Rockman, "Administrators' beliefs about the role of the public: the case of American federal executives." *Western Political Quarterly*, Vol. 31, No. 4 (Dec 1978), pp. 502-522.

② Slovic Paul, Baruch Fischhoff, and Sarah Lichtenstein. "Facts and fears: Understanding perceived risk." *Societal Risk Assessment*, Boston: Springer, 1980, pp. 181-216.

③ Lesbirel S. Hayden, "Markets, transaction costs and institutions: compensating for nuclear risk in Japan", *Australian Journal of Political Science*, Vol. 38, No. 1 (March 2003), pp. 5-23.

④ Banks E. Pendleton, "Ethnography: an essential tool for impact prediction", *Impact Assessment*, Vol. 8, No. 4 (Dec 1990), pp. 19-30.

到的 Slovic 对核电的研究便是如此。① 之后,Slovic 的学生利姆里克将相关研究发现往前推进了一步,他发现,对人的决策进行分析不能忽视情绪因素,所以他提出了情绪启发式的概念,以此来诠释情绪与风险感知、与收益感知间的关系。② 在多数情况下,Slovic 认为,人们常常是依靠直觉、印象抑或是情绪来做出判断鉴别的,因为短期内通过估计严密的风险的可能性和严重程度的比较是不可行的。因此,人们在一定程度上,围绕着决策和判断的积极抑或消极的情绪或印象成为关键性因素。③

　　既然承认了风险认知的差异确实存在,那如何来有效弥合这种差距呢,学者们普遍认为,沟通是能发挥作用的有效工具。Lima 在长时间研究邻避设施的距离与当地居民的风险感知之间的相关关系时发现了一个有趣的现象。他以垃圾焚烧炉为例进行研究。早期,越接近焚烧炉建造地的公众其感知风险的程度越深;但过一段时间之后,这些居民居然对这些邻避设施开始变得适应和习惯,其感知风险的程度也随之降低。④ 那为什么会发生这种现象,丘昌泰通过研究中国台湾的实践也发现了此种现象,他的解释是在邻避项目发展之初,项目周边的居民将会产生严重的心理排斥感以及针对这种排斥感所产生的反向应力,进而产生集体行动。但是,如果前期能采取措施提高沟通在风险认知差异弥合中的有效性,比如使有关项目设施的信息更加透明,重视科普等等,无疑将显著降低公众对此等设施的风险预期和风险偏见。⑤ 实践中很多

---

① 王锋、胡象明、刘鹏:《焦虑情绪、风险认知与邻避冲突的实证研究——以北京垃圾填埋场为例》,《北京理工大学学报(社会科学版)》2014 年第 6 期。

② Finucane Melissa L.,et al,"The affect heuristic in judgments of risks and benefits",*Journal of Behavioral Decision Making*,Vol.13,No.1(Jan 2000),pp.1−17.

③ Slovic Paul,*The Feeling of Risk:new perspectives on risk perception*,London:Earthscan Publications,2010.

④ Lima Maria Luisa,"On the influence of risk perception on mental health:living near an incinerator",*Journal of environmental psychology*,Vol.24,No.1(March 2004),pp.71−84.

⑤ 丘昌泰:《从"邻避效应"到"迎臂效应":台湾环保抗争的问题与出路》,《政治科学论丛》2002 年第 17 期。

国家都比较重视邻避治理中的风险沟通,比如瑞典相关部门就特意设计了 RISCOM 模式,RIS 指代 Risk,即风险、COM 指代 Communication,即沟通,所以 RISCOM 模式就是风险沟通模式。因为瑞典的这套模式在实践中被检验了其效果显著,因此之后一些年间,瑞典的 RISCOM 模式被多个欧盟国家借鉴用来解决核废弃物等邻避性设施的争议。①

第五节　国内研究的文献综述

从研究上来讲,邻避研究对我国学术界而言是一个舶来品,很多学者都关注较晚,不过最近几年此领域研究迅速成为学界热点,这与近年来邻避型群体事件的数量增加、频率走高不无关系。环境保护部公布的相关数据显示,目前在中国由于环境问题所引发的群体性事件平均年增长率近30%,环境冲突与传统的土地冲突、劳资冲突并称为造成群众性事件的"三驾马车"。而在各类环境群体性事件中,有一类呈现出高发频发的态势,这就是由邻避设施建造所引起的邻避类群体性事件。这类群体性事件正在凭借其前期更加容易爆发、中期更加容易激化、后期更加难以扭转和平息的特点,成为学界和实践界都共同关注的领域。② 近年来,北京、杭州、仙桃、西安、广州等地公众因为反对建设垃圾焚烧项目,以及多地爆发的因抵制 PX 项目的群体性事件不断上演,显然,现代化和城市化的快速到来,正在助推中国迅速进入邻避冲突多发、频发、易发的"邻避时代"。不过与全世界范围内普遍遭遇的"邻避困局"不同,中国的邻避事件具有一些独有的特点:一是短期内呈井喷现象,邻避问题真正引起国内学界和实践部门高度关注也就近十年的事情,但热度快速持续增加;二是

---

① 马奔、王昕程、卢慧梅:《当代中国邻避冲突治理的策略选择——基于对几起典型邻避冲突案例的分析》,《山东大学学报》2014 年第 3 期。

② 赵小燕:《邻避冲突参与动机及其治理:基于三种人性假设的视角》,《武汉大学学报(哲学社会科学版)》2014 年第 2 期。

对抗特征十分明显,中国的"邻避"设施建造在邻避情结的影响下往往最终演变成多方暴力对抗,而极少有其他表现形式。这不得不引起学术界、实践部门的关注:"为何这几年在中国集中爆发"邻避"运动,并且往往以暴力对抗的群体性事件形式出现?"①带着这个疑问,学者们从邻避事件的概念内涵、特征本质、影响因素及其治理方略四个方面进行探讨。

一、邻避现象的概念内涵

中国学者对邻避内涵的界定较多是直接引用国外学者的定义"NIMBY"。不过在具体表述过程中灵活地使用邻避设施、邻避现象、邻避运动、邻避效应、邻避情结等词汇。台湾学者李永展对邻避设施的定义进行了概括,认为邻避设施是"会产生负的外部效果导致令人感到厌恶的设施,简言之,即为当地居民不支持的设施或设置"②。汤汇浩则定义了邻避行为,其指"居民或在地单位因担心建设项目对身体健康、环境质量和资产价值等带来不利后果,而采取的强烈和坚决的、有时高度情绪化的集体反对甚至抗争行为"③。那这一串概念间究竟是什么关系,杨雪峰、章天成对此进行了梳理:"邻避冲突(或邻避事件)是由邻避因子(具有环境负外部性与成本收益不均衡性的人、服务或设施)引发的当地居民环境抗争事件及其效应。邻避设施的存在会激发当地居民心理的抗拒情绪(即邻避情绪)或抗拒心态(即邻避态度),并产生反抗行动(即邻避行为或邻避运动),进而引发区域范围内的群体性事件(即邻避冲突)。整个事件过程称作邻避效应,事件当中具备邻避因子抗拒情绪或抗拒心态的群体通常被称作邻避症候群(NIMBY Syndrome),可以用其心理反应的

---

① 郎友兴、薛晓婧:《"私民社会":解释中国式"邻避"运动的新框架》,《探索与争鸣》2015年第12期。

② 李永展:《邻避设施冲突管理之研究》,《台湾大学建筑与城乡研究学报》1998年第9期。

③ 汤汇浩:《邻避效应:公益性项目的补偿机制与公民参与》,《中国行政管理》2011年第7期。

时间序列变化加以描述。"①

对研究对象的深入了解离不开用事实充实概念,并进行分门别类的探讨。谭鸿仁依据设施所产生的危害与风险来源维度,将邻避设施分为污染性设施、空间摩擦设施、不宁适设施、嫌恶性设施、风险集中设施、邻避型公共设施。不过严格来说,后三项设施已包含在前三项设施的定义范围之内。② 陶鹏则结合设施分类采用"预期损失—不确定性"维度,并结合我国目前该类群体性事件现状,得出邻避设施的四种亚类型:污染类、风向集聚类、污名化类、心理不悦类设施四种类型。③ 不同类型的邻避设施又带来不同的影响。梁罗的分析维度是行动爆发的时间以及民众维护权利的性质,基于这两个维度的分析,环境群体事件可分为"先预防型"群体事件与"后救济型"群体事件。邻避型群体事件针对的是即将建设的邻避设施,而事后救济型群体事件反对的则是已经造成了严重环境污染的企业。这两类事件在诸多方面都有区别,尤其是博弈过程的不同,导致了政府在处置这两类事件时所扮演角色的差异。④

在有关的邻避概念研究中,邻避情结(NIMBY Syndrome)是一个最为学界所重视的,一般研究都认为抗议者普遍具有这样的心理特征。汤京平等指出,邻避情结又叫邻避症候群,"是指随着环境意识高涨,居民相信其有权利抗拒危害地方环境的设施进驻其邻近地区,因此透过体制内或体制外的手段使标的设施的设置产生实际上的困难。"⑤这种解释受到学者陶鹏和童星的认同,他们认为邻避情结描述的是一种抗拒心理,其产生于居民想要保护自身生活

---

① 杨雪峰、章天成:《环境邻避风险:理论内涵、动力机制与治理路径》,《国外理论动态》2016 年第 8 期。

② 谭鸿仁、王俊隆:《邻避与风险社会:新店安坑掩埋厂设置的个案分析》,《地理研究》2005 年第 5 期。

③ 陶鹏、童星:《邻避型群体事件及其治理》,《南京社会科学》2010 年第 8 期。

④ 梁罗、王国婷、任荣明:《邻避型群体事件与事后救济型群体事件的博弈比较》,《生态经济》2014 年第 6 期。

⑤ 汤京平、翁伟达:《解构邻避运动》,《公共行政学报》2005 年第 14 期。

领域,维护自身生活品质的考量。① 邱昌泰则探讨了为何现在越来越多的国家也将邻避情结视为政府决策和环保建设的一种障碍,其根本原因在于邻避情结本身就是非理性的,所以很难从理性、全局、整体等角度进行说服。② 何艳玲则从三个层面解读了邻避情结:拒绝有害于生存权和环境权的态度,强调环境价值,情绪性反应。③ 张乐、童星进一步对核设施中的邻避情结进行研究,他们对胶东半岛三个有核地区进行抽样调查,在此基础之上,他们将公众核设施"邻避情结"分为三个部分,一是反对性态度,二是心理接受距离,三是搬迁意愿。调查最终发现,其中多数被访者的"邻避态度"坚决,心理接受距离较远,而搬迁意愿不太强烈。④ 陈宝胜基于文献研究,认为邻避情结确实是公民邻避抗争行为的直接心理动力,但其本身所反映的是一个复杂的意象、情感和观念的综合心理倾向。⑤

近几年,国内学术界引入了空间生产理论尝试给邻避现象研究注入更多新的元素。在空间生存理论看来,邻避设施建造就是一种具体的空间生产,邻避现象其实反映的是空间生存过程中权力控制与普通民众城市权利之间的张力。⑥ 而空间生存理论的空间、空间的表征、权力符号、行动者的空间生存这四个要素正好为邻避现象提供了很好的分析框架。⑦ 王佃利从空间生存理论出发,基于交通类邻避设施的案例,对邻避设施的基本属性进行了重新的分析。原有的邻避设施属性分析大多基于效应等级或者危害及风险来源进行分

---

① 陶鹏、童星:《邻避型群体性事件及其治理》,《南京社会科学》2010 年第 8 期。

② 丘昌泰:《从"邻避效应"到"迎臂效应":台湾环保抗争的问题与出路》,《政治科学论丛》2002 年第 17 期。

③ 何艳玲:《"邻避冲突"及其解决:基于一次城市集体抗争的分析》,《公共管理研究》2006 年第 4 期。

④ 张乐、童星:《公众的"核邻避情结"及其影响因素分析》,《社会科学研究》2014 年第 1 期。

⑤ 陈宝胜:《公共政策过程中的邻避冲突及其治理》,《学海》2012 年第 5 期。

⑥ 王佃利、邢玉立:《空间正义与邻避冲突的化解——基于空间生产理论的视角》,《理论探讨》2016 年第 5 期。

⑦ 朱正威、吴佳:《空间挤压与认同重塑:邻避抗争的发生逻辑及治理改善》,《甘肃行政学院学报》2016 年第 3 期。

类。而引入空间生存理论后,可从空间样态和影响范围的维度将邻避设施分为"点性——区域内"设施,"点性——跨区域"设施,"线性——区域内"设施,"线性——跨区域"设施。不同类别的设施在邻避危机中又会有不同的呈现方式、影响程度、社会诉求及冲突程度。①

二、邻避现象的特征本质

如前所述,邻避现象的概念具有邻避设施、邻避冲突、邻避情结等多种表述方式,造成了学者们在论述邻避现象的特征时,其实是在不同的具体概念下进行的,需要我们努力甄别。

在邻避设施的特点方面。由于台湾相比内地更早地遭遇了邻避危机,所以台湾学者也较早地对邻避设施的特征进行了概括。李永展等将邻避设施的特征总结为四个:"(1)邻避设施所产生的效益为全社会共享,但外部效果却由设施附近的民众来承担;(2)居民对邻避设施之认知与接受程度,受到居住地点与此类设施距离远近的影响;(3)对具有污染性的邻避设施如能妥善处理,发生意外的概率相当低,但若不幸发生事故,则后果非常严重;(4)邻避设施之兴建,不但涉及专家科技知识,而且关系社会大众的福祉。"②

在这些特征中,外部性或者说邻避设施的成本效用分配不均衡性是被学者们赞同的,被认为在很大程度上触及了邻避设施的本质。那如何测量出外部性对公众邻避态度的影响呢?学者们另辟蹊径提出了"接近性假说":即如果存在负外部性,在一定条件下,公众抵制邻避设施的程度应该与距邻避设施距离的远近成反比,这是因为负外部性一般会随距离衰减,也就是说通过空间移动就可以测得负外部性大小,进而验证邻避现象的特征。通过研究广州番

---

① 王佃利、王铮:《交通类邻避设施冲突的衍生逻辑及其治理——基于设施属性的多案例分析》,《中国行政管理》2018 年第 9 期。
② 李永展、翁久惠:《邻避设施对主观环境生活品质影响之探讨:以居民对垃圾焚化炉之认知与态度为例》,《经济法制论丛》1995 年第 16 期。

禺垃圾焚烧发电厂的案例，最终"接近性假说"得到验证，也即证明了负外部性确实是邻避设施的重要特征。① 但有些学者仍然认为就此断定邻避设施存在负外部性还为时过早，毕竟从科学上讲，现在还没有直接证据表明邻避设施存在负外部性。也就是说"接近性假说"验证只是起了间接证明的作用。另外，区分外部性中的外部影响和外部成本也很重要，有些邻避设施具有正外部性，但任何设施的建造和运营都需要负担成本，这导致设施的收益净值有时也可能为零或为负。②

因为邻避现象是与群体性事件紧密联系在一起的，所以很多研究也试图从邻避案例中来归纳、总结、提炼出邻避现象的特征和本质。中山大学的何艳玲教授较早对邻避问题，尤其是邻避冲突投入关注，她基于我国国情，提出了我国邻避冲突的特点为：邻避冲突的"成本或收益高度集中化"、邻避冲突的"高度动员性"、邻避冲突的"高度不确定性"以及邻避冲突的"跨区域性"③。之后，她还从美景花园的案例出发，分析并解释了当前中国邻避冲突的主要特征，即邻避抗议层级螺旋式提升、邻避行动议题难以拓展、邻避冲突双方无法达成妥协。④ 王向民论证了邻避事件中的"内卷化"特征。内卷化是最早源于人类学的一个概念，拓展到政治研究领域后，表征的是一种"没有增长的发展"的现象，即资源和权力的投入并没有换来效益。现如今，在邻避领域，政府与民众的博弈也开始呈现出"内卷化"特征：政府与公众投入其中的资源无数，但是都无法走出原有的对抗模式，反而随着事件的不断升级，双方解决问题的能力与效果大打折扣。⑤ 王佃利教授等另辟蹊径，基于城市治理理论中

---

① 杨槿、朱竑：《"邻避主义"的特征及影响因素研究——以番禺垃圾焚烧发电厂为例》，《世界地理研究》2013 年第 3 期。

② 陈宝胜：《公共政策过程中的邻避冲突及其治理》，《学海》2012 年第 5 期。

③ 何艳玲：《邻避冲突及其解决：基于一次城市集体抗争的分析》，《公共管理研究》2006 年第 4 期。

④ 何艳玲：《"中国式"邻避冲突：基于事件的分析》，《开放时代》2009 年第 12 期。

⑤ 王向民、许文超：《制度缺失的理性行动：PX 事件中政府与民众博弈的"内卷化"现象》，《上海交通大学学报（哲学社会科学版）》2014 年第 6 期。

增长联盟理论,认为邻避本质上是增长联盟与社群联盟从自身利益出发,在设施建设、利益请求、公众参与、决策民主以及集体行动等多阶段展开的互动博弈过程。①

那如何看待邻避冲突的特征,它反映出的事物本质是什么? 这里学者们的研究呈现出两条不同的径路:第一种径路是将邻避现象放到更大的环境中去考察,分别研究邻避现象中的科学要素、环境要素和国家要素与社会之间的关系问题。结果发现,每个要素在与社会的互动过程中,都引导邻避冲突发展出两个不同的阶段,由此邻避现象的本质也可由五个主要议题和三个主要争论来概括。② 第二种径路则从邻避冲突的结果出发,也即考察它究竟带来了什么挑战,反推其本质。当前中国邻避现象的本质可以有两种解释,其一是"议题单一论",其二是"政府挑战论"。"议题单一论"的核心观点是当前我国邻避运动中政府、企业和公众所有的博弈和争夺都是围绕着与邻避设施直接相关的核心要素进行的。虽然随着抗争的升级,邻避冲突中涉及的议题也在不断变化和扩展,但其实能否妥善处置邻避设施是唯一重要且是真正带有目的性的议题,其他的议题都只是策略性和工具性的。"政府挑战论"的观点则与此不同,其核心观点是我国邻避抗争运动已经对政府提出了巨大挑战并将继续升级,我国邻避冲突的发展也会如欧美国家或者我国台湾地区一样,不仅仅局限于满足于解决邻避设施本身所带来的问题,还会对政府决策、政府治理,乃至政府的合法性带来冲击。王奎明等运用回归分析对全国民意调查数据进行分析,发现我国仍然是"议题单一论"③。

---

① 王佃利、王玉龙、于棋:《从"邻避管控"到"邻避治理":中国邻避问题治理路径转型》,《中国行政管理》2017 年第 5 期。

② 崔晶:《从"后院"抗争到公众参与——对城市化进程中邻避抗争研究的反思》,《武汉大学学报(哲学社会科学版)》2015 年第 9 期。

③ 王奎明、钟杨:《"中国式"邻避运动核心议题探析——基于民意视角》,《上海交通大学学报(哲学社会科学版)》2014 年第 1 期。

三、邻避现象爆发的影响因素分析

对于邻避发生的成因，学者们尝试从政治学、公共管理学、经济学、心理学等多学科角度给出许多令人信服的解释。因为样本有限，无法很好满足统计方法的要求，所以案例研究成为学者们开展分析的首选。[①]

魏娜通过对广州番禺、北京六里屯、杭州余杭三个垃圾焚烧发电厂案例的分析，提炼出了邻避现象发生的七大要素："风险认知、信任、信息沟通、财产价值、技术保障、问题移情、社区资源。"[②]管在高将引发邻避事件的原因分为两大类：直接原因和深层社会背景，前者包括了环境污染、社区形象、房价贬值、不确定性忧虑。而政治体制开放，公民的自主性增强；基层政府权威削弱，司法救济渠道不畅；公民的权利意识觉醒以及社会整合机制滞后，社会组织缺乏独立性是产生邻避效应的深层社会背景。[③]　近年来，随着质性研究方法的引入，学者们得以使用更多的分析工具得出相对更为科学的结论。万筠、王佃利利用定性比较方法对邻避现象结果差异的影响因素进行了实证分析。得出的结论为：就单个变量而言，新媒体联动变量是必要条件，"框架使用"变量则是充分条件。如果考虑组合条件：新媒体联动与央媒支持性报道形成媒体互激，业主们倾向于非暴力和民主方式，意见领袖发挥的作用有限则是比较作用的启示。[④]

这其中又尤以两个因素最为学者们所关注：风险感知和公众参与。

西方著名学者乌尔里希·贝克曾指出，"当代中国社会因巨大的社会变

---

①　王佃利、徐晴晴：《邻避冲突的属性分析与治理之道——基于邻避研究综述的分析》，《中国行政管理》2012 年第 12 期。

②　魏娜、韩芳：《邻避冲突中的新公民参与：基于框架建构的过程》，《浙江大学学报（人文社会科学版）》2015 年第 4 期。

③　管在高：《邻避型群体性事件产生的原因及预防对策》，《管理学刊》2010 年第 12 期。

④　万筠、王佃利：《中国邻避冲突结果的影响因素研究——基于 40 个案例的模糊集定性比较分析》，《公共管理学报》2019 年第 1 期。

迁正步入风险社会,表现在城市容纳问题、不均衡发展和社会阶层分裂,以及城乡对比度的持续增高"。① 而这些问题在一些学者看来都与邻避现象的诱发因素有关。这里首先需要界定清楚的是,什么是风险? 研究表明,不同的群体有着不同的理解。在风险社会中,"风险不仅依托国家的认知塑造,同时有赖民众的个体感知,民众成为风险界定的'社会竞技场'的主角"。② 因此,邻避现象表面上是围绕邻避设施、各相关群体间所进行的利益博弈,深层次上还反映各群体间认知上的巨大差异甚至对立,而目前中国并没有适当的途径来弥合这种认知偏差,造成一定的隐患。③

何艳玲通过对李村生活垃圾焚烧发电厂选址事件案例进行分析,具体勾勒出了"政府—业主—开放商"之间的风险认知差异是如何形成和发展的,她发现在邻避治理中,专家共同体和业主展现了两种认知体系,即"不怕"和"我怕"。一方面专家共同体,包括政府,通过公共利益、技术可靠、依法行政等话语形式形塑"不怕"认知;另一方面,由于政府信任的缺失,业主往往进行"我怕"的认知建构,并藉由新信息流通方式快速扩展,最终形成不同程度的抗争方式。④ 这里提出了一个有意思的命题,就是风险认知差异与公众信任究竟是什么关系,李小敏等通过研究发现,两者之间是相互影响的,并进一步提出了信任和风险关系的风险认知中介作用模型。⑤ 当然除了信任之外,这种认知偏差其实受到多重因素、多重主体的影响,谭爽通过实证分析发现,影响因素中间至少包括了专家共同体(政府、专家)的意见和态度,也包括了其他外

① 薛晓源、刘国良:《全球风险世界:现在与未来——德国著名社会学家、风险社会理论创始人乌尔里希·贝克教授访谈录》,《马克思主义与现实》2005 年第 1 期。
② 郭巍青、陈晓运:《风险社会的环境异议——以广州市民反对垃圾焚烧厂建设为例》,《公共行政评论》2011 年第 1 期。
③ 杨拓:《环境污染类邻避设施行为主体间认知差异评估》,《管理现代化》2014 年第 6 期。
④ 何艳玲、陈晓运:《从"不怕"到"我怕":"一般人群"在邻避冲突中如何形成抗争动机》,《学术研究》2012 年第 5 期。
⑤ 李小敏、胡象明:《邻避现象原因新析:风险认知与公众信任的视角》,《中国行政管理》2015 年第 3 期。

界因素,比如媒体和他人行为。① 毛庆铎引入了社会判断理论,认为借用社会判断理论中的棱镜模型,可以很好对风险认知的判断结果、判断原则以及判断偏差等要素进行探讨,具有一定的启发性。②

截至目前,国内学界对认知偏差的探讨仍主要集中在认知评估层面,而胡象明则通过对北京垃圾填埋场进行分析,发现影响人的风险认知决策和判断的除了认知评估外,还有个体的情绪(如焦虑、恐惧、担忧等)。与认知评估所强调的计算和权衡利弊不同,情绪更多的情形下会督促个人在短时间内作出判断并采取行动,是一种即时的反应。③

随着研究的深入,公众参与对于促进政府环境治理的正向作用愈发明显。④ 而且,越来越多的证据表明,公众参与在邻避决策中的缺失是最终导致邻避抗议的一个主要原因。"在选址规划阶段,政府主要依据专家意见进行封闭式决策,挑选出他们认为的最优选址,然后以别无二选的姿态对外公布。而公布消息之时,往往也是社区居民——这一重要的利益相关者首次知晓之时。遭到抗议后,政府才应急式地与居民接触和解释。"⑤也就是说,政府并没有真正重视公众参与在邻避治理中的重要作用,有的也仅把公众参与作为治理工具来看待,认为是可有可无的设计。但即便如此,学者们依然认为,公众参与本身就是一个好的开始:一方面,在一定程度上阻挡了某些不科学的邻避决策的出台;另一方面,也为决策的民主化奠定了有利条

---

① 谭爽、胡象明:《邻避型社会稳定风险中风险认知的预测作用及其调控——以核电站为例》,《武汉大学学报(哲学社会科学版)》2013 年第 9 期。

② 毛庆铎、马奔:《邻避风险认知偏差与沟通:社会判断理论的视角》,《北京行政学院学报》2017 年第 5 期。

③ 王锋、胡象明、刘鹏:《焦虑情绪、风险认知与邻避冲突的实证研究——以北京垃圾填埋场为例》,《北京理工大学学报(社会科学版)》2014 年第 6 期。

④ 李子豪:《公众参与对地方政府环境治理的影响——2003—2013 年省际数据的实证分析》,《中国行政管理》2017 年第 8 期。

⑤ 娄胜华、姜姗姗:《"邻避运动"在澳门的兴起及其治理——以美沙酮服务站选址争议为个案》,《中国行政管理》2012 年第 4 期。

件。毕竟下一步工作可以推进公众参与的回应性以及在公众参与的多样性上下功夫。① 而张紧跟的研究表明,这种主动地"制造同意"客观上平衡了政府主导与公众意愿间的关系,是邻避决策"吸纳公众参与的创新性治理"②。

四、对策研究

学者们依据邻避治理中影响因素的分析结果,纷纷提出了相应的对策。

(一) 补偿方面的研究

利益是邻避治理的核心命题之一。以经济手段治理邻避项目负外部性的好处在于,不但能减少公众对兴建邻避项目的阻力;同时也有助于减少邻避项目的过度供给。以经济手段治理邻避主要有市场拍卖方式和市场谈判方式两种,但无论是哪一种方式,均以公众有较强的组织化程度、决策参与意识以及政府和企业的诚信为前提。③

香港和台湾学者对邻避设施的生态补偿的研究较多。丘昌泰结合案例,探讨了四个阶段台湾邻避事件的特点。他指出:"社区居民与邻避型设施之间的纷纷扰扰,根本的问题症结在于环保回馈。"因此,为促成"邻避效应"转变成"迎臂效应",他提出要善用回馈金,并提出了"迷你新加坡社区"造镇计划。④ 谭鸿仁和王俊隆认为,通过补偿有助于在邻避治理中争取公众的支持。⑤ 由于在补偿过程中学者们发现,健康只是公众的担忧之一,住房价格的

---

① 熊炎:《邻避型群体性事件的实例分析与对策研究——以北京市为例》,《北京行政学院学报》2011 年第 3 期。

② 张紧跟:《制造同意:广州市政府治理邻避冲突的策略》,《武汉大学学报(哲学社会科学版)》2017 年第 3 期。

③ 周亚越、俞海山:《邻避冲突、外部性及其政府治理的经济手段研究》,《浙江社会科学》2015 年第 2 期。

④ 丘昌泰:《从"邻避效应"到"迎臂效应":台湾环保抗争的问题与出路》,《政治科学论丛》2002 年第 17 期。

⑤ 谭鸿仁、王俊隆:《邻避与风险社会:新店安坑掩埋厂设置的个案分析》,《地理研究》2005 年第 5 期。

降低对公众的冲击也很大,陈佛保和郝前进在进行经济补偿时应考虑设施的科学防护距离和公众的心理防护距离。①

不过显然,经济补偿并不是万能的,和国外的情况类似,我国的学者们通过研究也发现经济补偿与邻避抗争之间的负相关性。这里的可能解释是,在民众看来,经济补偿与邻避设施的危害程度是呈正比的,而且相比之折损掉的健康,补偿金额聊胜于无。② 当然还有可能的原因在于补偿是不是真正落实到位。周丽旋通过对972名具有零受偿意愿的受访者进行问卷调查,发现这些受访者不愿意接受补偿的很重要一个原因是补偿拿不到。"即使建立生态补偿机制,最终亦无法落实到个人,补偿将形同虚设。"③基于这些情况,孔繁斌建议,应该充分认识到单纯的经济补偿的局限性,政府应该设计一套激励相容的政策补偿工具,能将不同利益诉求纳入同一补偿框架中,从而实现融合。④ 钱坤、黄忠全和刘小峰认为在进行经济补偿的同时,要重视降低公众通过邻避抗争改变邻避设施负效应的预期。⑤ 黄峥则在考察了货币补偿效应失效的三种解释之后,提出应该用正义物品补偿取代货币补偿。⑥

(二) 邻避设施风险管理方面的研究

中国在社会发展过程中因邻避项目修建引发的群体性事件呈上升趋势,

---

① 陈佛保、郝前进:《环境市政设施的邻避效应研究——基于上海垃圾中转站的实证分析》,《城市规划》2013年第8期。

② 王奎明、钟杨:《"中国式"邻避运动核心议题探析——基于民意视角》,《上海交通大学学报(哲学社会科学版)》2014年第1期。

③ 周丽旋、彭晓春、关恩浩等:《垃圾焚烧设施公众"邻避"态度调查与受偿意愿测算》,《生态经济》2012年第12期。

④ 孟薇、孔繁斌:《邻避冲突的成因分析及其治理工具选择——基于政策利益结构分布的视角》,《江苏行政学院学报》2014年第2期。

⑤ 钱坤、黄忠全、刘小峰:《基于演化博弈视角的邻避设施环境补偿机理》,《系统工程》2017年第3期。

⑥ 黄峥、金钱:《公园还是养老保障:邻避设施的补偿效应研究》,《中国行政管理》2017年第10期。

对经济发展和社会运行造成了极为不利的影响,致使社会稳定风险管理中政府职能优化面临严峻挑战。① 李永展提出在邻避设施规划中应采取安全保证与环保标准、监测和环保协定等三类风险减轻方案,以此降低公众的不满情绪,缓解抵制压力。② 童星、陶鹏依据从"风险"到"危机"的逻辑顺序,提出邻避风险治理和邻避事件治理这两大治理战略,对于风险治理而言,他们认为其中比较重要的机制包括风险理性培育机制、第三部门引入机制、风险管理机制等。③

具体而言,卢阳旭认为,为避免重大工程项目中发生邻避事件,应该完善社会风险评估报告制度、独立第三方机构评估制度和风险补偿制度。④ 郑卫等人在结合若干案例分析的基础上,指出降低邻避治理风险应和项目的规划结合起来考虑:邻避公用设施专项规划与城市总体规划同步启动,采取互动编制模式。⑤ 陈玲、李利利通过考察北京市某焚烧项目,建议应当由过去的以项目为中心的风险管理策略转变成以实时动态、全周期的社会稳定风险管理。⑥

那是不是只要有风险管理,邻避事件中的风险就一定可控了呢?台湾学者李建华发现即便是邻避设施得以顺利设置,即便是有 78.7% 居民对于政府以兴建垃圾焚烧厂的方式处理垃圾问题深表赞同,然而却有高达 85.8% 的居民担心垃圾焚烧厂可能造成环境污染,而且仅有少部分居民是相信政府提出的风险评估报告的,比例只有 32.8%。⑦ 于是有学者开始研究政府风险管理

① 谭爽、胡象明:《环境污染型邻避冲突管理中的政府职能缺失与对策分析》,《北京社会科学》2014 年第 5 期。
② 李永展:《邻避症候群之解析》,《都市与计划》1997 年第 1 期。
③ 童星、陶鹏:《邻避型群体性事件及其治理》,《南京社会科学》2010 年第 8 期。
④ 卢阳旭、何光喜、赵延东:《重大工程项目建设中的"邻避"事件:形成机制与治理对策》,《北京行政学院学报》2014 年第 4 期。
⑤ 钟勇、欧阳丽、郑卫等:《由邻避公用设施扰民反思规划编制体系的改进对策》,《现代城市研究》2013 年第 2 期。
⑥ 陈玲、李利利:《政府决策与邻避运动:公共项目决策中的社会稳定风险触发机制及改进方向》,《公共行政评论》2016 年第 1 期。
⑦ 李建华:《邻避冲突管理:以嘉义县鹿草焚化厂设置为例》,硕士学位论文,中正大学政治学系,2001 年。

的实际有限性。黄有亮的研究借用了贝克所称的"有组织地不负责任"的概念,指出决策者、专家、企业联盟制造了邻避危机,但是又建立了一套说辞来推卸责任,政府风险管理由此失灵。① 陈玲等人在系统考察了北京市某垃圾焚烧项目后也认为,在最终导致邻避运动的因素中,割裂和破碎化的社会风险管理系统难辞其咎,正是政策制定的封闭、政府承诺的无法兑现、反馈不及时、沟通不顺畅等使得邻避冲突风险不断累积。② 吕书鹏、王琼则认为过去的研究过于强调风险感知的视角,而相对忽视了利益感知的视角,为此他们分别建构了地方政府和民众关于"风险—利益"的感知四分图,并在此基础上对两者的差异进行比较,最终提出对策。③

(三) 公众参与方面的研究

公众参与是近年来学术界提出的化解邻避危机的主要方案之一。很多学者都认为,通过公众参与,能为邻避冲突各方提供表达、了解、沟通的机会,从而促成矛盾的化解。④ 从实际情况来看,政府对于邻避运动的治理有两种基本模式和三种具体方式:两种基本模式为:"专断—压制"型的管控模式和"参与—回应"型的治理模式;三种具体方式为政治的方式、司法诉讼的方式以及协商的方式。⑤ 实践中的情况是,随着现代化和都市化的推进,基于邻避设施的环境抗争在中国呈指数级增长,这对中国的社会与法治结构的变迁带来重要影响。基于惯性维稳思维,地方政府一般仍然采用"专断—压制"型的管控模式治理邻避风险,这种模式已呈现出诸多合法性危机。因此杜健勋建议,在

---

① 黄有亮、张涛、陈伟等:《"邻避"困局下的大型工程规划设计决策审视》,《现代管理科学》2012 年第 10 期。
② 陈玲、李利利:《政府决策与邻避运动:公共项目决策中的社会稳定风险触发机制及改进方向》,《公共行政评论》2016 年第 1 期。
③ 吕书鹏、王琼:《地方政府邻避项目决策困境与出路——基于"风险—利益"感知的视角》,《中国行政管理》2017 年第 4 期。
④ 汤京平:《邻避性环境冲突管理的制度与策略》,《政治科学论丛》1999 年第 6 期。
⑤ 杜健勋:《邻避运动中的法权配置与风险治理研究》,《法制与社会发展》2014 年第 4 期。

国家治理体系现代化的趋势下,邻避治理必须在法权结构的合理与法权能力增进的基础上,通过环境协商的制度实践,构建一种"参与—回应"型的社会治理体制。① 马奔等也认为,只有摆脱传统决策模式的思维禁锢,通过协商式治理和决策,保障公民的参与权和建立多元对话机制等途径,对邻避设施选址规划中的各种问题进行审议讨论,进而促使利益相关者达成共识,才有可能规避设施选址的风险。②

具体来说,汤汇浩认为当前必须认清我国公众参与的限度和不足,在制度选择上宜选择法团主义模式而非强调各利益竞争的多元模式,同时认清公众参与的本质是一种心理性的补偿方案。③ 梁罗通过构建动态博弈模型强调了注重信息沟通,尤其是注重高品质信息传递的重要性。④ 刘佳佳、黄有亮、张涛则借用了公共政策过程理论,将整个邻避项目运行过程划分为选址、设计方案、环评和确定方案四个阶段,并结合公众参与的选择原则,最终总结出邻避项目公众参与的方式选择表。⑤ 从目前情况来看,公众和政府相互沟通与协调的机会确实过少,缺少第三方组织的介入,这样的后果是,对于公众而言,缺乏有力的能够代表其与政府博弈的发声机构,而政府而言,也找不到一个被双方所接受的协调平台。也就是说,公众参与和政府决策之间还需要联通的桥梁,而当前这个桥梁是缺失的。⑥

作为第四种权力,大众传媒在公众参与邻避事件中也发挥着重要作用。

---

① 杜健勋:《邻避运动中的法权配置与风险治理研究》,《法制与社会发展》2014 年第 4 期。

② 马奔:《邻避设施选址规划中的协商式治理与决策——从天津港危险品仓库爆炸事故谈起》,《南京社会科学》2015 年第 12 期。

③ 汤汇浩:《邻避效应:公益性项目的补偿机制与公民参与》,《中国行政管理》2011 年第 7 期。

④ 梁罗、王国婷、任荣明:《邻避型群体事件与事后救济型群体事件的博弈比较》,《生态经济》2014 年第 6 期。

⑤ 刘佳佳、黄有亮、张涛:《邻避设施选址过程中公共参与方式选择研究》,《建筑经济》2013 年第 2 期。

⑥ 彭小兵、朱沁怡:《邻避效应向环境群体性事件转化的机理研究——以四川什邡事件为例》,《上海行政学院学报》2014 年第 6 期。

在厦门 PX 项目事件中,大众传媒,尤其是新媒体为公众参与提供了公开性的表达渠道。[①] 同时,还通过将个人问题上升到群体认知,通过探讨"我们是谁",在一定程度上形塑了公众的认知和行为。[②]

马奔和李珍珍还补充道,除了上述这些因素外,影响邻避事件中公共参与的还存在一个时间序列,也就是事件的发展阶段问题。一般来说,我国邻避事件中公众参与可以划分为三个阶段,每一个阶段公众参与的作用和方式等皆不相同。[③]

当然,当下研究公众参与邻避决策,必然会涉及另一个相关主题,便是"政府—公众"间的协商治理。为了回答"邻避冲突何以协商治理"的问题,张紧跟分别对广东茂名 PX 事件[④]以及杭州九峰垃圾焚烧发电项目[⑤]进行了案例研究,得出的结论是协商治理的共同基本要素包括风险沟通、利益补偿等。

第六节　简要评价

通过对国内外邻避研究的主要成果进行梳理发现,西方国家和我国台湾、香港地区的学者对此问题关注较早,研究持续时间长,研究主题较为完善,各研究体系之间也具有很好的互补性。近年来国外学界兴起用多学科视角研究邻避现象的热潮,同时原有社会学、政治学、管理学、规划学等的原有研究成果也在不断深化,一方面研究方法和研究资料、数据上进行大幅更新,另一方面

[①] 侯光辉、王元地:《邻避危机何以愈演愈烈——一个整合性归因模型》,《公共管理学报》2014 年第 3 期。

[②] 孙玮:《"我们是谁":大众媒介对于新社会运动的集体认同感构建——PX 项目事件大众媒介报道的个案研究》,《新闻大学》2007 年第 3 期。

[③] 马奔、李珍珍:《邻避设施选址中的公民参与——基于 J 市的案例研究》,《华南师范大学学报(社会科学版)》2016 年第 4 期。

[④] 张紧跟、叶旭:《邻避冲突何以协商治理——以广东茂名 PX 事件为例》,《中国地质大学学报(社会科学版)》2018 年第 9 期。

[⑤] 张紧跟:《邻避冲突何以协商治理:以杭州九峰垃圾焚烧发电项目为例》,《行政论坛》2018 年第 4 期。

学科间的交融合作研究逐渐增多,多视角交叉研究的结果使得相关研究的系统性和可解释性取得重大进步。国内学界对邻避现象的研究起步较晚,但研究进展较快,这与当前我国转型过程中出现的大量邻避事件关系密切。所以在这种研究背景下,我们发现国内的研究呈现出百花齐放的态势,一方面,关于邻避现象的概念、表现、特征的讨论比比皆是;另一方面,对于邻避事件发生原因探析、治理对策建议也是国内学者们乐于花费笔墨的地方。同时,邻避现象研究的国际前沿在很多文献中也有所体现。总的来说,由于最近几年邻避事件所提供的丰富案例,国内学术界对邻避定义、特征的研究拓宽了原有邻避研究的理论基础;对邻避现象影响因素的研究,对诸如公众参与、利益补偿等具体治理工具的研究,也大大增强了邻避治理实践的效果。

但是,目前国内外研究都还存在一些不足:

首先,研究主题不够全面。学者们聚焦的研究领域包括邻避冲突、公众参与、生态补偿和风险认知等方面,对于政府决策过程关注度不够,因为很多邻避事件的起因其实就是政府的决策不科学、不民主,所以显然这是一个不可或缺的主题。造成这种状况的原因既有视角覆盖不全的问题,也有决策过程相对神秘的问题。在我国一些地方政府看来,很多邻避设施都是重大工程项目,属于重大行政决策范畴,对于研究而言常常不得与闻。

其次,研究内容不够深入。现有研究把过多的把精力放在了泛泛的探讨方面,对其成因的重复性表述较多,相比之下,国内研究中还存在一些借用其他研究领域的概念与理论模型的情况,创新、消化、吸收还有一些努力空间。

再次,现有研究多以案例研究为主,而多数案例研究也倾向于对具体事例的描述和解读,缺乏案例之间的横向比较,特别是多案例之间综合比较和研究,同时其他研究方法,诸如问卷调查等方法运用不多,这样也导致研究缺乏理论深度的升华和对策研究的精准性。

最后,研究形式不够多样。国内研究中目前还没有专著,都是学术论文,这在一定程度上也反映了研究的整体性、系统性有待加强。

第二编

现状与问题模块

通过文献分析,把握了本研究的切入点之后,本研究开始尝试回答两个关键问题:邻避项目决策究竟是怎么出台的? 有什么问题? 对于这些问题的解答,关涉到三块内容:邻避项目决策依据的现状和问题、邻避项目决策流程的现状和问题以及邻避项目决策实际考量的现状和问题。因为邻避设施的重要性和特殊性,大多数典型的邻避设施决策隶属于地方重大行政决策范围,所以本模块由重大行政决策制度的内容分析、重大行政决策的流程分析,以及邻避决策的现实考量三部分内容支撑。具体分析了重大行政决策的法律法规文本、重大行政决策的流程优化、邻避决策中各利益主体在决策中的角色和地位、决策主体间的互动、决策影响因素的考量等方面。尤其还值得注意的是,本课题还利用中央党校独有学员资源,对真正参与邻避项目决策甚至主要决策者进行了问卷调研。运用多种分析方法,对决策主体、决策动因、决策过程、决策关键环节等相关主题进行了描述和分析,构建了邻避决策现状和问题的完整图景。

第三章 邻避决策的依据：基于重大行政决策的文本考察

决策是政府管理的首要环节。本质上，决策是政府对组织资源和社会价值进行权威性分配的过程，是政府管理公共事务和维护社会公平正义的基本方式。从重要性上区分，决策可分为普通决策和重大行政决策。近年来广受争议的邻避设施决策，从重要性上来看就属于重大行政决策的范畴。大多数邻避设施决策都属于"重大投资项目决策"，诸如化工厂、核电站、PX 项目等甚至都是中央或上级决策，乃至国家战略，是写入五年发展规划的。因此，从决策视角研究邻避治理，首先必须厘清邻避决策的依据以及制度边界，而这就需要对重大行政决策的制度文本进行考察。

重大行政决策中的"重大"一词强调的是决策具有战略性、全局性、长期性等特征。普遍而言，重大行政决策具有涉及金额巨大、政策对象较多、对公众的权利义务有重大调整和对社会经济生活影响深远等特征。我国长久以来也有三重一大的提法，十四届中纪委六中全会公报就明确指出"凡属重大决策、重要干部任免、重要项目安排和大额度资金的使用，必须经集体讨论作出决定"。可以看出，中央历年来都十分重视重大行政决策，也注意将其纳入制度化轨道进行规范。于是党的十八届四中全会公报强调，"要健全依法决策机制，把公众参与、专家论证、风险评估、合法性审查、集体讨论决定确定为重大行政决策的法定程序……建立行政机关内部重大决策合法性审查机制……建立重大决策终身责任追究制度及责任倒查机制"。应该说,中央关于重大行政决策的有关要求和重要论述,对于进一步提高重大事项决策水平、完善行政决策机制有着很好的规范和指导作用,但是毋庸讳言,如论针对性和操作性,根据中央有关精神要求,地方政府继而出台的相关制度文本显然包含了更丰富的内容。

制定出来的政策如要正常运行,离不开制度文本这个载体和纽带,在一定程度上说,制度文本还是制度实施的依据和前提。在法治环境下,没有成熟度的制度文本,制度实施的合法性都受到强烈挑战。所以,成熟的制度文本既是重大行政决策行为的约束条件和当然映射,也是促进重大行政决策体制机制良性发展的保障。正因为如此,要理解邻避项目决策中的现状和问题,我们非常有必要对邻避项目决策行为所依赖的重大行政决策的制度文本进行共性与个性的分析,探索其规律,发现其不足,并着手为将来邻避项目决策体制机制的改进提供思路。

第一节　文献分析与研究问题

毫无疑问,决策是公共管理实践中的一个基本术语,重大行政决策更是公共管理、公共政策研究中的当然主题之一。然而一直以来,由于重大行政决策的"黑箱"效应,学者们很难有机会对其进行细致的观察,更别说对其改进和完善提出合理可靠的建议或意见。同时,研究者们也发现,要将重大行政决策本身纳入已然成熟的类型化的特定行政行为之中也是一件非常困难的事情,这里面可能的原因是重大行政决策关涉的政策内容千差万别、各事项之间也是性质各异。因此,我们发现重大行政决策研究在很长一段时间内都是政治学、公共管理学和法学等相关学科领域研究的短板,高质量的研究成果并不十分常见。这种研究现状与实践部门对于重大行政决策科学化、民主化和法治化的迫切要求是不相符合的。2004 年《国务院关于印发全面推进依法行政实施纲要的通知》、2008 年《国务院关于加强市县政府依法行政的决定》和 2010 年《国务院关于加强法治政府建设的意见》三个国务院规范性文件的颁布和实施就深刻反映了这一突出矛盾。不过必须承认的是,正是因为这些制度文本的出台,极大改变了相关学术研究的外部环境,也为研究提供了更为丰富的素材。从此以后,重大行政决策研究越来越在学界有影响力,这其中,对重大行政决策各环节的制度效力优化研究逐渐成为学术探讨的主流。这些研究大致可以分为五类:

第一是关于重大行政决策边界的研究。重大行政决策边界关系的是重大行政决策的权限问题,是重大行政决策程序中的基础。然而,目前对于重大行政决策范围如何界定,进而重大行政决策如何进行分类研究,实践部门和学界之间、学者和学者之间都没有达成一致意见。有研究人员提出了四个标准:从政策对象利害关系人的范围来确定;从政策造成影响时间的长短以及影响是否可以补偿来确定;从政策的执行成本来确定;从已有的实践经验来界定。[1]有学者依据这些原则,并综合现有重大行政决策的实践,用列举法将重大行政决策的范围限定在八大类事项:"政府立法类事项及贯彻上级事项;规划与计划类事项;财政与国有资产类事项;资源开发与保护类事项;区域发展经济社会与公共服务类事项;体制改革与行政机关改革类事项;突发事件应急管理类事项和其他事项。这些事项的确立都是符合'行政三分权'理论的。"[2]学者黄学贤则不太认可这种界定重大行政决策范围的方式,他认为这样做有三个方面的不足:其一为枚举往往难以穷尽;其二为枚举条款本身往往含混不清;其三为枚举条款最后往往有与"其他重大事项"相类似的兜底条款,这些兜底条款很容易成为"口袋条款",进而放任决策权的滥用。正是基于这些考虑,所以他建议还是应该从诸如政治性与专业性,公共利益性与公民权利性,集体性、高成

---

① 刘莘主编:《法治政府与行政决策、行政立法》,北京大学出版社 2006 年版,第 86—87 页。
② 曾哲:《我国重大行政决策权划分边界研究》,《南京社会科学》2012 年第 1 期。

本性、全局性、综合性等"重大"价值入手来划定重大行政决策事项的范围。①

第二是关于重大行政决策程序的研究。公共管理实践表明,重大行政决策要做到内容合法并不是十分困难的事,然而同时还要满足程序的正当要求就不那么容易了。但唯有内容和程序都符合规范,重大行政决策失误的可能性才可能降到最低。将于 2019 年 9 月 1 日起实施的《重大行政决策程序暂行条例》把重大行政决策程序分为四大部分,分别是决策草案的形成,合法性审查和集体讨论决定,决策执行和调整,法律责任。其中,决策草案的形成部分又包含了决策启动、公众参与、专家论证、风险评估四个环节;合法性审查和集体讨论决定又包含了合法性审查、集体讨论决定和决策公布环节。学者的观点稍有不同,他们认为信息公开、弱势群体保护、区域协调、试点试行、公共利益衡量、事后评估等方面也应纳入重大行政决策的程序规范范畴。② 除具体程序内容外,学者们更为关注的是,目前的这些条文规定对于重大行政决策的边界范围、专家论证与公众参与的制度规范、有关风险的防范措施等等内容都存在界定不清、论证不严密的问题。③ 正是基于以上研究,学界普遍认为今后重大行政决策程序方面应当进一步细化决策事项,同时完善决策公众参与制度、风险评估制度。

在公众参与方面,学者们和实践部门已经达成了这样一个共识,即公众参与是重大行政决策的必经程序。不过本研究也发现,现实中在邻避项目决策领域,我国运行的并非纯粹的公众参与模式,而是一种"半公众参与决策模式",这种决策模式是公众参与与封闭决策的折中产物,目前在邻避治理中成为政府应对公众挑战的一个重要机制。④ 为此,学者们开始探讨如何避免公

① 黄学贤:《重大行政决策之范围界定》,《山东科技大学学报》2013 年第 10 期。
② 杨寅:《行政决策程序、监督与责任制度》,中国法制出版社 2011 年版,第 96—129 页。
③ 朱海波:《地方政府重大行政决策程序立法及其完善》,《广东社会科学》2013 年第 4 期。
④ 黄振威:《半公众参与决策模式——应对邻避冲突的政府策略》,《湖南大学学报》2015 年第 4 期。

众参与成为装饰性的花瓶而真正陷入无用论的陷阱,如何真正落实公正参与和如何落实真正的公正参与? 王万华认为,可行的建构路径是在解决方案时改变有限参与立法的制度方向,并在保障公众参与重大行政决策的权利的基础上建立参与谈判的过程。① 黄小勇则进一步从操作层面指出,必须注意建立一套行之有效的管理手段来引导公众参与。这种方法至少包括四个方面:公众参与的主动预期、公共利益关系的分类、对公众参与的差别化管理以及积极考虑基层利益的生态模型。②

现如今,政策制定者已经认同通过风险评估,制定风险预防和控制举措、调整和改进风险政策以及对政策资源进行合理配置来降低风险。一般来说,重大决策的风险评估不仅包括经济和技术方面,也涵盖了环境影响和社会稳定等诸多内容。不过出于对利益矛盾、利益冲突甚至群体性事件的担忧,当前我国的重大决策风险评估主要聚焦社会稳定风险评估方面。评估内容则主要围绕重大决策的利益相关者以及社会稳定风险的发生点、时间空间范围等级等几方面进行。③ 具体到评价指标体系构建,决策者和相关研究者们一要留意重大决策实施是否具备支持性的外部环境,二要看重大决策本身是否具有合法性与合理性、可行性与可控性。④ 随着改革的不断深化,公众意识日益觉醒和互联网、大数据等新技术的普及运用,当前重大决策风险评估领域也出现了一些新变化,凸显出一些新趋势,这主要反映在决策风险识别方面——现场、互联网与大数据相结合;决策风险分析方面——概率、后果、社会心理兼顾;决策风险评级方面——综合考虑风险程度和风险承受力。⑤

---

① 王万华:《重大行政决策中的公众参与制度构建》,《中共浙江省委党校学报》2014 年第 5 期。

② 黄小勇:《决策科学化民主化的冲突、困境及操作策略》,《政治学研究》2013 年第 4 期。

③ 麻宝斌、杜平:《重大决策社会稳定风险评估的主题、内容与方法》,《哈尔滨工业大学学报》(社会科学版)2014 年第 1 期。

④ 孙德超:《重大事项社会稳定风险评估指标体系的构建及运行》,《哈尔滨工业大学学报》(社会科学版)2014 年第 1 期。

⑤ 黄振威:《当前重大决策风险评估的新趋势》,《学习时报》2015 年 8 月 24 日。

责任是法律的生命,只有真正落实重大决策责任追究制度,才有可能真正切实提高科学决策、民主决策和依法决策水平。在中国决策责任追究制度其实已存在一定时间了。但过去实践中的决策责任追究往往避重就轻:重技术责任轻决策责任、重执行责任轻决策责任、重职务责任轻终身责任。[1] 从理论上讲,这反映了重大行政决策问责机制基本框架的缺失。虽然目前我国的决策问责体系看似严密繁复,可实则叠床架屋、互有冲突,且缺少统一的上位法规范,在问责实践当中,其实施效果并不理想。[2] 为此,多位学者从不同角度试图对重大行政决策责任追究制度本身进行重构。陈建科探讨了重大决策追责的范围、追责的标准、追责的时效、追责的对象、追责的形式等内容。[3] 王仰文则撰写了系列文章集中研究了重大行政决策中责任追究的事项范围、主体范围、基本程序、追究对象的类型化认定、程序启动标准、连带责任等问题。[4]

整体而论,既有的研究文献表明,这些研究对于重新审视我国的重大行政决策制度、深入理解重大行政决策制度存在的困境,以及提升政府重大决策水平均有助益。同时它们也为此研究提供了知识积累。然而已有的文献仍然存在一些不足之处:(1)研究的视野多半集中在法律法规本身,对现实的关怀略显不足。(2)研究的方法较为单一,诸多研究在进行广泛的定性讨论时,缺乏对重大行政决策本身更为精确的针对性探讨。因而,本书拟在对 88 个省级重大行政决策的制度文本进行内容分析的基础上,试图回答以下问题:从文本上看,地方政府是如何强调重大行政决策的体制机制建设的? 我国重大行政决

---

① 刘峰:《建立重大决策终身责任追究制度及责任倒查机制》,《理论视野》2015 年第 1 期。
② 周叶中:《论重大行政决策问责机制的构建》,《广东社会科学》2015 年第 2 期。
③ 陈建科:《重大决策终身责任追究制度研究》,《中共贵州省委党校学报》2014 年第 6 期。
④ 王仰文:《行政决策责任追究基本程序构建问题研究》,《内蒙古农业大学学报》2014 年第 5 期;王仰文:《行政决策责任追究对象的类型化认定研究》,《江南大学学报》2014 年第 11 期;王仰文:《行政决策责任追究的主体范围问题研究》,《广西社会科学》2014 年第 4 期;王仰文:《行政决策责任追究程序启动标准问题研究》,《辽宁师范大学学报》2014 年第 5 期;王仰文:《行政决策责任的多元类型及内在关联研究》,《中共云南省委党校学报》2014 年第 9 期;王仰文:《行政决策连带责任制度的内在逻辑与中国实践》,《山东科技大学学报》2014 年第 12 期。

策的特点和发展趋势为何? 以及中央和地方在对待重大行政决策制度上有何区别?

第二节 研究设计和方法

自重大行政决策制度的构建和完善受到实践界的重视以来,各级政府出台了大量相关的决定、规定、意见和通知等。这些制度文本是重大行政决策制度的官方话语表达,通过分析它们,对全面了解我国重大行政决策制度的现实,理解各级政府的重大行政决策行为,具有重要的理论价值和现实意义。根据现有的行政区划方式,除去香港、澳门和台湾,当下我国共有 31 个省级行政区划。因而,本研究选取了北大法宝数据库记录的所有省一级关于重大行政决策的地方政府规章和地方政府规范性文件共 88 份作为分析样本(见附录3)。[①] 需要说明的是,中央层面有关的制度文本数量少,且主要为指导性文件。而省级政府作为重大行政决策的重要主体,本身也是政策上传下达的枢纽,其制定的规章和规范性文件已能充分反映本研究需探讨的问题,并且其对所属市级及其以下政策的指导已经较为具体,因此,多个市级层面出台的规范重大行政决策的制度文本只是在省级文本的范围内作了极小的细化与调整,本研究没有再单独将它们纳入内容分析的范围。

在分析策略上,本研究采取内容分析的方式。内容分析是一种运用一套程序对信息进行分类以能够得出有效推论的定性分析技术。[②] 它对各种信息交流形式的明显内容进行客观的、系统的和定量的描述,以求得能测度出信息交流形式中有关主题的本质事实和发展趋势。[③] 内容分析一般分为决定分析

---

① 具体涉及 29 个省一级政府的 88 份文件(陕西、西藏除外),其中地方政府规章 14 份,地方规范性文件 74 份(见附录 3)。

② Rebecca Morris, "Computerized Content Analysis in Management Research: A Demonstration of Advantages & Limitations", *Journal of Management*, Vol.20, No.4, 1994, p.903.

③ 袁方:《社会研究方法教程》,北京大学出版社 1997 年版,第 401—402 页。

问题、确定分析文本、选取分析单位、拓展编码目录、对文本编码以及分析和解释结果六个步骤。① 其中,编码是一个关键环节。根据前述的文献分析,本书以决策边界、决策程序、公众参与、风险评估和责任追究为测量指标进行编码,从 88 份制度文本材料中归纳出各指标的具体含义和适用对象等。为保证编码信度,本书采用常见的两人编码方案,由笔者与一名课题组成员两人首先熟悉研究内容和编码标准,接着进行预编码,然后背靠背分别编码,最后对编码所得结果的一致性程度进行比较检验,一致性程度达到 90.3%,是内容分析所要求的较高水平。这反映了本研究的内容分析较为可靠。一致性程度计算公式为:

$$CA = \frac{T_1 \cap T_2}{T_1 \cup T_2}$$

第三节　研究发现与分析

一、政府重大行政决策边界

实践中,虽然地方政府高度重视重大行政决策制度的建设,并将"重大行政决策"作为专门术语写入相关制度文本中,但是内容分析的结果表明,大部分地方政府规章和规范性文件并没有对重大行政决策事项的标准进行界定,而是一般以《国务院工作规则》第 22 条规定的中央重大行政决策事项范围——国民经济和社会发展计划及国家预算,重大规划,宏观调控和改革开放的重大政策措施,国家和社会管理重要事务、法律议案和行政法规等为参照,再根据级别稍作调整,综合使用概括法、列举法和排除法三种模式将重大行政决策范围框定下来。实践中几种方法通常是综合运用,比如《湖南省行政程

---

① 李钢、蓝石等:《公共政策内容分析方法:理论与应用》,重庆大学出版社 2007 年版,第 6—22 页。

序规定》第 32 条的表述:"本规定所称的重大行政决策是指县级以上人民政府作出的涉及本地区经济社会发展全局、社会涉及面广、专业性强、与人民群众利益密切相关的下列行政决策事项:1.制定经济和社会发展重大政策措施,编制国民经济和社会发展规划、年度计划;2.编制各类总体规划、重要的区域规划和专项规划;3.编制财政预决算、重大财政资金安排;4.重大政府投资项目;5.重大国有资产处置;6.资源开发利用、环境保护、劳动就业、社会保障、人口和计划生育、教育、医疗卫生、食品药品、住宅建设、安全生产、交通管理等方面的重大措施;7.重要的行政事业性收费以及政府定价的重要商品、服务价格的确定和调整;8.行政管理体制改革的重大措施;9.其他需由政府决策的重大事项。"该条规定即采取了列举法为主、概括法作补充的综合运用。

纵然各地的表述并不相同,但本研究通过对 29 个省市 88 份制度文本的内容分析,尝试总结、提炼出地方政府对于重大行政决策所涉事项的基本认识。具体见表 3.1。

表 3.1　重大行政决策的事项范围

事项类型	省份	认同率
提出地方性法规草案、制定政府规章、规范性文件	浙江、辽宁、重庆、福建、广东、广西、河北、黑龙江、青海、甘肃、云南	37%
落实党中央、国务院路线方针政策和省委决策部署的实施意见	浙江、四川、广东、贵州、黑龙江、湖北、青海、甘肃、海南	31%
政府工作报告	浙江、辽宁、黑龙江、湖北、青海、海南	21%
编制国民经济和社会发展规划、年度计划	浙江、四川、内蒙古、宁夏、山东、辽宁、重庆、安徽、福建、广东、贵州、河北、黑龙江、湖北、湖南、江西、青海、天津、甘肃、江苏、云南、海南、山西、上海	83%
编制或调整各类总体规划、重要的区域规划、专项规划和产业规划	浙江、四川、内蒙古、宁夏、山东、辽宁、重庆、安徽、广东、广西、贵州、河北、湖北、湖南、江西、青海、天津、甘肃、云南、海南、上海	72%

续表

事项类型	省份	认同率
财政预算编制中重大财政资金安排、政府重大投资和建设项目、国有资产处置、宏观调控	浙江、四川、内蒙古、宁夏、山东、重庆、安徽、福建、广东、广西、贵州、河北、黑龙江、湖北、湖南、江西、青海、天津、甘肃、江苏、云南、海南、山西、上海	83%
重要的行政事业性收费标准以及重要的公用事业价格、公益性服务价格、自然垄断经营的商品和服务价格的制定或调整	内蒙古、宁夏、山东、广东、广西、贵州、湖北、湖南、江西、甘肃、江苏、云南、山西	45%
科教文卫等重大社会事业建设方案的确定和调整	浙江、四川、内蒙古、辽宁、重庆、福建、广东、广西、贵州、湖北、湖南、江西、青海、天津、山东、云南、山西、上海	62%
就业、保障、收入分配调节、公共交通等重大民生项目的确定和调整	四川、内蒙古、山东、安徽、广东、广西、河北、湖北、湖南、江西、青海、天津、云南、山西	48%
制定开发利用土地、矿藏、水流、森林、山岭、草原、荒地、滩涂等重要自然资源的重大措施	宁夏、贵州、湖北、天津、山西	17%
涉及公共安全、社会稳定等重大事项的决定	浙江、四川、重庆、福建、广东、广西、河北、黑龙江、湖北、天津、甘肃、云南、海南、山西	48%
涉及全省经济体制改革、行政体制改革等方面的重大决策	浙江、四川、宁夏、山东、安徽、福建、广东、广西、贵州、湖北、湖南、江西、青海、天津、甘肃、江苏、山西、上海	62%
制定或者修改事关少数民族和民族自治地方经济社会发展的重大政策	贵州、青海	6%
政府人事任免、重要奖惩决定	安徽、黑龙江、甘肃、海南	14%
其他重大行政决策事项	浙江、四川、内蒙古、宁夏、山东、辽宁、重庆、福建、广东、广西、贵州、河北、黑龙江、湖北、湖南、江西、青海、天津、甘肃、江苏、云南、海南、山西、上海	83%

数据来源:作者自制。

从上述表格可以明显看出,目前各省对于重大行政决策事项的范围并没有达成共识。这一方面说明了中央层面对于什么是重大行政决策并没有明确而具体的规定,从而给了地方政府很大的自主空间,另一方面也强烈的指示出地方政府对于不同政策间轻重缓急的认知,一个重要的衡量指标就是认同率。

因此,所有列举出来的重大行政决策事项按照认同率的高低可以被分为三类:

第一类是认同率高的决策事项,除去具有兜底作用的"其他重大行政决策事项"之外,"编制国民经济和社会发展规划、年度计划"(认同率83%),"编制或调整各类总体规划、重要的区域规划、专项规划和产业规划"(认同率72%)和"财政预算编制中重大财政资金安排、政府重大投资和建设项目、国有资产处置、宏观调控"(认同率83%)为认同率最高的内容。重大行政决策全局性、综合性和长期性的特征由此得到充分体现,同时,我国的经验表明,有力的政府是建立和完善社会主义市场经济的基础,是促进经济持续快速发展的动力,因此,地方政府的工作重心也表现出一种明确意图,即抓住经济发展的主动权。[①] 重视各种规划类政策的编制和调整,强调财政资金使用和宏观调控正是这方面的表现。

第二类是有一定认同的决策事项。这里包括了"提出地方性法规草案、制定政府规章、规范性文件","落实党中央、国务院路线方针政策和省委决策部署的实施意见","重要的行政事业性收费标准以及重要的公用事业价格、公益性服务价格、自然垄断经营的商品和服务价格的制定或调整","科教文卫等重大社会事业建设方案的确定和调整","就业、保障、收入分配调节、公共交通等重大民生项目的确定和调整","涉及公共安全、社会稳定等重大事项的决定","涉及全省经济体制改革、行政体制改革等方面的重大决策"诸多事项。值得说明的几点是:首先,涉及民生和社会事业类的决策是政府和社会关注的焦点,但其并没有受到更为广泛的关注和认同,这本身就说明经济建设仍然是我国政府工作的重心;其次,维稳和改革是近几年我国政治生活中的高频词,将它们纳入重大行政决策的事项中来,反映了重大行政决策范围的动态性和现实性,也为下一步规范相关领域里的政府行为提供了制度前提;最后,"落实党中央、国务院路线方针政策和省委决策部署的实施意见"凸显了决策

---

① 曹正汉、史晋川:《中国地方政府应对市场化改革的策略:抓住经济发展的主动权——理论假说与案例研究》,《社会学研究》2009年第4期。

权的相对性,同时还强调了下级政府对上级政府、同级政府对同级党委决议的服从和执行。

第三类认同度低的决策事项。从表 3.1 中可以看出,"政府工作报告","制定开发利用土地、矿藏、水流、森林、山岭、草原、荒地、滩涂等重要自然资源的重大措施","制定或者修改事关少数民族和民族自治地方经济社会发展的重大政策","政府人事任免、重要奖惩决定"在 31 个省级政府中认同度低。究其原因,这里一方面是"少数民族和民族自治地方的经济社会发展"事项明显体现了各地方不同的地域和文化属性,另一方面是诸如"政府人事任免、重要奖惩决定"事项已经有《公务员法》《党政领导干部选拔任用工作条例》和《关于实行党政领导干部问责的暂行规定》等专门的党内外法律法规进行规定,无须再次在重大行政决策的制度内进行调整。而对于"自然资源利用类"的决策事项,显然地方政府重视不够,这也与我们从 2004 年开始就强调的"科学发展观"导向不相符合。但是随着资源过度开发导致的一系列社会、环境问题的不断凸显,随着我国的经济增长方式由粗放型转变成集约型,资源和环境的保护问题在地方政府重大决策中也越来越受重视,从有关制度文本的出台时间来看这一趋势十分明显,宁夏(2015)、贵州(2012)、湖北(2013)、天津(2008)、山西(2015)。

二、政府重大行政决策的程序

基于减少决策的随意性、降低政府的决策压力、避免决策风险和减少对社会产生不良影响的考量,近年来各级政府越来越强调对重大行政决策程序予以规范。这不仅有助于规范政府的权力行使,而且其本身也是决策科学化、民主化、法治化的标志,是法治政府建设的重要指标。但是实践中,由于各地方政府对于重大行政决策的程序规范有不同理解,造成了出台的制度文本中对于程序要素的规定也不尽相同。比如《甘肃省人民政府重大行政决策程序暂行规定》对决策程序的认定为"公众参与、专家论证、风险评估、合法性审查、集体讨论决定、决策执行与监督"六大类别。《天津市人民政府重大事项决策程序规则》中则认为重大行政决策一般有如下程序需要规范："重大事项决策建议的提出""重大事项决策方案的拟定""重大事项决策的决定""重大事项决策决定的执行和调整""法律责任"。

表3.2　地方政府重大行政决策程序规范统计

程序名称	省　　份	比率
公众参与	甘肃、宁夏、内蒙古、广西、广东、江苏、浙江、山东、上海、重庆、江西、四川、宁夏、安徽、北京、福建、贵州、辽宁、吉林、湖南、黑龙江、河南、河北、海南	83%
专家论证	甘肃、宁夏、内蒙古、江西、广西、广东、江苏、浙江、山东、上海、重庆、辽宁、新疆、四川、宁夏、安徽、北京、福建、贵州、吉林、湖南、湖北、黑龙江、河南、河北、海南	89%
风险评估	甘肃、宁夏、内蒙古、广西、江苏、浙江、山东、上海、重庆、四川、宁夏、安徽、北京、福建、广东、贵州、吉林、湖南、河南、河北	69%
合法性审查	甘肃、宁夏、内蒙古、江西、广西、江苏、浙江、山东、上海、重庆、新疆、天津、四川、宁夏、安徽、北京、福建、广东、贵州、辽宁、吉林、湖南、河南、河北	83%
审议决定	甘肃、天津、青海、宁夏、内蒙古、江西、广西、重庆、江苏、浙江、山东、上海、重庆、新疆、天津、四川、宁夏、安徽、北京、福建、广东、贵州、辽宁、吉林、湖北、黑龙江、河南、河北、海南	100%
议程设定	甘肃、天津、青海、宁夏、内蒙古、贵州、湖北、黑龙江、河北	31%
备选方案设计	甘肃、天津、青海、宁夏、内蒙古、江西、重庆、浙江、山东、湖北、黑龙江、河北	41%
决策执行	甘肃、天津、青海、宁夏、重庆、江苏、四川、安徽、贵州、黑龙江、河北	38%
决策后评价	宁夏、内蒙古、浙江、上海、辽宁、新疆、天津、福建、广东、贵州、海南、辽宁、江苏、吉林、湖南、湖北	55%
调整与责任追究	甘肃、天津、青海、宁夏、内蒙古、重庆、浙江、四川、新疆、天津、安徽、北京、福建、广东、广西、贵州、海南、辽宁、江苏、吉林、湖南、湖北、黑龙江、河北	83%

数据来源：作者自制。

从表3.2中可以看出，公众参与、专家论证、风险评估、合法性审查和集体讨论决定在政府文本中得到的共识较高，这与中央的要求密切相关。2008 年

《国务院关于加强市县政府依法行政的决定》中就明确要求完善地方政府的
行政决策机制,要"完善重大行政决策听取意见制度""推行重大行政决策听
证制度""建立重大行政决策的合法性审查制度""坚持重大行政决策集体决
定制度""建立重大行政决策实施情况后评价制度""建立行政决策责任追究
制度"。2010 年《国务院关于加强法治政府建设的意见》则进一步强调,健全
重大行政决策规则,推进行政决策的科学化、民主化、法治化,就"要把公众参
与、专家论证、风险评估、合法性审查和集体讨论决定作为重大决策的必经程
序"。正是在这种背景下,地方政府出台的规章和规范性文件中也纷纷加入
了这些"规定动作"。不过,即便是这种"应对式"的文本制定,大家的重视程
度也不一样,比如北京市的规定就只是把上述问题一笔带过:把公众参与、专
家论证、风险评估、合法性审查和集体讨论决定作为重大决策的必经程序,凡
未履行必经程序的重大事项不得作出决策。

这里值得探讨的是:重大行政决策程序应该遵守的是决策过程,而决策过
程可理解为从决策信息输入到政策输出的全过程。如此,决策过程就包括了
决策动议、决策议程设定、备选方案设计、方案抉择和决策合法化五个阶段。
它们和政策执行、政策反馈一起组成一个闭合的政策过程环。其中决策动议
是指社会问题转变成公共政策问题的过程;议程设定是公共权力机关确认具
体政策问题,并将其纳入解决程序的过程;备选方案设计是提出解决具体政策
问题的办法和预案;方案抉择是对解决方案进行筛选和确定;决策合法化是指
政策方案获得合法定位的过程。从这个角度再来审视我们的重大行政决策程
序文本,发现还可以完善的很大空间。

三、政府重大行政决策中的公众参与

20 世纪中叶以来,政府和公众的关系发生了深刻变化,作为民主的一种
具体形式,公众参与全面影响着我们的政治生活和政治活动。在中国,公众参
与对政府的公共决策能力提出了尤为严峻的挑战。作为回应,很早我们就在

探索建立健全公众参与、专家论证和政府决定相结合的行政决策机制。但从实践来看,效果并不理想,各地自 2009 年起频繁爆发的 PX 事件就是最好的证明。因此,要引导和管理公众参与,实现公众参与的有效性,政府必须进行全过程具体而精当的设计:首先需要根据政策问题的性质和结构确定公众参与的目标,在此基础上确定利益相关者,对公众类型进行分类,接着明确公众参与的范围、阶段和环节,然后需要提供恰当的公众参与的方式,最后要对公众参与的结果进行反馈并加以运用。整个过程中对如何行使政府权力、处置政府决策与公众参与的关系也要进行明示。正是基于公众参与决策具体策略的研究,本书将重点考察政府重大行政决策中公众参与制度的"参与者的确定""参与范围""参与阶段和环节""参与方式""参与结果的反馈和应用"等具体机制。详见下表。

表 3.3　地方重大行政决策制度文本中的公众参与机制

省（区、市）	参与者的确定	参与范围	参与阶段和环节	参与方式	参与结果的反馈和应用	备注
甘肃	√	√		√	√	
宁夏		√		√	√	
内蒙古	√	√		√	√	听证
广西	√	√		√	√	听证
广东	√	√		√	√	听证规定
江苏	√	√	√	√	√	听证;参与式行政程序
浙江	√	√	√	√		听证
山东	√	√		√		听证
上海	√	√			√	听证
重庆			√	√		听证
江西	√	√	√	√	√	听证办法
四川		√		√	√	
安徽			√	√		

续表

省（区、市）	参与者的确定	参与范围	参与阶段和环节	参与方式	参与结果的反馈和应用	备注
北京						
福建	√	√		√	√	听证
贵州	√	√		√	√	
辽宁	√	√		√	√	听证
吉林	√	√		√	√	听证
湖南	√	√	√	√	√	
湖北	√	√		√	√	公示听证
黑龙江	√			√		
河南					√	
河北		√	√	√	√	
海南		√		√	√	听证

资料来源:作者自制。

表 3.3 直观地展示了相关制度文本中对于公众参与机制规范的现状。显而易见,虽然我们很早就在搭建官方与民间的沟通对话机制,但落实到公众参与的具体机制上,还有许多可以进一步细化的空间:

首先,政府对于公众参与的本质与特征还存在认知不够和认识模糊的地方。从文本上反映,部分政府对于公众参与的规定非常简单,甚至一笔带过。比如有省市将公众参与作为重大决策的必经程序,并声明未履行必经程序的重大事项不得作出决策,但是怎么使公众参与是有效的,公共决策是高质量的? 却没有相关文本进行说明和补充。部分省市则直接将公众参与等同于听证,只是对听证制度进行了较为详细的规定。虽然"凡决策,必听证"是重大行政决策在制度建设方面的进步,但不得不承认的是,这在一定程度上反映了现今我国政府对于公众参与的认知还相当有限,而同时相关的法律法规也没有提供完善的制度模式供决策者运用。

其次，制度文本中少有对于公众参与阶段、参与环节的规定。公众参与阶段和参与环节的设定其实反映的是政府对于公众参与目的的确认。议程设定环节的公众参与是形成决策问题的共识；方案设计环节的公众参与是为了收集决策信息，提升决策科学化，也为了综合利益相关者的相关诉求；方案抉择环节的公众参与是与公众分享公共决策权力，让公众实质性地掌握最后决断权；决策后评估阶段的公众参与是借助公众力量对政策执行进行监督，并重新再确认决策的目标。不同阶段和环节的公众参与，对决策的实质影响力也完全不一样。当前制度文本中对参与阶段和环节规定甚少，实践中就可能会将公众参与引入不必要的层面，最终阻碍决策目标的达成。

最后，制度文本中对于参与方式的规定过于笼统。几乎所有省（市）级政府的制度中都有参与方式的解释和规范，但细读文本我们却发现，这些规范过于笼统，不具备指导实践的能力。多数省市表明，可采取公示、调查、座谈、论证、听证等形式，充分听取公众提出的合理化意见和建议。但其实不同的参与者以及公众参与的阶段和环节，会对公众参与方式提出不同的要求。比如问卷调查、电话问询、网络平台等方式适合组织化程度不高的非直接利益相关者，可以方便地收集决策信息；而个别访谈、专家座谈等则适合与权威专业人士或者专业咨询机构进行深入的交流，听取他们的具体建议。

四、政府重大行政决策中的责任追究

"权责对等"是现代政治的基本准则。对重大行政决策失误进行责任追究既是官员科学正确决策的约束机制，也是公众合法利益的保护机制，集中彰显了党和政府"有权必有责、用权受监督、失职要问责、违法要追究"的执政理念。实践表明，建立健全重大行政决策的责任追究机制，对于改进我们的决策质量，提升党的执政水平和全面推进依法治国，建设社会主义法治国家都具有重要的积极作用。但是，我国重大行政决策中的责任追究机制尚不完善，仍然受到了一些公众和舆论的质疑，主要集中于以下四个方面：一是责任追究主体有瑕疵,独立性、公正性受到质疑;二是责任追究对象有错位,责任归属难以确定;三是责任追究范围不清晰,范围有限,不能全面约束权力;四是责任追究程序不完善,许多决策失误事件背后未见启动问责机制。可以说,这些问题是否能够得到妥善解决在一定程度上反映了重大行政决策制度中责任追究机制的完善程度,因此,本书从责任追究主体、责任追究对象、责任追究范围、责任追究程序四个角度对制度文本里的责任追究机制进行分析。

表 3.4　地方重大行政决策制度文本中的责任追究机制

类别	具体内容
责任追究主体	同体责任追究主体
	异体责任追究主体
	责任追究参与主体
责任追究对象	集体决策情形下
	层级之间
	领导、直接责任人和相关责任人之间
	党政之间
责任追究范围	政治责任
	行政责任
	法律责任
责任追究程序	启动程序
	立项调查程序
	决定程序
	涉罪移送程序
	权利救济程序

资料来源:作者自制。

　　研究发现,虽然各级政府纷纷在重大行政决策制度的程序设计中加入了"责任追究"的环节,但在对责任追究机制的四个角度进一步细化的基础上,通过仔细的内容分析,结果还是证实了学界之前的判断,即当下我国决策责任追究机制仍存在很多不足。

从责任追究程序上来说,鉴于我国当前仍然缺乏重大行政决策责任追究的统一法律文本,这使得决策责任追究的具体程序仍处于搭建阶段。责任追究程序包括了启动程序、立项调查程序、决定程序、涉罪移送程序、权利救济程序五个方面的内容,但从省一级政府有关重大行政决策的规章和规范性文件来看,各地的决策责任追究普遍缺乏对程序的具体规定,一些地方甚至干脆一笔带过:"对违反规定、出现重大决策失误、造成重大决策损失的,按照谁决策、谁负责的原则严格追究责任。"而对责任追究的启动标准、立项调查的人员组成、决定程序的方式、涉罪移送程序衔接的工作机制、救济程序的手段等诸多问题都没有涉及。由此产生的一个直接后果是,很多时候决策责任追究的程序启动与否甚至进展如何,都与决策失误的社会反响程度密切相连。而这样一来就不可能有决策责任追究的客观性和公正性可言。

决策责任追究的主体是建构重大行政决策责任追究机制必须首要考虑的因素,也是决策责任追究机制乃至重大行政决策制度本身有效实施的前提保障。表象上其提出的是"谁来追究责任"的主体问题,实质上它回答的是责任追究的权威性、客观性和公正性问题。从主体性质和追究的效果来划分,决策责任追究的主体可分为同体责任追究主体和异体责任追究主体两大类,另外还有一类可归为责任追究的参与主体。同体责任追究主体即为党对其党员干部的决策责任进行追究,或者行政系统对其行政人员进行责任追究;异体责任追究主体在党系统和行政系统之外,主要包括人大及其常委会对党和政府组织的决策责任追究和司法系统对党和政府组织的责任追究;公众、社会组织和新闻媒体等是作为责任追究的参与主体而存在的,因为从严格意义上来讲,他们对决策责任追究只具有信息提供与社会监督的作用,而对责任对象并不能做出处理决定。显而易见,这三者兼而有之,互为补充方能更好地推动决策责任追究的顺利运行。然而从制度文本的分析结果来看,各地规定的责任追究主体仍然局限在党和政府组织内部,是典型的上级对下级抑或是专门行政机关对党和政府组织的责任追究,缺乏异体责任追究主体的有效介入,公众、社会组织和新闻媒体也没能发挥积极作用。在这种情形下,责任追究的效果很难保证,也与全面推进依法治国总目标不相适应。

近年来决策失误的案例表明,公众普遍质疑一些该追究责任的事件没有启动追究机制,一些该追究的责任人没有受到追究。这里一个重要的因素便是当下中国决策责任追究的内容和范围还很狭小,责任追究仅仅局限在政策执行环节,而不针对决策和监督。事实上,党和国家对组织资源和社会价值进行权威性分配并从事行政管理活动,其所承担的责任不仅包括行政责任或工作责任,同时也包括政治责任和法律责任。政治责任是由公共行政的本质所决定的,指的是行政行为与政府决策必须符合、保护、促进人民的利益与福利,政府必须向国家最高权力机关和执政党承担责任。顾名思义,法律责任就是公共行政行为出现违法犯罪行为,从而应当承担的否定性的法律后果。而行政责任则是下属以其职责履行、命令执行和纪律遵守情况对其上级机关或领导所承担的责任。显然,三种责任的主体、对象、追究事由和追究后果皆不同。实践中,多个省份的制度文本中表现出重行政责任追究、轻政治责任追究和法律责任追究的情形。它们只是依照《行政机关公务员处分条例》的第十九条和第二十条分别对决策中未走必经程序、不作为、玩忽职守、贻误工作的领导人员和直接责任人员给予行政纪律处分,但并未在制度文本中对决策时辜负了民众的信任和委托或者违法犯罪的情形进行规定。而这将易于导致把不同责任混淆,最终使得决策责任追究的过程和结果都受到质疑。

此外,从制度文本上来看,各地也存在着决策责任追究对象模糊的问题。虽然现在规定中已经开始区分领导班子负责人、主管领导、直接责任人和相关责任人的决策责任,但总的来说,党政之间、党政兼职之间、正副职之间、各层级之间的事前责任如何界分、事后该问谁的责尚无法规政策依据。不过责任对象界定不清,很大程度上跟重大行政决策的事项范围不清晰和责任主体的职责不明确有关,所以这里也就不再赘述了。

第四节 结论与讨论

制度实施的绩效往往与两方面因素密切相关:规章制度的完善程度和运行过程的顺畅程度。要使重大行政决策制度真正得以有效实施,首先必须具备一套科学、严谨、系统、可操作的制度文本。倘若不然,重大行政决策制度本身就有成为摆设的可能。从这个角度来讲,制度文本是重大行政决策制度规范、合理、有效实施的前提和条件。

正是在这一考虑下,本书基于省一级 88 份关于重大行政决策的地方政府规章和地方政府规范性文件,对政府重大行政决策制度的事项范围、程序设定、公众参与和责任追究四个主题进行了探索性研究,利用内容分析方法实证地为重大行政决策制度的现状和特征梳理提供了较为翔实的初步证据,为重大行政决策制度中存在的问题及其原因分析和对话提供了统一的平台,也为其下一步的优化路径奠定了良好的基础。

本书的分析结果表明,目前我国重大行政决策制度的规范化仍然处于起步阶段,同质化、形式化、简单化情况还时常能遇见。从现有的制度文本来看,有的规定章、节、条、款、项都有,结构严谨合理,但也有些规定内容简单,只是在行政程序规定中加入了有关的几段条文,有些地方甚至仅仅出台了关于听证、决策咨询或合法性审查的办法,还不能算是全面的重大行政决策的制度规定。这都反映了我国当前重大行政决策的规范体系还没有建立,制度文本本身和制度运行之间还有进一步磨合交融的必要。同时值得关注的另一现象是,地方重大行政决策制度的针对性和实用性还不强,出现了规定的"上下同构"。这反映了在上下一统、"职责同构"的环境下,地方政府具有与上级保持一致的强烈动机,不仅是组织层面,政策层面也是如此。因为这不仅直接体现了上级意图的完全贯彻,也降低了地方政府政策创新的风险。所以,当完善重大行政决策制度成为硬性要求甚至政治任务时,各地方制定的有关规定明显存在"向上看齐""与中央保持一致"的显著特征。

　　本书在研究过程中也注意到,重大行政决策制度化、规范化的目的是为了增进公共利益和社会福祉。从这个终极目标上来讲,党委、人大、政府都是地方重要的决策主体,而目前对于它们在重大公共决策中扮演何种角色,它们的权责关系为何目前还缺乏明确的规范和界定。同时,地方政府的行政决策权并非唯一的决策权力,它与党委的政治决策权和地方人大及其常委会的重大事项决定权一同构成了地方公共决策权力体系。具体决策运行过程中,一项政策的出台,从提议、论证、决定、出台到贯彻执行,需要经过不同的步骤,不同的决策主体在不同的事项、不同的环节基于不同的决策权发挥着各自的作用。可见,决策权的结构和运行机制也会直接影响到重大事项的开展实施效果。因此,各决策主体在重大公共决策中的地位、角色如何,各种决策权的不同配置和运转流程会对重大公共决策的有效性产生怎样的影响,都是在未来进一步研究中可尝试的思路。

第四章　邻避项目决策流程的现状和问题：基于 S 区重大行政决策过程的调研

作为各级党委和政府高度重视的重大行政决策,邻避项目决策的效率和质量不仅受决策制度文本的完善程度影响,还与决策本身的运转过程密切相关。毋庸置疑,政府决策理念、决策模式、决策流程的重塑和优化是将来政府改革的重中之重,也是政府有效应对邻避问题的必要条件。所以这一章打算从决策流程的视角切入,用实证的方法认真分析一个地方政府重大行政决策的实际运行情况。本书的目的在于通过解剖一只"麻雀",能比较清晰地了解各级党委和政府在决策流程方面的现状和问题,从而为下一步理解邻避项目决策不足在体制和机制方面的原因奠定基础。

第一节　理论基础和研究方法

决策过程研究一直以来都为学者们所关注。从理论上来讲,其注重将政策制定看成一个多环节互联的动态运行系统,这对以往公共政策研究较多关注政策本质、政策工具、政策效果的分析是一个很好的补充。从实践上来讲,各政策利益相关者在决策中的角色及其各环节在政策运行中的功能本身就是决策规则和决策程序的一部分。改变决策过程,对于优化权力配置,充分发挥政策效果有相当大的影响。

学者们对于决策议题的理解是从研究政策过程开始的。20世纪四五十年代西方学者就开始重视政策过程的研究。戴维·伊斯顿的政治系统模式就曾对政策过程研究产生过重要影响。在伊斯顿看来,政治系统所处的环境对政治系统不断提出需求和给予不同的支持,政治系统根据其运行规则把这些需求和支持转换为公共政策形式,然后政策实施产生的结果反馈给环境,并影响今后对政治系统的投入。伊斯顿的政治系统模式可以被看作政策过程的一个初步模式。① 之后,政策过程研究逐渐成型,发展到20世纪七八十年代,学者们已经提出了画政策过程示意图的多种阶段。同时,学者们对于决策的理解也出现了广义和狭义上的分化。哈罗德·D.拉斯韦尔在《决策过程》(*The Decision Process*)一书中就提出了经典的七段论,他认为决策过程包括:情报、建议、规定、行使、运用、终结、评估七个阶段。② 很显然,他对决策过程做的是一种广义上的诠释。与此类似的还有托马斯·戴伊,戴伊认为研究政策制定,就需要考虑政治体系内发生的系列行为活动或过程,以及与之相关的活动和参与者,因此作为过程的政策制定,包括了问题确认、议程设定、政策形成、政策合法化、政策执行、政策评估六个环节。③ 更多的学者则从狭义的角度理解决策过程。詹姆斯·安德森是拉斯韦尔七段轮的直接受益者,他在拉斯韦尔的基础上进一步完善了政策过程模型,他将政策过程分为政策议程、政策形成、政策采纳、政策实施、政策评估五个阶段④,这一划分标准后来也广为大家接受。不过安德森却是

---

① 徐湘林:《从政治发展理论到政策过程理论——中国政治改革研究的中层理论建构探讨》,《中国社会科学》2004年第3期。

② Harold D.Lasswell, *The Decision Process:Seven Categories of Functional Analysis*,转引自张金马:《公共政策分析:概念·过程·方法》,人民出版社2004年版,第315页。

③ [美]托马斯·戴伊:《理解公共政策》(第11版),孙彩虹译,北京大学出版社2008年版,第31—32页。

④ [美]詹姆斯·安德森:《公共政策制定》,谢明译,中国人民大学出版社2009年版,第33页。

从狭义上理解决策的,他曾指出,决策作为政策过程中的一个特定步骤,本质上是在众多预案中作出特定的选择。[①] 台湾学者张金马也对决策过程采取狭义的理解,他将决策和执行严格区分,他认为决策包括社会问题的发生、政策问题的确认、政策议程的建立、备选方案的提出、政策方案的评估和政策方案的选择;而政策方案的执行、执行效果的评估、政策的调整与改变和政策的废止与终结都属于政策执行。[②]

很显然,决策过程作为政策过程中的一个阶段有其自身的特点,尤其是它与政策执行之间存在显著的差异,因而在综合这些学者的观点的情形下,本书将继续沿用大多数学者的观点,将决策过程理解为从决策信息输入到政策输出的全过程。如此,决策过程就包括了决策动议、决策议程设定、备选方案设计、方案抉择和决策合法化五个阶段(详见图 4.1)。它们和政策执行、政策反馈一起组成一个闭合的政策过程环。其中决策动议是指社会问题转变成公共政策问题的过程;决策议程设定是公共权力机关确认具体政策问题,并将其纳入解决程序的过程;备选方案设计是提出解决具体政策问题的办法和预案;方案抉择是对解决方案进行筛选和确定;决策合法化是指政策方案获得合法定位的过程。文章旨在通过将这一般性的决策过程与地方政府现实情况进行比较,从而发现当下重大行政决策的不足之处,并为完善相关制度提供政策建议。

本节选取的案例 S 区是较早对重大行政决策的决策流程进行优化的地区之一。我们收集资料的方法主要有两种:其一,对领导和工作人员的访谈。2013 年 7 月,我们密集访谈了区委、区政府领导,各党政机构负责人和工作人员,镇街领导等 70 余人(详见表 4.1),深入了解了 S 区重大行政决策中的决策权配置、工作协调、绩效评价、问责与监督等各个方面的现状和问题,并就解决方案与他们交换了意见。其二,问卷调查。通过政府的 OA 系统我们总共

---

① ［美］詹姆斯·安德森:《公共政策制定》,谢明译,中国人民大学出版社 2009 年版,第 3 页。

② 张金马:《公共政策分析:概念·过程·方法》,人民出版社 2004 年版,第 314—315 页。

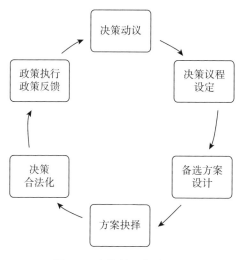

图 4.1　决策的一般流程图

发放了问卷 2067 份。从样本结构来看,样本中政府雇员占 38.8%,科员(办事员)占 33.0%,科长(副科长)或镇街内设部门常务副职(副职)占 18.5%,镇街、局办委等领导占 6.3%;工作单位在党群机关及其工作部门的占 20.4%,在人大政协机关的占 1.7%,在政府工作部门的占 74.3%,其他占 3.6%。我们还通过随机抽样的办法派发给普通老百姓问卷,询问他们对于政府决策流程优化后政府运行效率、提供的服务质量、办事公正程度等的主观感受,最后回收有效问卷 313 份。其中 S 区本地户籍人口占 68.9%,外地户籍人口占 31.1%;生产工人占 6.4%,农业从业人员占 5.4%,服务行业人员占 23.0%,中小企业主(含个体户)占 11.5%,企业管理人员占 21.4%,事业单位人员占 12.5%,其他占 19.8%。总体来说,两份问卷的样本都比较合理,具有一定的代表性,为以后的分析奠定了坚实的基础。

表 4.1　访谈人员明细表

区委书记	区长	区人大常委会主任	区人大常委会副主任	区人大常委会委员、教科文卫华侨工委主任

续表

区委书记	区长	区人大常委会主任	区人大常委会副主任	区人大常委会委员、教科文卫华侨工委主任
区政协专职常委	区政协副主席	区政协办公室副主任	区政协专职常委	区委副书记
区委常委、秘书长	副区长	政务委员	区委常委	副区长
区委常委	区政务监察和审计局常务副局长	区纪委常委	副区长	区公安局副局长
区公安局政工室主任	区市场安全监管局常务副局长	区市场安全监管局副局长	区委组织部副部长	区经济和科技促进局常委副局长
区经济和科技促进局副局长	区教育局常务副局长	区教育局副局长	区人力资源和社会保障局常务副局长	区人力资源和社会保障局副局长
区委宣传部常务副部长	区委宣传部副部长	区委政法委副书记	区综治办副主任	区发展规划和统计局、常务副局长
区发展规划和统计局副局长	区财税局常务副局长	区财税局副局长	区环境运输和城市管理局常务副局长	区环境运输和城市管理局副科长
区国土城建和水利局常务副局长	区国土城建和水利局副局长	区人口和卫生药品监督局常务副局长	区人口和卫生药品监督局副局长	区委社工部
区委社工部	区政务委员、L镇委书记	X镇委副书记	J镇党委书记	LL街道党工委书记
B镇党委副书记	区委常委、D街道党工委书记			

资料来源:作者自制。

第二节 现状及存在的问题

通过走访调查和问卷调查,我们发现 S 区为了更好地发挥政府绩效,已经对重大行政决策的相关环节进行了优化。但是通过绘制 S 区决策过程图(详见图 4.2)与上述的一般决策过程对比,我们就能发现,S 区决策的各个环节还存在不少问题,而这些在很多其他地方也都比较典型。

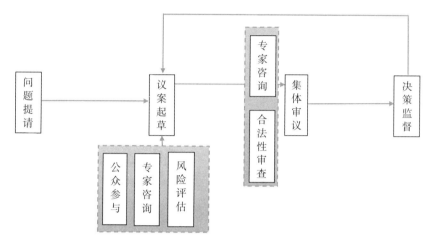

图 4.2　S 区政府重大行政决策流程现状图

一、决策动议主体单一

决策是针对决策层的价值排序以及决策参与者发现的问题而展开的,因此,决策动议环节是决策过程的起点。S 区决策动议的提出通常分为三种情况:一是由区委、区政府首长或分管领导按照职责分工提出;二是区委、区政府工作部门,各镇人民政府、街道办事处提出;三是上述组织与个人以外的其他参与决策的组织与个人提出。前两种属于在"职责范围内"提出决策动议,后一种属于"参与式"提出决策动议。

自 2009 年以来,S 区决策机制日臻完善,决策效率不断提升,决策质量不断提高。然而,政府重大行政决策对真正的社会需求回应得还不够。反映在决策动议环节上,就表现为决策动议主体过于单一、决策质量不高的弊端。调研中发现,目前,区委、区政府、16 个大部门和 10 个镇、街是政府决策的动议主体,尤其是大部门,是最为重要的决策动议主体。2012 年提交区联席会议研究的议题中,区政府组成部门为主责部门的议题有 58 项,占比为 77.3%。区政府常务会议中的这一数字分别为 86% 和 72.3%。而人大、政协、社会组织和社会公众在决策动议中的主体性作用尚未得到充分体现,区重大决策没能从一开始就吸收人大、政协参与其中,政府议案留给人大、政协进行消化和研究的时间也不足;社会组织和公众提出决策动议的案例很难找到(2013 年 7 月,区人大常委会访谈笔录;2013 年 7 月,区政协访谈笔录;2013 年 7 月,区工商联企业家代表访谈笔录;2013 年 7 月,区行业协会代表访谈笔录)。

决策动议主体单一所造成的直接后果就是容易出现重大行政决策部门化。各部门出台政策都只从本部门的角度出发,很少立足于区经济社会统筹发展的全局。重大行政决策难以有效回应真正社会需求,如,S 区很多农民反映,至今没有公平享受到改革开放成果。久而久之,公众会失去参与政府事务的兴趣,政府管理的成本和难度也会随之增加。

二、决策议程确立规则不清晰

决策动议是政策过程的逻辑起点,而决策议程则是政策问题的"过滤器"和"加工厂",是政策问题的酝酿与形成过程,无疑处在决策周期的开端。简言之,政策动议只有被纳入决策日程,才有可能由最初的政策动议演变为最终的公共政策。决策议程的重要功能是让政府在多元主体协商互动的基础上对社会问题进行体察和认定,确定政策问题,并对政策问题按照一定标准进行优先级排序,最终形成的是一张待解决的"公共政策问题清单"。

实践中,决策日程涉及两个问题:一是谁来确定决策日程? 即确定决策日程的主体是谁。就 S 区来说,区政府办公室具体决定决策日程。二是筛选决策动议的规则是什么? 即确定决策日程的主体依据何种规则来确定,哪些决策动议可以纳入决策日程,而另外一些不能纳入决策日程。

就目前 S 区的决策机制来说,有个突出的现象值得关注:即一些部门很多时候仍然不敢、不愿独立开展工作,凡事都上报请示,将决策事项推向上级,于是一些常规决策最终也变成重大行政决策。这两个现象的形成显然与区政府（区政府常务会议）和大部门的决策权限划分不清有关，然而不容忽视的是，决策议程确立规则不清晰也是其中一个重要因素（2013年7月，区长访谈笔录；2013年7月，副秘书长访谈笔录）。

决策事项的公共性和重要性是决定决策动议是否纳入重大决策日程的两大基本标准。其中，重要性的大小是一个兼有价值评判和技术标准的指标。S区出台的有关政府决策的规范性文件中，对重要性大小采取概括式列举方式，即待决策事项的属性和范围，但不涉及具体技术标准和评判原则，操作起来仍然适用性不强，自由裁量的空间比较大。比如S区将一些"关系基础性、战略性、全局性或与群众利益密切相关以及社会影响较大的需由政府决策的重要事项"列为行政决策重大事项。但实际运作过程中，哪些重要事项真该纳入区政府重大行政决策议程，哪些不该，仍旧难以把握，导致一些决策"不该为而为之"，一些决策"应为而不作为"，随意性较大。

三、备选方案设计专业性、参与性、公开性不足

备选方案是决策者可用来解决政策问题，达成政策目标的手段、方法和措施。美国著名政治学者金登认为：备选方案和政策建议的产生过程类似于一种生物自然选择的过程。只有那些符合某些标准的思想才会坚持下来。这些标准包括技术上的可行性，价值观上的可接受性，是否符合某些约束条件，比如是否会赢得公众的同意和是否会获得民选官员的批准等等。① 由此可见，备选方案设计也是最为体现科学决策和民主决策相互融合的环节之一。

然而调研结果显示，S区决策中科学化、民主化还稍显不足，体现在备选方案设计环节上就在于：一是区委、区政府缺乏专业的政策方案设计辅助机构，区委、区政府的重大公共决策缺乏专业化的决策辅助与技术支撑。目前，

---

① ［美］约翰·W.金登：《议程、备选方案与公共政策》，丁煌、方兴译，中国人民大学出版社2004年版，第147—181页。

S 区设有区级的决策咨询委员会一个,可是这个决策咨询委员会专业化程度不够,并不能为区委、区政府提供足够的专业化的决策方案设计服务。从组织上讲,S 区决策咨询委员会是非常设机构,原则上每个季度才开一次会,没有强制义务。同时,区委、区政府办公室的政策方案设计和政策研究的职能虚化。区委、区政府办公室既不是政府综合协调部门,也不是一个专业化的决策辅助机构,更多的是一个办文机构;区委、区政府办公室内设机构调研科主要负责领导材料的起草,决策咨询科负责办会。二是备选方案设计环节的参与性不够。尤其是重大行政决策听证制度仍没有建立,没有与受决策影响较大的社会群体进行协商,并通过他们对政策方案进行咨询作为决策过程的必要环节。三是备选方案的信息公开性不足。目前,S 区只将一些涉及老百姓切身利益的决策草案的结果予以公开,信息公开程度不高。纵然政策方案进行设计、讨论、筛选后的最终结果是形成决策草案,但决策草案的形成必须以备选方案设计过程中的论据与论证为根据。只有将决策草案形成的过程、依据、结果公开,才能真正提高行政决策的科学化民主化程度,切实提高公众的知情权和参与权,最大限度地保障行政决策质量(2013 年 7 月,区委、区政府办公室相关负责人访谈笔录)。

四、方案抉择权限不清

方案抉择就是决策者选定政策方案。由于重大行政政策问题牵涉的相关因素比较多,具有复杂性,所以设计出的备选方案往往各有侧重,很难清晰界定孰优孰劣。因此,选定政策并不是一个简单排序的过程,决策者必须将政策问题、政策方案和政治可行性等因素统一起来进行考虑。方案抉择环节因而在整个决策过程中扮演了把关者、利益综合者和"最终裁定者"的角色,十分关键。可是 S 区在方案抉择环节上的一些不足影响了这三个角色在实际中的表现。

（一）区委、区政府联席会议与区政府常务会议决策权限划分不清

现在 S 区一级的重大事项由区政府常务会议、区委常委会议和区委、区联席会议做出决策。其中区委常务会议主要是研究和决定党建、组织人事和基层选举方面的工作，而区委、区政府联席会议与区政府常务会议在决策权限划分方面存在不够明晰的问题。这主要表现在以下三个方面：

首先，由于之前机构改革的缘故，参加区联席会议和区政府常务会议这两大会议的成员重合度较高。区联席会议成员包括区委常委，副区长，政务委员，区委、区政府秘书长，由区委书记或区委书记委托区长召集。区政府常务会议成员包括区长、副区长、政务委员、区政府秘书长以及分管区政府部门工作的区委常委，由区长或受委托的常务副区长召集并主持。实际工作中，两大会议之间成员的真正区别只有两人。

其次，两大会议的决策事项存在交叉重叠。以 2012 年区政府常务会议的讨论事项为例：2012 年区政府常务会议共讨论议题 119 项，其中有 36 项经会议通过后，必须向区委、区政府联席会议通报。这意味着 33% 的相关议题进行了重复上会，考虑到两大会议成员的高度重合性，实际上造成的会议压力陡然增大。以前这种情况更为严重，现在区委、区政府达成默契，不是大问题不上联席会议。但上会项目仍然过宽、过细。

最后，两大会议的议事范围界定不清。目前，区联席会议的议事范围包括 14 个项目，区政府常务会议的议事范围有 12 个项目。其中除区财政追加事项和审议拟公开交易出（转）让宗地的事项，以及涉及公务员管理、党政领导班子成员分工、申报省委、省人民政府以上机关颁发的先进个人或先进单位推荐名单等事项之外，两大会议中大部分议事事项的边界模糊不清。比如研究审定全区国民经济社会发展规划的重要专项规划（区政府常务会议）与研究审定全区国民经济和社会发展的长远战略规划、综合性规划（区联席会议之间），通报一般性突发事件及处置意见的事项（区政府常务会议）和通报重大

突发性事件及处置意见(区联席会议)之间都存在模糊地带,很难在实践中准确把握。

(二) 行政决策中出现"鸡毛蒜皮现象"

区委、区政府主要领导,即决策中枢成员时间、精力更多地投放到比较熟悉的、次要的、支出数额相对较小的决策事项,而对专业性强的、重要的、支出数额相对巨大的重大决策事项缺乏关注的意向与能力。接受访谈的 16 个大部门首长对此反映强烈。他们中有人特别提到,涉及别的部门的决策,自己不懂,只好不发言。长此以往,实际上是强化了部门决策现象,对于从全局高度出台统一协调的政策造成挑战(2013 年 7 月区委书记访谈笔录;2013 年 7 月区长访谈笔录;2013 年 7 月区委组织部访谈笔录)。

(三) 区委、区政府与大部门之间的决策资源错配

区委区政府与大部门之间决策权限划分不清,造成决策资源错配。对于区委、区政府一级而言,大量的本应聚焦于重大行政决策的决策资源被浪费在了常规决策的讨论和定夺上。这里既有政府纵向权力缺乏明确划分的体制性问题,也有政府横向部门之间自身规定不清的问题。也可以这样说,不但自上而下政府决策权限缺乏明晰划分,而且在具体的事项中,部门之间决策权的基本界限也不清晰。由于决策权限划分不清,实践中大部门往往紧紧把握住决策权力不放,而把决策责任上移,同时区委、区政府为了维持对全局问题的掌控,常常希望保留对大部门事务插手的权力,这使得区委区政府与大部门之间决策权限的划分显得更为紊乱。具体表现有:

一方面,区委、区政府决策范围依然过细,造成决策资源的错配。以区长办公会议为例,2012 年区长办公会议共召开 11 次,共有 119 个议题。在这 119 个议题中,有 22 项是涉及重大规划、计划以及政策的,只占全部议题的 18%。关于资金安排的议题共有 39 项,占全部议题的 33%;关

于土地使用的议题共有 23 项,占全部议题的 19%。而其中还有相当一部分是关于收入、手续办理、协议等本可以由职能部门决定的议题,占全部议题的近 30%。[1](见图 4.3)

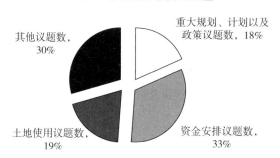

2012年区长办公会议讨论议题比重

其他议题数,30%

重大规划、计划以及政策议题数,18%

土地使用议题数,19%

资金安排议题数,33%

图 4.3　2012 年区长办公会议讨论议题比重

区委、区政府联席会议也存在同样的问题,2012 年区委、区政府联席会议共召开 12 次,共有 75 个议题。在这 75 个议题中,有 33 项是涉及重大规划、计划以及政策,占全部议题的 45%;关于资金安排的议题共有 7 项,占全部议题的 9%;关于土地使用的议题共有 13 项,占全部议题的 17%。其中也有 22 项本可以由职能部门决定的议题,占全部议题的近 29%。[2](见图 4.4)

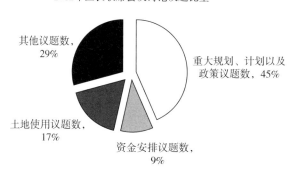

2012年区长联席会议讨论议题比重

其他议题数,29%

重大规划、计划以及政策议题数,45%

土地使用议题数,17%

资金安排议题数,9%

图 4.4　2012 年区委、区政府联席会议讨论议题比重

① 根据 2012 年区长办公会议讨论事项概括整理。
② 根据 2012 年党政联席会议讨论事项概括整理。

另一方面,大部门决策权限仍缺少可操作的划分标准。部分非法定事务以及大部门内部事务,尤其是涉及资金使用的事务和具体落实的事务,权限的赋予在具体操作中划分并不明确,很多本可以由大部门自行决策的事项由于权限不清都上报至区委、区政府,要求区委、区政府决策。以2012年区长办公会议为例,据统计,在大部门上报的议题中,有53项涉及重大规划的请示,占全部议题的45%;有66项是关于具体落实事项的,占全部事项的55%,这些决策事项本是大部门自身就可以决定的。①（见图4.5）

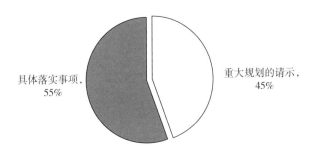

图4.5　2012年部门上报区长办公会议讨论议题的比重

五、人大在重大决策合法化环节的缺位

在对政策方案做出抉择之后,还必须使该方案真正具有权威,使之能够执行,而这就是决策合法化问题。所谓决策合法化是指法定主体为使政策方案获得合法地位而依照法定权限和程序所实施的一系列审查、通过、批准、签署和颁布政策的行为过程。② 不同的政策方案,不同的决策主体对应不同的合法化方式和程序。一般的政策经部门内部的专门法制机构审查后,经由政府常务会议或全体会议讨论决定后,就可交给行政首长签署生效。本行政区内的重大事项,必须报本级人大审查和批准。

---

① 根据2012年区长办公会议讨论事项概括整理。
② 陈振明:《政策科学:公共政策分析导论》,中国人民大学出版社2004年版,第224—228页。

现在 S 区的决策合法化环节主要分别由决策起草部门的法制机构的合法性审查和区政府法制机构的合法性审查构成,一些重大决策事项中人大的作用在这个环节中缺位了。目前 S 区的党、人民代表大会、政府的决策权力、职责及范围的划分现在还不甚明确,关系也尚未完全理顺。在调研过程中,一些大部门领导和人大的领导同志纷纷反映,人大在重大事项决策乃至决策合法化过程中都没能充分发挥应有的职能,未能有效审查政府决策的合理性和合法性。其中一个典型的例子就是当年 S 区执行大部制改革的决策前,区人大都没有参与其中(2013 年 7 月,区人大常委会访谈笔录;2013 年 7 月,区委宣传部访谈笔录)。

第五章 邻避项目决策的实践考量：
领导干部视角的考察

邻避事件为什么一而再、再而三地发生？既然明知公众有邻避情结，在当下维稳的高压之下，为什么各级党委和政府还会依然坚持作出邻避设施建造的决策？要回答这些问题，探究清楚邻避项目决策的实践考量就显得特别重要。但长久以来，我们对于邻避设施建造决策的方式、动因、阻力和困难，以及关键环节都知之甚少。而这些是理论界和实践部门关注的焦点，也是下一步构建理论解释框架，深入研究相关支线问题，提出针对性建议的基础。由此，2013—2017 年，本研究以邻避设施建造决策的决策者、执行者、参与者及利害关系人为调查对象，前后共四轮，分别委托调研地当地政府办，去信委托多地党委办和政府办，以及委托有关研究机构发放调研问卷进行研究。总共发放问卷数量达 440 份，最终回收的有效问卷达 379 份，有效回收率 86.1%。本研究所有结论均基于对此次问卷调查结果的统计分析。

第一节 问卷结构与主要内容

从问卷结构设计来看，主要由封面信、背景资料调查、具体内容调查三部分构成。其中，封面信主要是起说明和告知作用，简要告知这次调查的主题、目的、意义和要求,介绍了课题组的身份、单位、联系方式等。同时还承诺给予信息保密,最后向受访者表示感谢! 背景资料主要是对受访者的基本情况进行必要了解,包括了性别、教育程度、年龄、职务层次、工作单位类型、平均月收入水平等问题。这些背景资料对于分析个体因素,尤其是各种类别因素对于邻避设施决策的影响具有重要的参考价值。同时,通过对这些个人自然信息的采集进一步增强调查结果的效度。比如,可以进一步观察:不同受教育程度的受访者对于同一问题判断的差异性;不同工作类型或者不同职务层次对于邻避治理中的决策问题的认知程度是否会有显著不同;不同性别、不同年龄、不同平均月收入水平会不会是造成受访者对有关问题看法出入的影响因素?

公务员问卷的具体内容包括了填答问题部分和选择问题部分。填答问题部分又由事实性问题和意见性问题构成。事实性问题要求受访者依据现有的客观事实和客观行为来回答问题,不必提出主观看法。意见性问题主要是为了了解受访者对有关问题的意见、看法、要求和打算。具体在问卷中,具体内容部分的 1、3、5 题为事实性问题,这部分主要是对邻避治理决策中的普遍做法、遭遇的困难和问题进行罗列,并要求受访者进行如实回答;具体内容部分的 2、4、6、7、8、9 题为意见性问题,这部分主要围绕邻避治理决策中的关键因素、公众参与的效果与作用等问题询问受访者的态度与建议。

选择问题部分用里克特七点量表来表示。被调查者根据自身的工作职能、实际经验体会,对相关问卷中的问题进行判断,分别用 1、2、3、4、5、6、7 来表示不同认可程度。1 代表最低分,7 代表最高分,从 1 到 7 表示各个测评项目受访者的认可度越高。之所以选择 7 点量表,是因为在心理计量学领域,以量表内部一致性为例,等级数为 7 时,计算的结果最好,这得到了诸多研究支持。[1]

---

[1] Domenic V.Cicchetti,Donald Shoinralter,and Peter J.Tyrer,"The Effect of Number of Rating Scale Categories on Levels of Interrater Reliability :A Monte Carlo Investigation",*Applied Psychological Measurement*,Vol.9,No.1(March 1985) ,pp.31-36;Finn,and H.R.,"Effects of Some Variations in Rating Scale Characteristics on the Means and Reliabilities of Ratings",*Educational & Psychological Measurement*,Vol.32,No.2(July 1972) ,pp.255-265.

这部分主要是要求受访者根据当地(单位)情况对重大决策中公众参与的事实陈述,重大政策制定和执行的事实陈述,重大决策中专家论证和风险评估的事实陈述,以及重大决策中合法性审查及责任追究的事实陈述进行判断。

表5.1 调查受访者基本信息

	行政职务	正局级	副局级	正处级	副处级	科级及以下	合计
性别	男	71	94	45	3	59	272
	女	9	20	4	3	71	107
教育水平	专科	1	0	3	0	18	22
	大学本科	14	22	31	4	81	152
	硕士研究生	57	79	14	2	31	183
	博士研究生及以上	8	13	1	0	0	22
年龄	30 岁以下	0	0	0	1	35	36
	31—40 岁	1	14	1	2	60	78
	41—50 岁	51	97	25	3	28	204
	51—60	28	3	23	0	7	61
工作单位性质	党委及其工作部门	18	39	44	1	23	125
	人大政协	3	1	0	0	3	7
	政府及职能部门	25	43	2	3	22	95
	检察院及法院	3	4	2	2	82	93
	事业单位	10	16	0	0	0	26
	企业	19	8	1	0	0	28
	社会团体	2	3	0	0	0	5
	合计	80	114	49	6	130	379

数据来源:作者自制。

表5.1中反映的是调研问卷中公务员卷的基本信息情况。在我们调查的所有样本中,男性受访者为272人,女性受访者为107人。其中有大学本科以上学历的受访者为94.2%,有研究生以上学历的受访者为54.1%。41—50岁这个年龄段的受访者最多,有204个样本。受访者所供职的工作单位中,党委

及其工作部门的受访者最多,为125个样本,其次是政府及职能部门,以及检察院和法院的工作人员,分别为95个和93个样本。因为问卷涉及决策问题,而在党委和政治组织中,决策资格和决策能力与行政职务密切相关,所以本问卷将受访者的行政职务也放入了调研问题。结果显示,此次问卷调查的党和政府工作人员中,担任副处级以上职务的受访者为249人,占65.7%,科级及以下工作人员为130人,占34.3%。将上述个人的背景资料与受访者的行政职务进行交叉表分析,则发现了一些更丰富的信息,首先,在性别方面,虽然男性占据优势地位,但是科级及以下职务层次,女性人数更多;其次,在教育水平方面,本科学历成为门槛,越来越多的中高级领导干部具有高学历,比如厅局级领导中,有研究生以上学历的人高达80.9%,知识文化程度较高;最后,在年龄方面,从副处到正局,平均年龄基本呈现出逐级递增的趋势。

第二节 邻避项目决策的主体

研究邻避项目中的决策,首先必须关注的是决策的主体问题。按决策的主体划分,一般可分为个人决策和集体决策。而从我们前期掌握的案例情形来看,邻避设施建造这样的重大决策,各级党委和政府在主动权分配上至少有四种做法:领导班子集体表决、领导班子集体讨论后由一把手决定、一把手个人决策、一把手请示后决策。问卷调研的数据显示,在这四种做法中,"领导班子集体表决"和"领导班子集体讨论后由一把手决定"两项被认为与决策实际最相符合,受访者中分别有41.7%和51.5%的人持这一观点,总计达93.1%。相比之下,认为是"一把手个人决策"和"一把手请示后决策"的受访者分别只有2.9%和3.4%。(见表5.2)

这其实反映了我国领导体制中的一个关键和核心,即集体决策制度。根据胡鞍钢的研究,我国领导体制最重要的特征都反映在"集体"二字身上,我们平时总是感同身受的是诸如"集体成员""多个结构""集体智慧"这些表述,而不是"个人"的特征;不是"一个机构""个人智慧""个人决策"等等。①
当然,这种集体决策制度也经历了长期的,逐步由个人决策制度完善至集体决
策制度的过程。在经济相对欠发达、行政管理事务也相对简单的年代,个人
(一把手)单凭经验和智慧就能处理好有关事务。但是伴随着经济社会的高
速发展,尤其是行政管理事务的日益复杂,个人决策的缺陷愈加明显。改革开
放的总设计师邓小平同志曾经在著名的"8·18"讲话中就深刻分析过个人决
策制度的弊端,他认为"党和国家现行的一些具体制度中,还存在一些弊端,
妨碍社会主义优越性的发挥,这里面比较典型的就是权力过分集中的现象,党
的一元化领导,往往因此而变成了个人领导……党和国家的民主生活逐渐不
正常,一言堂、个人决定重大问题、个人崇拜、个人凌驾于组织之上一类家长制
现象,不断滋长"②。因此,也就是从这个时候起,党和政府在做决策时确定了
一条基本原则,即"重大问题一定要由集体讨论决定。决定时,要严格实行少
数服从多数,一人一票"③。在具体的设计上,我们也注重从制度和程序上采
取措施推进从个人决策向集体决策转变。这里最主要的便是实行会议民主,
落实民主集中制和集体领导的会议民主制度,即重大决策需由会议集体讨论
决定,禁止任何形式的个人专断。④ 同时,在确定议题、召开会议,充分讨论、
实行表决,执行方案、明确分工,检查监督、厉行赏罚等程序方面,也相继出台
了具体的规定。⑤

　　这里值得注意的是,集体讨论决定和集体决策两个概念所涵盖的内容并
不完全一致:集体讨论决定指的是最高领导集体在对一些重要议题、重大项
目、重大问题决策时坚持集体讨论、集体决策,决策原则为"集体领导、民主集

---

① 胡鞍钢:《中国集体领导体制》,中国人民大学出版社 2013 年版,第 1 页。

② 《邓小平文选》第 2 卷,人民出版社 1994 年版,第 330 页。

③ 《邓小平文选》第 2 卷,人民出版社 1994 年版,第 341 页。

④ 周光辉:《当代中国决策体制的形成与变革》,《中国社会科学》2011 年第 3 期。

⑤ 赵娜、方卫华:《重大行政决策的集体讨论决定制度研究》,《北京航空航天大学学报》
2014 年第 1 期。

中、个别酝酿、会议决定"。集体决策则强调的是个人选择成为集体选择的过程,也就是领导集体最终选定政策方案的过程。显而易见,选定规则是里面最为关键的因素,因此,一致同意规则抑或是过半数同意规则是学者们在讨论集体决策时必须言及的内容。在工作实际中,集体讨论决定对于集体决策时所遵循的规则并不强加确定,比如《重大行政决策程序暂行条例》第三十条第二款指出,行政首长拟作出的决定可以与出席的会议组成人员多数人的意见不一致,只是应当在会上说明理由。这也就解释了问卷中为何选择"领导班子集体讨论后由一把手决定"的受访者有51.5%,因为确实是在实践中,集体讨论决定中的"讨论"和"决定"不是完全——匹配的。

表 5.2 做出重大决策时最通常的做法

您所在单位做出重大决策时,最通常的做法是下列哪一项		频率	百分比	有效百分比	累积百分比
有效	领导班子集体表决	158	41.7	41.7	41.7
	领导班子集体讨论后由一把手决定	195	51.5	51.5	93.1
	一把手个人决策	11	2.9	2.9	96.0
	一把手请示后决策	13	3.4	3.4	99.5
	其他	2	.5	.5	100.0
	合计	379	100.0	100.0	

数据来源:作者自制。

第三节 邻避项目决策的动因

在被问及邻避设施建造的决策中,最为关键的考虑因素是哪一项时,在379个有效样本中,"解决工作中面临的问题""落实中央或上级的有关精神"和"促进当地经济社会发展"成为被受访者选择最多的三个选项,分别有

28.8%、27.2%和23.2%的领导干部给予了他们支持。另外,16.4%的受访者认为作出邻避设施的决策是为了满足老百姓的需要,只有3.4%的受访者认为,作出这种重大决策对部门本身有利,是为了"加强部门权威"。

这一问题意在探讨邻避设施建造决策中的动因问题。现有研究关注了邻避现象中的政府决策诱因,认为决策价值偏离"公共性"、决策程序不完善、决策方案不合理在一定程度上促成了邻避事件的发生。① 然而,这些"有问题"的决策"是如何做出来的? 为什么政府对此类决策求之若渴? 决策的动因究竟是什么? 并未有太多文献讨论。在已有的不多的研究中关于此类问题的表述可以概括为以下三个方面:

其一,利益考量。认为邻避设施的建造虽然声称出于公共利益,但决策中纠结乃至冲突的关键却在于政府利益与民众利益之争。② 政府主要是出于自身利益的考量才做此决策。

其二,风险认定。在风险问题上专家和普通人的恒久分歧是所有社会科学中有趣的难题之一。③ 长期以来,政府联合专家依据信息优势和专业判断优势在决策中占据主导地位。而在风险方面,政府持有技术风险认定,自认为项目符合安全规范,可以决策。

其三,地方政府竞争。这种观点认为,中国经济增长的奥秘来自地方政府的行为选择,而地方政府的行为选择又与地方官员的态度有关系。研究表明,以晋升为手段的锦标赛成功地调动了地方官员发展经济的积极性和能动性,使得中国创造了长时间经济高速增长的奇迹,不过这种激励手段同时也成为我国粗放和扭曲型经济增长的制度根源之一,因此,省市两级政府的"双层地

---

① 赵小燕:《邻避冲突的政府决策诱因及对策》,《武汉理工大学学报》2014年第3期。

② 庞晓天:《公共项目建设的邻避冲突:困境、动因与突破——基于对上海虹杨变电站规划冲突事件的分析》,上海市社会科学联合会编:《转型·创新·改革——上海市社会科学界第十届学术年会文集(2012年度)经济·管理学科卷》,上海人民出版社2012年版,第243—247页。

③ [美]凯斯·R.孙斯坦:《风险与理性——安全、法律及环境》,师帅译,中国政法大学出版社2005年版,第66页。

方政府竞争"模型可以解释地方政府为什么对邻避设施建造的决策抱有很大的支持力度。①

调研数据显示,邻避设施建造决策的动因以上级驱动及问题驱动为主。很多邻避设施,诸如化工厂、核电站、PX 项目等都是中央或上级决策,乃至国家战略,是写入五年发展规划的。对于地方政府而言,在此类决策中并没有多少自主性,更多的是扮演政策执行者的角色。这也解释了为什么选择"落实中央或上级的有关精神"的受访者占到总人数的 27.2%。同时,"解决工作中面临的问题"也是受访者选择较多的选项,占 28.8%。当垃圾围城、殡仪馆无处安放这些困难出现时,政府决策本身的自由度也是有限的,必须客观真诚地面对问题,并尽快做出可操作化的方案。此外,已有研究中的利益考量和地方政府竞争这两个因素得到了间接证明,从问卷中认为"促进当地经济社会发展"选项的支持度(28.8%)高于"满足老百姓的需要"选项的支持度(16.4%)就可反映出来,但是严格的、直接的证据还未给出。(见表 5.3)

表 5.3　重大决策中最为关键的考虑因素

您认为在做出重大决策中,最为关键的考虑因素是下列哪一项					
		频率	百分比	有效百分比	累积百分比
有效	落实中央或上级的有关精神	103	27.2	27.2	27.2
	加强部门权威	13	3.4	3.4	30.6
	解决工作中面临的问题	109	28.8	28.8	59.4
	促进当地经济社会发展	88	23.2	23.2	82.6
	满足老百姓的需要	62	16.4	16.4	98.9
	其他	4	1.1	1.1	100.0
	合计	379	100.0	100.0	

数据来源:作者自制。

---

① 刘冰:《邻避设施选址中的地方政府行为及社会动员模式研究——以漳州 PX 项目成功选址为例》,杜志淳:《中国社会公共安全研究报告》2014 年第 2 期,中央编译出版社 2014 年版,第 149—152 页。

第四节　邻避项目决策的困难和阻力

现有的研究都认可了邻避事件对于邻避治理变迁的重要作用,并予以强调。然而却也相对忽视了这个命题得以成立的一个前提性条件,即邻避治理主体的主观能动性。一个必须回答的问题是,外界的不支持乃至对抗真是决策者们认为最棘手的问题吗? 否则,突发事件处置能力愈发长进的各级党委和政府,推动邻避治理转型的动力在哪儿呢? 为了真实了解政府干部眼中的决策的阻力和困难,我们设置了"政府在做出邻避设施决策时遇到的最大困难是下列哪一项"这一问题。从 379 份有效问卷来看,答案比较分散(见图5.1)。这在一定程度上反映出不同的地区、不同的邻避设施项目、不同的层级所面临的问题并不完全一致,还需要进一步深入研究。总的来说,受访者认为,"利益被触动者反对"(28%)、"资金不足"(24.3%)、"上级部门(领导)不支持"(16.4%)、"公众的误解"(13.2%)是党和政府在作出邻避设施决策时比较顾虑的四大因素。

首先,"利益被触动者反对"排名第一的结果与学术界对于"邻避问题主要是各利益相关者存在着各种异议"[1]的判断基本一致。从我们实际调研的情况来看,这也是各级党委和政府在处置群体性事件中积累的经验,也就是必须做好利益相关者,尤其是直接利害攸关人员的安抚工作,否则冲突难以平息。

其次,"资金不足"位列第二,有两种可能的解释:其一是跟邻避设施的性质有关。很多邻避设施都是重大的工程项目,需要大量的财力,但是最近几年政府财政收入增速放缓,而地方债风险增高,使得邻避项目建设的资金存在配

---

[1]　Gregory, R., Mcdaniels, T., Fields, D, "Decision aiding, not disputere solution: Creating insights through structured environmental decision", *Journal of Policy Analysis and Management*, Vol. 20, No.3(Summmer 2001), pp.415-432.

套不足的问题;其二是跟政府的行为方式有关。通常理解,政府缺乏成本意识,评价工作实绩主要衡量的是投入水平。如此一来,邻避设施建造中也会出现资金不够用的情况。

再次,"上级部门(领导)不支持"选项位列第三,这验证了上题中决策动因的判断,即对于邻避项目决策而言,必须要关注和研究"上级—下级"不同层级角色在"决策—执行"各环节中的真实作用,否则可能出现"解释错配"谬误。当然,之所以这一选项没有被选择更多,可能的原因是多数此类决策都是在上级部门和领导的认可下推进的,因此在决策时遭遇来自上级或领导的阻碍并不突出。

最后,一般研究都强调公众参与在邻避项目决策中的重要作用。不少研究也表明,改变自上到下的决策模式,转向决策权威的分散、公众参与决策,有助于加深公众对于项目的理解,树立公众的信心,最终有助于"邻避"困境的解决。① 这一观点在问卷调研中并未得到完全的验证。只有 13.2% 的受访者认为,政府决策中会将公众的理解和支持作为主要因素予以考虑。导致这一现象的因素一方面可能是,当前公众对于政府决策的低参与性——大部分的公众并没有表达自身诉求的迫切性,抑或是因为公众表达自身不满的渠道不畅,而公众也无意申辩,造成了在面对邻避设施决策时,大部分公众只是"沉默的大多数"这一事实——因而政府工作人员并不认为普通公众的误解会对相关决策造成致命的威胁;另一方面的可能是,"公众"这一概念本身包含了更为细致的内容。从我们的案例调研来看,各级党委和政府为了实际工作需要,至少把公众划分为三大类:普通公众、利益公众和敌视公众。正如本题所展现的这样,对于利益相关者,政府是比较重视的,然而对于普通公众,政府相对冷漠了很多。这也提醒我们,在今后研究邻避决策中的公众参与问题时需要将"公众"进行分类化处理。

---

① Burningham, Kate, "Using the Language of NIMBY: A topic for research, not an activity for researchers", *Local Environment*, Vol.5, No.1(August 2000), pp.55-67.

政府在做出邻避设施决策时遇到的最大困难是哪一项

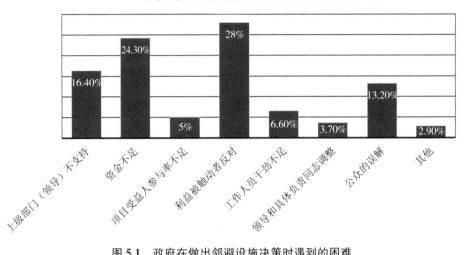

图 5.1　政府在做出邻避设施决策时遇到的困难

第五节　邻避项目决策的关键环节

重大行政决策往往是对公众权利和义务的重大调整,是政府在管理社会重大事项过程中所做出的决定。因此,邻避项目决策属于重大行政决策范畴。对于重大行政决策而言,党的十八届四中全会有明确规定,"要健全依法决策机制,把公众参与、专家论证、风险评估、合法性审查、集体讨论决定,确定为重大行政决策的法定程序……建立行政机关内部重大决策合法性审查机制……建立重大决策终身责任追究制度及责任倒查机制"。

也就是说,重大公共决策的科学化、民主化、法治化不仅仅是一种原则和诉求,也有法定程序上的规定;追求邻避项目建造的科学决策、民主决策、依法决策不仅仅是一种价值理性,也是一种工具理性。那么,实践中领导干部们对于这些程序和关键的环节是什么态度呢?

为此我们设计了"您认为要优化重大决策过程,最需要关注的环节是哪一项",在这一问题实践中,从回收的有效问卷来看,领导干部们对于各选项的支持率比较平均。5个答案获得的支持率都在20%左右,按照支持率的高低排序,分别是风险评估(24%)、集体讨论决定(20%)、公众参与(19%)、合法性审查(19%)和专家论证(18%)。(见图5.2)

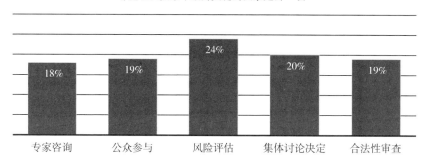

邻避项目决策中最为关键的因素是哪一项

图5.2　邻避项目决策中最为关键的因素

之所以出现各选项较为平均的情况,一种可能是各级党委和政府出台了大量相关的决定、规定、意见和通知等来完善重大公共决策制度,使得我们的问卷中反映出来的情况是,各地方在重大行政决策各环节的重视程度上没有明显倾向。而事实确实也是如此,我国对重大行政决策的制度规范由来已久,例如早在1990年,黑龙江省就出台了《黑龙江省人民政府关于重大决策落实的督办检查制度》。但直到21世纪之后,相关制度才密集出台。2004年国务院颁布《国务院关于印发全面推进依法行政实施纲要的通知》,强调要"建立健全科学民主决策机制……健全行政决策机制,完善行政决策程序,建立健全决策跟踪反馈和责任追究制度"。这一举动激励了各地方纷纷出台有关政府规章和规范性文件对重大行政决策进行制度约束。据统计,全时段制度文本总量的97.7%是这期间各级党委和政府出台的。这里值得注意的是,2008年国务院颁布了《国务院关于加强市县政府依法行政的决定》,2010年国务院又颁布了《国务院关于加强法治政府建设的意见》,这是我国重大行政决策法制史上两个标杆性的文件,于是我们可以看到,全时段制度文本总数量的80.6%(2004—2008年,比重为17.1%)是2008年之后颁布的,这是自2004

年之后的进一步井喷之势。更为重要的是,各地方关于重大行政决策的规范越来越精细化、可操作化:现在越来越多的制度规范文本单独对"专家论证""听证制度""重要事项公示制度""重点工作通报制度"等作出详细规定。然而这些规定在几年前还只是隶属于"依法行政"或"法治政府建设"等部分条目下的内容。① 比如 2015 年 12 月修订的《中国共产党地方委员会工作条例》中就明确指出,"党的地方委员会及其常委会议事决策应当坚持集体领导、民主集中、个别酝酿、会议决定,实行科学决策、民主决策、依法决策"。而《重大行政决策程序暂行条例》也做出规定:作出重大行政决策应当遵循依法决策原则,坚持严格遵守法定权限,依法履行公众参与、专家论证、风险评估、合法性审查、集体讨论决定等程序,保证决策符合宪法和法律法规规定。

第六节　邻避项目决策的参与性

公众参与是现代政府运作的主要理念和原则,也是各级党委和政府在作出重大公共决策时必须遵循的程序。正如前述答案所反馈的那样,在价值层面,领导干部都认同公众参与,并认为公众参与是"优化重大决策过程最需要关注的环节之一"。然而移位到操作层面,部分政府官员就表现出矛盾的心态。(见表5.4)从对 379 名党和政府工作人员的问卷调查也反映出,当前邻避设施决策中的公众参与现状不容乐观:近一半的受访者认为(47%),公众只是低度的形式参与决策,17.7%的受访者则认为公众在决策中基本无参与,两者比例合计超过 60%。而认为公众是小范围有影响力参与的受访者只占到总受访者比例的 27.7%,尤其是只有 7.7 的受访者认为,公众参与邻避项目决策是深度的、实质性的。

---

① 黄振威:《当前我国重大行政决策制度的特征》,《学习时报》2015 年 11 月 9 日。

表 5.4　当前政府决策中公众参与的现状

您认为当前邻避项目决策中公众参与的现状如何,请选出下列一项				
		频率	百分比	有效 百分比	累积 百分比
有效	基本无参与	67	17.7	17.7	17.7
	低度的形式参与	178	47.0	47.0	64.6
	小范围有影响力参与	105	27.7	27.7	92.3
	广泛的深度、实质性参与	29	7.7	7.7	100.0
	合计	379	100.0	100.0	

数据来源:作者自制。

　　从前期的案例调研来看,公众参与的这种现状与公众参与决策的广度和深度,即公众能够真正参与的决策类型以及公众能够参与的决策环节密切相关。为此,本研究特意设置了"您认为应在下列哪些重大决策中引入公众参与"和"您认为公众参与应在政府决策的哪个环节发挥作用"两个多项选择问题来普遍性地了解当前公众参与作用发挥的局限性。在运用多重响应分析方法之后,本研究得到了如下分析结果:

　　在问及"您认为应在下列哪些重大决策中引入公众参与"时,379 名受访者对 6 个选项的支持呈现出相对分散的局面(见图 5.3):一方面,均有三成左右的受访者认为"涉及群众切身利益的重大决策"(37.2%)和"涉及经济发展的重大决策"(27.6%)可以引入公众参与,两者合并比例近 65%。考虑到问卷对象中大多数本身就是党和政府重大决策的直接推动者、执行者或者参与者,这一答案分布在一定程度上反映了领导干部如今在面对公众参与决策时态度上的积极转变,以及我们在公众参与决策制度建设方面取得的不小进展。不过另一方面,我们也注意到,调研问卷中"时间紧迫的重大决策"(5.7%)和"专业性、技术性较强的重大工程和项目决策"(7.3%)两个选项的支持度都在 10%以下,这说明领导干部普遍认为,公众参与并不是提高决策质量和提升决策效率的万能灵药,这也验证了之前学界的研究,即公众参与本身就有局限性。从理论上讲,公众参与决策具有三个悖论:第一,决策效率与民众参与广度间矛盾。普遍而言,公众参与的人越多,政府制定政策和政府执行政策成本都会显著上升。第二,决策民主化和科学化之间的矛盾。决策民主化要求公众参与,但是一些公众不懂相关专业知识和技术,他们的参与能力有极大欠缺,所以过度依赖公众参与政策制定,政策的专业性和科学性就会遭到怀疑。第三,民意的真实性与决策的合理性之间的矛盾。现实中,真实的民意往往很难获得,民意受到了多种因素的干扰或误导,甚至是操纵,导致公众参与程度的增加并不必然导致决策合理性的增加,反而有可能更加偏颇。① 正是这三个悖论影响了公众参与在实践中作用的发挥,在特别要求效率和科学性的决策领域,公众参与有其限度。

当然,这里还有一个问题必须弄清楚,那就是这些决策类型之间的界限在领导干部那里是不是清晰的? 这对于他们在实际工作中引导和管理公众参与决策是必要的,否则还是会出现一刀切的情况。为此,本研究对这个问题中的七个选项又做了相关分析。(见表 5.5)

您认为应在下列哪些重大决策中引入公众参与

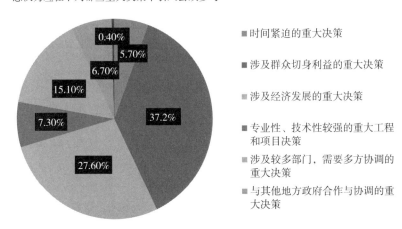

图 5.3　公众参与重大决策类型图

---

① 王雅琴:《公众参与背景下的政府决策能力建设》,《中国行政管理》2014 年第 9 期。

表 5.5 重大决策类型的相关性分析

	时间紧迫的重大决策	涉及群众利益的重大决策	涉及经济发展的重大决策	专业性、技术性强的重大工程和项目决策	涉及多部门,需要多方协调的重大决策	与其他地方政府合作与协调的重大决策	其他
时间紧迫的重大决策	1	-.307**	-.097	.208**	.004	.068	.033
涉及群众利益的重大决策	-.307**	1	.288**	-.099	-.072	-.066	-.060
涉及经济发展的重大决策	-.097	.288**	1	.013	.028	.076	-.039
专业性、技术性强的重大工程和项目决策	.208**	-.099	.013	1	.124	.239	.019
涉及多部门,需要多方协调的重大决策	.004	-.072	.028	.124	1	.412**	.027
与其他地方政府合作与协调的重大决策	.068	-.066	.076	.239	.412**	1	.094
其他	.033	-.060	-.039	.019	.027	.094	1
** 在 0.01 水平(双侧)上显著相关。							
* 在 0.05 水平(双侧)上显著相关。							

数据来源:作者自制。

从表 5.5 中我们可以看出,"时间紧迫的重大决策与专业性""技术性强的重大工程和项目决策"正相关,相关系数为 0.208,在 $\alpha = 0.01$ 条件下达到统计显著性相关。与"涉及群众利益的重大决策"负相关,相关系数为 -0.307,在 $\alpha = 0.01$ 条件下达到统计显著性相关;同理,涉及群众利益的重大决策与涉及经济发展的重大决策正相关,相关系数为 0.288,在 $\alpha = 0.01$ 条件下达到统计显著性相关;"涉及多部门,需要多方协调的重大决策"和"需要与其他地方政府合作与协调的重大决策"正相关,相关系数为 0.412,在 $\alpha = 0.01$ 条件下达到统计显著性相关。这说明,在领导干部的意识里,不同类型决策领域之间的界限比较清晰，而且在他们的话语体系中，时间紧迫、专业性、技术性强与涉及群众利益、涉及经济发展这几种重大决策的特征不存在共存现象，这与理论界普遍认为的邻避项目决策兼具专业性、技术性、与群众利益密切相关性、与经济发展密切相关性的判断并不相符。而这也一定程度上解释了在面对公众参与邻避项目决策时，不同地区、不同层级党委和政府在不同时间点有时截然不同的态度。

您认为公众参与应在邻避项目决策的哪个环节发挥作用

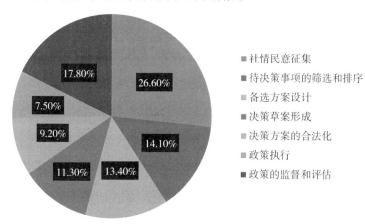

图 5.4　公众参与重大决策环节图

　　"您认为公众参与应在邻避项目决策的哪个环节发挥作用"一题的设置主要是想讨论下公众参与决策的深度问题。长期以来，理论界和实践部门在讨论公众参与的时候都将决策作为一个整体概念进行诠释。但实际上，决策是一个异常精细、异常复杂的流程链条，包含很多环节。① 就本研究而言，26.6%的受访者认为在社情民意征集这个环节，可以将公众参与引入重大公共决策中去；17.8%的受访者则认为可以在政策的监督和评估阶段引入公众参与。这是排名前两位的高支持率选项。这也表明了很多领导干部的态度，

①　Harold D.Lasswell,*The Decision Process：Seven Categories of Functional Analysis*,转引自张金马：《公共政策分析：概念·过程·方法》，人民出版社 2004 年版，第 315 页。

即如果只是去帮助决策完善信息和民意征集机制,并监督政策的有效运行,那么公众参与是受欢迎的,反之,涉及政策执行抑或是政策方案的合法化,则不适宜引入公众参与(见图5.4)。这都说明了,公众参与到决策的不同环节所能发挥的作用大小并不一致。

表 5.6 公众参与重大决策类型和环节交叉表

		公众参与重大决策类型							
		时间紧迫的重大决策	涉及群众利益的重大决策	涉及经济发展的重大决策	专业性、技术性强的重大工程和项目决策	涉及多部门,需要多方协调的重大决策	与其他地方政府合作与协调的重大决策	其他	总计
公众参与重大决策环节	社情民意征集	37	292	223	48	110	54	3	303
	待决策事项的筛选和排序	24	146	106	30	74	38	2	161
	备选方案设计	23	149	122	34	73	28	1	153
	决策草案形成	21	122	107	30	58	28	2	129
	决策方案的合法化	16	101	89	29	47	22	1	105
	政策执行	22	75	65	27	46	21	3	86
	政策的监督和评估	24	197	168	46	87	37	2	203
总计		53	346	257	68	141	62	4	379

数据来源:作者自制。

那么,对于不同的决策类型,是不是也意味着公众参与能有效发挥作用的环节并不一样?为了验证这一假说,本研究将公众参与重大决策类型和环节进行了交叉表分析(见表5.6),发现:一是在社情民意征集和政策的监督和评估阶段,任何类型的重大公共决策都对公众参与相对需求;二是不同类型的公共决策,公众参与所能发挥效用的环节并不一致。比如涉及群众利益的重大决策,涉及经济发展的重大决策和专业性、技术性强的重大工程和项目决策,公众参与决策的备选方案设计环节就比参与待决策事项的筛选和排序更能被领导干部接受。相对的，涉及多部门，需要多方协调的重大决策与其他地方政府合作与协调的重大决策，则让公众参与待决策事项的筛选和排序环节比让其参与备选方案设计环节更能发挥作用。

第七节　结论与讨论

本章主要是通过对前期四轮调研问卷的分析，运用描述性统计、多重响应以及相关分析等研究方法，对邻避项目决策中的主体、邻避项目决策的动因、邻避项目决策的困难和阻力、邻避项目决策的关键环节、邻避项目决策中的公众参与五个部分展开讨论。

问卷调研的数据显示：第一，当前的邻避项目决策中较好地贯彻了集体讨论决定原则，不过值得注意的是，集体讨论后的决定是集体决策还是个人（一把手）决策，目前在制度上和实践中都没有明确规定；第二，邻避设施建造决策的动因以上级驱动及问题驱动为主，同时，利益和地方政府竞争也是各级党委和政府在作出邻避项目决策时的考量因素；第三，"利益被触动者反对""资金不足""上级部门（领导）不支持""公众的误解"是党和政府在作出邻避设施决策时可能会遇到的四大阻力；第四，各级党委和政府近几年出台了大量相关的决定、规定、意见和通知等来构建和完善重大公共决策制度，使得我们在对公众参与、专家论证、合法性审查、风险评估和集体讨论决定各环节上的重视程度没有明显倾向；第五，在面对公众参与时，各级党委和政府在作出邻避项目决策时表现出了矛盾的心态，一方面从价值层面认同，另一方面在操作层面，公共参与的现状不容乐观。这种现状与公众参与决策的广度和深度，即公众能够真正参与的决策类型以及公众能够参与的决策环节密切相关。

第三编

原因模块

第二编已经对现有邻避项目决策的制度依据、流程现状以及基于领导干部问卷调研的实践考量进行了详细的梳理，那接下来一个有趣的问题便是，从决策视角看，当前导致邻避事件僵局的原因究竟是什么？对于为何会发生邻避事件学界已经比较成熟的论证，但是对于当前邻避事件僵持不下的原因却鲜有人探讨。又因为所有的外界因素的影响和所有制度的约束最终都将在"政府决策——公众参与"这对矛盾冲突中得以体现，所以本模块主要从"政府——公众"关系这对经典视角对这一问题进行研究，本课题研究证明，这种僵局涉及两种力量的暂时相对平衡，一种在于政府现有决策模式的吸纳力；一种在于决策中关键机制缺失所引起的公众的冲击力。

第六章　半公众参与邻避项目决策模式

在邻避事件中,如何在保持决策高效率的同时控制决策风险,避免决策失败? 这是邻避项目决策所要考虑的关键问题,对这个问题回答的好坏,将直接决定政府吸纳邻避事件冲击的大小。而要回答这个问题,必须基于"政府—公众"的经典视角,从邻避事件的结果中进行研究和考察。因为所有的外界因素的影响和所有制度的约束最终都将在"政府决策—公众参与"这对矛盾冲突中得以体现。所以,研究公众参与如何影响决策以及现有的政府决策体制机制如何有效应对公众强烈的意见表达和参与? 更进一步地,研究是否已经有比较成熟的办法来科学、合理、有效地界定公共利益,促进公众参与? 将有助于我们深刻理解邻避事件僵局的原因。

"政府决策—公众参与"之间并不是一组新的关系,其实自 20 世纪 80 年代提出决策科学化民主化命题以来,公众参与一些具有切身利益关联的决策日益成为一种趋势。对于我国而言,党的十六大、十七大、十八大、十九大报告都对倾听民意和扩大公众有序参与重大决策作出明确要求。公众频繁参与决策已经成为决策者的常态化决策环境。现有的政府决策体制在邻避事件中如何有效应对公众强烈的意见表达和参与也是邻避治理必须回答的问题。然而,正如本研究所关注的那样,近十几年来,邻避类公共事件的多发高发是当前重大决策领域的一个突出现象。在公共参与面前,一些地方重大公共决策项目常常遭遇"一闹就停"的窘境。由此引发了我们的疑问:在邻避事件中,现有的政府决策模式是如何应对公众强烈的意见表达和参与的,有哪些缺陷?除了一闹就停,有没有更平衡的方案?更进一步地,延伸出一个对中国现实的观察和解释:如何在保持决策高效率的同时控制决策风险,避免决策失败?

考虑到以上因素,本书选定厦门市和漳州市"PX"项目作为对比案例,视角为政府决策角度,来探讨政府对公众参与的回应以及在决策中政府意图与公众需求如何保持一种微妙的平衡关系。这两个案例是邻避治理领域的明星案例,已有很多理论论文和实践部门的政策建议报告进行解析,但邻避事件中的环评情况、邻避抗争过程以及政府的应急管理是大家的兴趣点,而从决策视角出发,仔细分析科学民主决策的实施机制的研究还较少。而"要深刻理解中国的发展变化,就不能仅停留在发展变化所表现出的各种现象上,而要深入到决定和影响当代中国发展的决策体制本身"①。直接分析政府在进行邻避项目决策时的各种权衡和考虑,这样一个过程能客观、直白地反映出邻避治理中各参与主体的利益表达机理和权衡关系,是一个相对来说令人满意的切入视角。案例的选择则主要是基于两点理由:第一,从典型性来说,两个案例都属于 PX 项目案例,而 PX 项目属于典型的邻避设施,可以说,中国邻避事件的热潮就是从 PX 项目事件开始的,分析由 PX 项目所引发的社会反响和抗争事件,能最大程度地展现政府邻避项目决策各要素之间的紧张关系,案例具有典型性和代表性。第二,就可比较程度而言,厦门"PX"项目和漳州"PX"项目,一个最终失败,一个成功落地,形成了强烈的反差。另外同处于福建省的厦门和漳州,地理位置相邻,而经济发展水平、社会习俗、人文环境等要素则比较相近,具备了可比较的条件,两个案例之间的相似性能方便地让我们控制一些其他的干扰因素,专注于研究政府在公众参与背景下邻避项目决策行

① 周光辉:《当代中国决策体制的形成与变革》,《中国社会科学》2011 年第 3 期。

为的转变和考量。

第一节　政府决策中的公众参与
——两种基本模式

20 世纪 70 年代以来,公众对邻避项目的公然抵制已成为当代政府正在面对或即将面对的治理困境。据我们观察归纳,在长期对邻避事件进行处置的过程中,政府意愿与公众诉求的张力之间逐渐衍生出两种基本的邻避项目决策模式:政府自主决策模式和公众参与决策模式。

一、传统模式:政府自主决策

这是最多被政府所采用,也是最为传统的决策模式。在这种模式中,政府会选择封闭决策,倾向于单独分析和解决问题,而后独自决策。根据官僚系统的特点,享有决策权的政府官员对于开放决策过程往往兴致不高,他们会避免打开潘多拉的盒子而让公众在邻避设施决策上拥有更大的发言权,甚至是决定权,因为他们认为这样做,后果将不堪设想。同时,除了服务于公共利益之外,一些邻避项目不可避免地带有强烈的经济目的,而这在一定程度上激发了一些政府部门对公众参与邻避项目决策的忽略,甚至是阻挠,因为他们担心公众参与会影响到这些有利可图的发展项目。[①]

正是在这种背景之下,"决定—宣布—辩护"(decide-announce-defend,DAD)方式就成为大多数国家在进行邻避项目决策时的首选流程。[②] 这种决

---

① Alkadry,Mohamad G,"Deliberative discourse between citizens and administrators:if citizens talk,will administrators listen?",*Administration & Society*,Vol.35,No.2(May 2003),pp.184-209;Johnson Thomas,"Environmentalism and NIMBYism in China:promoting a rules-based approach to public participation."*Environmental Politics*,Vol.19,No.3(May 2010),pp.430-448.

② 娄胜华、姜姗姗:《"邻避运动"在澳门的兴起及其治理——以美沙酮服务站选址争议为个案》,《中国行政管理》2011 年第 4 期。

策方式的最大特征就是决策的非公开性,多数情形下当且仅当政策制定过程已经完结政策执行过程已进行到与公众见面的时候,政府才会公开项目的基本情况;同时,政府在进行决策时主要的考量因素是项目的经济收益。如果政策过程遭遇抵制或者就此引发了强烈的暴力对抗,政府将采取一切方式来平息反对,并捍卫项目的合法性和合理性,防止政策过程中断甚至失败。

可以说,这样的决策模式自诞生之日起,争议就伴随左右,对项目经济收益的过分关注使政府决策的公正性面临强烈挑战,而决策过程的封闭性使得这种质疑的声音越来越大,一些人开始由此推断政府可能会降低项目选择的标准去赚取更多利益。这种情形下,作为一种修补方案,在过去的几十年里,技术理性开始抬头,并逐步开始主导邻避项目决策,尤其是选址问题。政府希望通过仔细比较和评估候选方案与技术标准间的异同来表明,技术在保护环境和保障居民身体健康方面可以提供充分的信心,同时政府决策也是深思熟虑后的结果,决策是公平和公正的。政府还希望由此能够证实,与其他工业设施相比,邻避设施的处置没有也不应该有显著区别,设施的建造和运营风险都可以通过技术化手段无偏地有效地化解①,不过现实是,很多证据表明,即便邻避事件是一个完全可以通过技术手段解决的问题,公众对邻避设施风险的感知也因为"我怕"认知结构的存在,成为邻避项目决策时必须要考虑到的一个阻碍。②

当然,除了技术手段之外,作为一个重要补充,"经济手段"也是政府在面对公众挑战的情形下经常会采用的方案。许多国家的政府认为,邻避设施的建造之所以会引发强烈的公众不满,其症结在于这些设施往往具有强烈的外部性,而"外部收益"和"外部成本"之间的不一致使得公众尤其是设施周边群

---

① Kasperson R.E,"Siting Hazardous Facilities:Searching for Effective Institutions and Processes",in Lesbirel S.H.& Shaw D.(eds.),*Managing Conflict in Facility Siting:An International Comparison*,Edward Elgar Publishing,2005,pp.21—22.

② 何艳玲、陈晓运:《从"不怕"到"我怕":"一般人群"在邻避冲突中如何形成抗争动机》,《学术研究》2012 年第 5 期。

众完全接受它们变得比较困难。要解决这个难题,必须想办法弥补这个收益——成本差异,而经济补偿或者相关的非经济补偿无疑是个可选方案①。客观地说,经济手段在一定范围内发挥了比较重要的作用,不过我们也开始留意到,最近几年的一些邻避治理案例中,经济手段起到的效果越来越受到限制,这突出表现在两个方面:一方面,政府财政在面对不断提升的补偿金额也感受到了空前的压力;另一方面,得益于环保意识和健康意识的不断提高,越来越多的公众不再选择用环境质量和身体健康来换取一定的补偿金。于是我们可以观察到,在欧美一些发达国家,当地群众对邻避设施反对的态度并不会因为补偿金的引入而发生重大改变。在面对具有高风险的邻避设施时,通常配套补偿措施是影响力极低的,属于价格无弹性。②

现在总结政府自主决策模式可以发现,这种决策模式具有如下几个方面的典型特点:(1)决策理念上,决策效率和决策质量主要依靠专业的技术和严谨的组织实施,正常决策排斥公众参与,因为公众参与可能会带来噪音和干扰。(2)决策主体上,政府是唯一的决策主体,不同的决策权限只在不同层次关系的政府间划分。(3)政策议程设置上,公众议程很少直接引发政策议程,公众的态度和参与度在政策议程设置上的影响力微弱。(4)决策方案修正上,由于政策方案的修正一般仍只遵从官僚系统的等级制逻辑,所以纠错的时效性和针对性都不强。一旦政策的错误未及时更正,而应急状态的发生又比较突然,就可能引发公众不满,进而引发大规模的公众示威活动。在这种情形下,很多的邻避项目决策方案就被直接终止了。

二、新的趋势：公众参与决策

虽然政府自主决策模式倾重于使政策结果最优,但是它自身的特点却使得它无法消弭公众的不满,甚至还进一步激化了公众的对抗情绪。于是自20

---

① 褚大建:《"邻避"现象考验社会管理能力》,《文汇报》2011年11月8日。
② 林文渊、赵家民:《垃圾焚化厂回馈金制度之探讨》,《环境与管理研究》2008年第12期。

世纪 80 年代以来,这种决策模式逐步被一些政府所抛弃。这些政府开始意识到与公众分享决策权的重要性,并逐步在制度上确立了公开的决策程序。在这一决策模式转变的背后,它突出了促进公众参与邻避设施决策的影响。

人们普遍认为,传统代议民主制度在当代社会面临一些困境,而公众参与便是很好的完善和补充。公众参与古典意义的核心要素就是投票选举,甚至这种形式也是当时公众参与政治活动的唯一形式。① 随着"伟大社会计划"得以在美国约翰逊政府时期推行,新公众参与运动(Public Involvement)改变了传统公众参与理念中的精英主义倾向,倡导更加广泛的公众范围,并且在各种制度制定和实施的全流程都能引入公众参与。② 20 世纪 90 年代末,全球治理变革的兴起则进一步强化了公众参与决策中的重要性。③ 毋庸置疑,现代公共管理已经将公众参与吸纳进去并已融合为其自身不可分割的一部分,这种融合也大大拓展了公众参与的概念内涵,现如今的公众参与具备了法定参与决策的要义,参与的客体也扩展为包含了政策参与和公共事务的直接治理的更为广泛的领域。同时,公众参与从原先的怀疑不接受,到后来的接受承认,到目前的积极主动强调和提倡,政府与公众间正努力构建平等的"合作伙伴"关系④。以上这些背景要素促成了邻避治理中政府决策模式的转型。

邻避事件本身的特殊性成为推进公众参与邻避项目决策的另一个关键因素。许多案例表明,政府在进行邻避项目决策时,必须在考虑决策的科学化的同时也要兼顾民主决策,在很多情形下,两者对于决策成功的重要性是一致的。这也就是说,诸如精益求精的选址程序、安全高效的技术保障和科学合理

---

① 〔美〕戴维·米勒、韦农·波格丹诺:《布莱克维尔政治学百科全书》,中国政法大学出版社 1992 年版,第 564 页。

② 孙枝俏、王金水:《公民参与公共政策制度化的价值和问题分析》,《江海学刊》2007 年第 5 期。

③ Stoker Gerry,"Governance as theory:five propositions",*International Social Science Journal*,Vol.50,No.155(March 1998),pp.17-28;〔美〕理查德·C.博克斯,《公民治理:引领 21 世纪的美国社区》,孙柏瑛译,中国人民大学出版社 2005 年版,第 82 页。

④ 贾西津:《中国公民参与:案例与模式》,社会科学文献出版社 2008 年版,第 4 页。

的环境评估等的存在使得项目的立项和实施具备了专业保障,但是这种科学决策手段,却并不能保证公众能认可这些项目计划,政治和社会因素也必须得以综合考虑。甚至在一些情境下,自上而下的不透明的政策制定、政府信用的缺失以及风险的恐惧成为诱发社会抗争的更为重要的原因。① 愈来愈多的人也开始认识到,即便不考虑最终效果,公众参与也是有价值和意义的,让公众参与政策制定,其本身就是公众应该享有的权利,对于邻避项目来说尤其如此。②

正是认识到了决策过程开放的紧迫性和必要性,基于控制决策风险的出发点,现在各国政府逐步接受了在制定邻避项目政策采取一种更开放、更包容的态度。最终希望通过制度化,实现公众有序参与决策。从传统的封闭型决策转型为开放式决策,从原来的政府自主决策模式转变到公众参与决策模式已经成为一种趋势和潮流。

第二节 厦门和漳州处置"PX"事件的对比案例③

接下来从学理上必须回答的一个问题是,与上述两种决策模式相比,中国化解邻避冲突的决策模式是否相同? 如果不同,那么这种实践对于"控制决策风险的同时是保持高效的决策"有何启示? 本研究将以厦门和漳州处置"PX"项目的对比案例对上述问题进行分析。

---

① Krütli Pius, et al, "Functional – dynamic public participation in technological decision – making: Site selection processes of nuclear waste repositories", *Journal of Risk Research*. Vol.13, No.7 (October 2010), p.862.

② Mark D.Robbins, Bill Simonsen, Barry Feldman, "Citizens and resource allocation: Improving decision making with interactive web–based citizen participation", *Public Administration Review*, Vol. 68, No.3(May 2008), pp.564–575.

③ 参阅中央党校政法部公共管理教研室:《决策民主化科学化机制的构建——以福建厦门市和漳州市"PX"化工项目公共决策为例》,中共中央党校讲稿。资料来源于中央党校政法教研部公共管理教研室赴当地的调研资料。

一、遭遇抵制：厦门"PX"项目的决策过程

2004 年国务院批准厦门对二甲苯(PX)①化工项目立项,2005 年国家环境保护总局通过其环评,2006 年国家发改委列入"十一五"规划,由台资翔鹭集团在厦门海沧投建的大型石化项目。该项目总投资 108 亿元,年产 80 万吨对二甲苯,预计 2008 年年底建成投产,建成后将成为内地最大的 PX 生产企业,每年可为厦门市贡献 800 亿元产值。

(一) 舆论哗然与公众抵制

在公众不知情的环境下,厦门 PX 项目的推进工作一直得到政府相关部门的大力支持,然而,2007 年 3 月全国两会期间,由中科院院士赵玉芬委员牵头,105 名全国政协委员联名一份议案,将厦门 PX 项目推到了舆论的风口浪尖上。提案委员们认为 PX 属危险化学品和高致癌物,随时有遇氧爆炸的风险;当时的地理人口分布情况是,有超过 10 万的居民,近 5000 人的师生居住在离项目中心 5 公里的半径范围内;厦门市政府,国家级风景区鼓浪屿坐落在离项目中心 7 公里半径范围内。② 提案委员对这一项目的安全距离表示担忧,认为该项目的选址有问题,联名要求暂时叫停,迁址建设。

这一突如其来的消息使 PX 化工项目迅速进入厦门公众的视野,也成为公众热议的话题。在公众热议中,PX 的危害被渲染得愈来愈严重,PX 被认定是剧毒化学品,相关设施建在厦门,就相当于放置了一颗原子弹在厦门岛,

---

① PX 是对二甲苯英文 P-Xylene 的缩写,是一种无色透明液体,有类似甲苯(芳香气味)的气味、不溶于水,可混溶于乙醇、乙醚、氯仿等多数有机溶剂,危险标记为 7(即易燃液体,与汽油相同等级)。主要用途是作为合成聚酯纤维、树脂、涂料、染料和农药等的原料。其危害性,就对二甲苯物质本身而言属于低毒,在化学专业人士看来,和一般化学物品概念无二,其危害性应该可以控制。但在其燃烧不充分的时候会产生更大的毒性,对神经系统有刺激作用。但厦门市民间曾传言 PX 有剧毒,也是高致癌物,对胎儿有极高致畸形率。

② 朱阅会:《"两会"期间有关安全问题的议案提案》,《湖南安全与防灾》2007 年第 4 期。

未来厦门人民中将有大量的人会患上白血病,会有大量的畸形儿出现。① 这类短信的疯狂传播,造成了设施周边公众甚至是全体厦门人的极度不安和恐慌。于是,愈来愈多的人在网络上留言,加入了这场热点话题的讨论。不过大家态度和意见基本一致:抗议 PX 项目。大量负面声音的出现引起了有关部门的警觉,5 月 28 日,署名为厦门市环保局负责人的文章——《海沧 PX 项目已按国家法定程序批准在建》刊登在《厦门晚报》上。这篇文章近 10000 字,从项目经过的合法审批程序到项目对环保要求的遵守,再到项目后续有关的环保措施,这篇文章皆做了事无巨细的叙述,当然目的就是试图证明厦门 PX 项目在环保上是没有缺陷的。② 这篇文章的出现被认为是政府坚决推进项目建设的强硬立场,引起了部分厦门市民更大的恐慌,也在激起公众更激烈的抗议情绪,部分公众开始酝酿在 6 月 1 日以"集体散步"的方式聚集到市政府广场,表达对该项目的抵制。

尽管政府掌握到了公众的抵制情绪,宣布缓建项目,并完善环评工作,但依然没有打消厦门公众反对 PX 化工项目的决心。6 月 1 日和 2 日上午,部分厦门市民先后两次由各自住家出发,手绑黄色丝带,到厦门市政府前广场聚集表达拯救厦门的决心,并以"集体散步"形式反对 PX 项目的建设。集会者打出了"反对 PX,保卫厦门""要求停建,不要缓建""爱护厦门,人人有责""抵制 PX 项目,保市民健康,保厦门环境"等字样的横幅及标语,整个过程并没有出现过激的场面,集会人群在数小时后和平散去。③

（二）环境评价与公众参与

全国政协委员的联署提案和厦门市民的"集体散步",改变了厦门市党委

---

① 朱红军:《厦门 PX 事件:民意考量政府》,《浙江人大》2008 年 Z1 期。
② 黄月琴:《反石化运动的话语政治:2007—2009 年国内系列反 PX 事件的媒介建构》,博士学位论文,武汉大学新闻与传播学院,2010 年,第 30 页。
③ 李兴孟:《"PX 项目"公共危机管理案例分析——政府责任和信息沟通的视角》,《法制与社会》2011 年第 2 期。

和政府的态度,他们吸取了专家和部分民众的意见,决定首先缓建 PX 项目,并同时邀请相关领域国家级的专家来对项目进行重新环评,并在环评进行过程中同步启动公众参与,通过传真、电子邮件、来电、来信、来函等形式充分听取公众的观点。①

经过近半年的紧张工作,环评工作基本完成。12 月 5 日上午的厦门市城市总体规划环评公众参与新闻发布会上,《厦门市重点区域(海沧南部地区)功能地位与空间布局环境影响评价》发布,市民可通过多种方式(网络查询、文本索取等)查阅环评报告,并反馈意见。

为了让市民更好地参与环评,12 月 8 日,厦门市政府还开通了一个互联网投票平台,平台上在显著的位置标明"倾听民声,科学决策——厦门市重点区域(海沧南部地区)环评报告网络公众参与活动"。投票平台的开辟点燃了网民们的热情,但投票结果从最开始就一边倒。于是在 9 日晚 10 时 44 分左右时,在网站发表了一个"由于程序设计时未对 IP 进行合理而科学的限制,此前形成的意见反馈统计数据显示不准确、不科学,为此,我们将先进行程序调整"的声明后,PX 项目的投票停止了。下午 4 时许,投票页面消失。②

除网络参与外,厦门市还举办公众参与环评的座谈会,在厦门市公证处的监督下,确定 519 名报名者进入公开摇号过程,抽选出参加座谈会的 100 名正式市民代表和 100 名候补代表。12 月 11 日晚,在电视全程直播和公证处监督下,12 名小学生通过人工而非机械抽号的方式产生了 200 名座谈会代表。

2007 年 12 月 13—14 日,"厦门市重点区域(海沧南部地区)功能定位与空间布局环境影响评价"公众参与座谈会举行。在整个座谈会期间,代表们的发言激烈而不失理性。作为主持人的市政府副秘书长朱子鹭最常说的一句话"我反对你的意见,但我誓死捍卫你说话的权利",也得到了媒体和公众的

----

① 朱竞若、蒋升阳:《厦门 PX 项目续建、停建还是迁建?》,《人民日报》2007 年 12 月 19 日。
② 上官敫铭:《厦门人反 PX 之战:环保旗帜下的民意胜利》,《南方都市报》2007 年 12 月 25 日。

高度认同。

经过整理和分析,来自网络、电邮、电话、来信、来函等的公众建议和意见中,超过80%建议政府在海沧南部不应布局石化工业区,超过60%明确反对PX项目建设,支持项目建设的比例非常低。两次座谈会中,参会的107名普通市民有106人表达了自己的观点,有14名人大代表和政协委员做了发言,其中,11%的发言者认为PX项目建设是合法合规的,污染和环境风险是可控制的,相比之下,反对建设发言者占据了绝对多数,71%的发言者明确表达了自己对PX项目的反对意见。[1]

在公众的参与和抵制下,12月15日,福建省政府召开专项会议研究厦门PX项目。会议经讨论后最后形成决议,厦门PX项目进行迁建。[2] 时任省委书记指出,虽然这是一个大项目、好项目,但是这么多民众反对,所以应该慎重考虑,应该以科学发展观、民主决策和重视民情、民意的视角来看待这件事。[3]

二、顺利落地:漳州市"古雷重大石化项目"[4]的决策过程

(一) 决策压力:被抵制的石化项目

"PX"化工项目在厦门遭遇公众抵制,由此可能迁建漳州市漳浦县古雷半岛的消息一经传出,立刻在漳州市引发了巨大反响。鉴于厦门民众"集体散步"和各种媒体炒作的效应,石化项目被"妖魔化"了,这一现实直接导致漳州干部和群众对石化项目的"妖魔化"认识。

各种关于"PX"化工项目的流言开始泛滥,如"排放的气体有毒,导致女

---

① 黄月琴:《反石化运动的话语政治:2007—2009年国内系列反PX事件的媒介建构》,博士学位论文,武汉大学新闻与传播学院,2010年。

② 朱红军:《厦门PX事件:民意考量政府》,《浙江人大》2008年Z1期。

③ 黄月琴:《反石化运动的话语政治:2007—2009年国内系列反PX事件的媒介建构》,博士学位论文,武汉大学新闻与传播学院,2010年。

④ 案例来源于2011年7月中央党校政法教研部公共管理教研室赴福建漳州的调研资料。在此对漳州市委市政府的大力支持表示感谢,对参与调研的老师表示诚挚谢意。

人不能怀孕""会让项目周围地上的树木、草等都不能活下来",甚至有传言说,国内有些石化项目周边的居民因毒气的毒害,"孩子头大大的,傻傻的,不会读书"……诸如此类的"妖魔化"谣言流传在群众中,甚至认为省委、省政府迁建石化项目,就"像对柿子一样,专拣软的捏,厦门人不让建,就改成欺负漳州人了?!"流言导致当地群众采取堵高速公路的方式来表达反对,抗议石化项目落户古雷半岛。

(二) 项目落地在古雷半岛的原因

厦门"集体散步"事件发生后,当初福建省考虑在古雷半岛、福州江阴开发区、平潭三地进行石化基地选择,不过在综合考虑区位条件、环境容量、淡水资源、土地资源、海港情况、人口密度、基础设施等项目要求后,发现古雷半岛的条件最为优越,从而脱颖而出,[1]最终决定选址在漳州市漳浦县境内的古雷港经济开发区。[2]

2008年5月,腾龙公司决定腾龙芳烃(厦门)有限公司80万吨/年对二甲苯(PX)和精对苯二甲酸(PTA)项目迁至漳州古雷港经济开发区建设,总投资188亿元,2009年5月动工建设,目前两个项目已累计完成投资162.29亿元,计划2011年年底基本完成建设,2012年第一季度投产。

---

① 古雷半岛介于厦门与汕头之间,与台湾隔海相望,距高雄港143海里、台中港140海里,是承接台湾地区产业转移的便捷地区。古雷半岛三面环海,每天纳潮量超过10亿立方米,区域环境评价认为可满足石化产业园区项目生产达标污染物排放的需要。古雷半岛工业用水可从邻近章江、九龙江引入,每天可供水量达90万吨以上,有近160平方公里土地可供开发。古雷港具有水位深、不淤积、航道宽、风浪小、航泊条件好、紧靠国际航线和拥有充足锚地等突出优点,可利用的自然水深岸线25.6公里,规划码头岸线23公里,规划码头泊位110个,可建30万吨级油品泊位3个,年通过能力达2亿吨以上。1160平方公里土地住有1.03万户、4.2万人,搬迁量相对较少,分期分批搬迁任务相对较轻。2003年漳州市批准成立古雷港口经济开发区,2006年4月福建省人民政府批准设立福建古雷港经济开发区,开发区的发展规划、产业发展选择、基础设施建设包括交通设施建设正在逐步加强和完善。

② 黄小勇:《决策科学化民主化的冲突、困境及操作策略》,《政治学研究》2013年第4期。

（三）漳州市的决策行动

由于受到厦门"PX"事件在公共舆论上的广泛负面影响,漳州市的一些干部和群众对古雷石化项目存在较大的质疑和误解,认为厦门不要的"有毒项目"迁建漳州是不可接受的。如何在这样的氛围下有效进行重大项目决策,两件事情急迫地摆在眼前:第一是要消除有关干部的误解,PX 事件爆发后,干部队伍中的一些人也对项目决策产生了怀疑,必须统一他们的思想,消除误解;第二是要主动面对和设法消除公众的质疑,而不是压制公众参与。① 为此,漳州市认真研究制定了宣传方案,并将做好群众工作作为办好石化项目的关键环节。这次宣传教育的主要目的是为了消除干部和公众的误解,引导大家理性看待 PX 项目,方式则不拘泥于形式,全方位地进行正面教育引导。②

1. 主动公布信息,培育公众对石化项目的客观理性认知

第一,在石化项目决定迁建漳州市的消息尚未对社会公开之前,就采取措施在领导层面统一思想,形成决策共识。为此,多次组织外出考察,足迹遍布南京、日本横滨、新加坡等地,每次考察完后,考察团成员都被要求撰写调研报告,供市委、市政府决策参考。

第二,邀请专家,针对各级干部和群众开展专题讲座,提高对石化项目的理性和科学认识,为建立决策共识奠定了良好基础。漳州市邀请了中国工程院院士、专家委员会主任、中石化工程建设公司徐承恩,中国工程院院士、中石化北京石油科学研究院汪卿,国家环境保护部规划院杨金田研究员,福建炼化集团原董事长康飚等知名专家在市直、漳浦、东山举办 9 场讲座,包括领导干部、人大代表、政协委员、教师学生以及重点地区基层干部和群众等 4800 多人听取了讲座。通过听取讲座,干部和群众对石化项目相关知识有了科学和理

---

① 黄小勇:《在公众参与环境下如何进行民主决策——以漳州市引进 PX 项目为例》,《中国党政干部论坛》2011 年第 11 期。

② 黄小勇:《决策科学化民主化的冲突、困境及操作策略》,《政治学研究》2013 年第 4 期。

性的了解,有效统一了干部和群众对石化项目的认识,改变了一些干部和群众的错误认识。

第三,发放资料,对社会进行广泛宣传。为避免产生不必要的联想,在相关的文件资料和宣传口径中,主动抛弃使用"PX"一词,取而代之的是"古雷重大石化项目"。①

为进一步巩固社会公众对石化项目的科学理性认识,古雷石化项目宣传教育领导小组进行了更大范围的宣传工作,主动出击,掌握舆论主动,如发放《古雷重大项目宣传资料》2000 册,为各级各部门开展宣传提供科学依据;发放《对二甲苯小常识》群众科普读本 4.5 万册;发放《和谐与发展——石化项目科普宣传片》碟片 400 张,要求信息宣传工作做到重点地区家喻户晓、重点群体人人皆知。与此同时,从市直机关抽调 200 多名有基层工作经验、善做群众工作的干部,经过石化相关知识的培训后,深入漳浦县、东山县等重点区域开展宣讲工作,还选派一批假期返乡大学生进村入户开展科普宣传,深入细致做好群众的沟通工作,传播关于石化项目的科学知识,争取群众的理解和支持。

同时针对社会上普遍存在的疑问,"既然项目这么好,为什么要迁离厦门,厦门不要,而我们要,难道厦门人是人,我们就不是人吗?"漳州市在一份对社会公众公开的宣讲材料中专门回应,石化项目迁离厦门不是项目本身的环保问题,而是规划问题,宣讲材料简要回顾厦门市海沧石化基地历史,指出因海沧既规划为石化区,又规划为城市副中心,规划上存在矛盾,功能规划上只能选择其中一项,而不是项目环保本身的问题。②

第四,组织外出参观学习。事实是谣言终结者。为了统一认识和形成决

---

① 黄月琴:《反石化运动的话语政治:2007—2009 年国内系列反 PX 事件的媒介建构》,博士学位论文,武汉大学新闻与传播学院,2010 年。

② 黄月琴:《反石化运动的话语政治:2007—2009 年国内系列反 PX 事件的媒介建构》,博士学位论文,武汉大学新闻与传播学院,2010 年。

策共识,市委、市政府组织石化考察组赴南京、宁波、泉州三市参观考察扬子石化、金陵石化、镇海石化、福建石化四家大型石化企业的生产经营和安全环保方面的情况,确定南京扬子石化作为学习培训点。此后,由市领导亲自带队,组织各层级、各界别特别是对石化项目心存疑虑的重点对象近 500 人,分四批前往南京扬子石化参观考察和学习培训。通过学习培训和现场感受,大家对石化产业有了全新的科学认识,对"对二甲苯"项目有了科学理性的态度,破除了早期对 PX 项目非理性认知,转而支持 PX 项目,并带头对亲朋好友传播科学知识,引导他们科学理性认识石化项目,并支持石化项目。[①] 对此,漳浦县一位常委领导直言,"让老百姓知情并不是坏事"。

第五,进驻镇村,入户上门,耐心细致进行信息沟通和引导工作。在广泛宣传和参观考察的基础上,漳州市还组织受过一定石化知识培训的工作人员深入进村入户,上门宣传,耐心细致解答群众提出的各种疑问,针对性地介绍石化项目的由来、引办重大石化项目的重要意义及效益前景、项目安全环保措施按照国家标准严格执行、项目征迁工作将尊重群众意愿依法进行合理赔偿妥善安置等内容。为了密切与群众的关系,获得群众的更多信任,增强沟通和宣传工作的有效性,政府及工作组利用春节、中秋节等节日慰问贫困户、低保户和孤寡老人,资助特困学生等;在入户上门过程中收集各村基础设施、生活设施等方面的迫切困难,帮助镇村建设公路、饮用水、垃圾处理、公厕、排水沟、学校等民生工程,在改善群众基础设施和人居环境的同时,赢得了群众的信任和理解,为更进一步的沟通和宣传工作奠定了良好基础。

第六,重视发挥外地工作的漳州籍人士的作用。除了做好本地群众的信息沟通和宣传引导工作外,漳州市还非常重视外出乡亲的宣传解释工作,派出干部分赴上海、福州、厦门、南京、昆明等地,举办"乡亲恳谈会",向漳州籍外地工作人士通报古雷石化项目的基本情况、重要意义和效益前景、项目环保标

---

① 黄小勇:《在公众参与环境下如何进行民主决策——以漳州市引进 PX 项目为例》,《中国党政干部论坛》2011 年第 11 期。

准等,争取获得外出人士的支持,并利用其作为原籍原乡精英人物的影响力,帮助做好当地的群众工作。

2. 掌握动态,引导舆情

在培育公众对石化项目的客观理性认知的同时,漳州市也注意控制不实声音、片面消息乃至谣言的传播和发展,积极行动起来,采取密切关注事态发展,有效杜绝恶意操作和对个别不负责任煽动公众情绪的重点人物进行个别接触的三管齐下的措施,正面引导反对和负面信息。① 如在引办古雷石化项目过程中,漳州市强化网络舆论的巡查,及时跟帖引导,树立正面的积极舆论导向,从而使人们对石化项目的情绪和态度发生转变。

3. 采取多种举措以促进公众参与环境影响评估

在评估 PX 项目对环境的影响时,漳州市积极组织专家进行环境评估,同时还主动组织人大代表、群众代表参加环境评审。这样一方面让公众客观地了解了 PX 项目真正的环境影响有多大,另一方面还展示了政府在面对环境威胁和环境危险时的控制能力,给公众以信心。对于一些涉及实际运营中如何控制好污染的问题,政府积极与项目业主沟通,并对公众作出承诺;②通过广泛的问卷调查,了解公众"同意"或者"不同意"的心态,及时抓取和反馈实时信息,帮助政府进行细致的风险评价,制订更为细致的工作计划;环评公示期间,合理设置公示地点,在古雷镇最繁华、最显眼、人群最密集的 16 个地方设置公示栏,以开放、坦诚的态度向公众公布信息,扩大公众参与面。③

4. 赋权公众,进一步完善公众参与机制

政府通过承诺公众代表可以参与环境监测,逐步消除了大众对于 PX 项

---

① 黄小勇:《在公众参与环境下如何进行民主决策——以漳州市引进 PX 项目为例》,《中国党政干部论坛》2011 年第 11 期。

② 黄小勇:《在公众参与环境下如何进行民主决策——以漳州市引进 PX 项目为例》,《中国党政干部论坛》2011 年第 11 期。

③ 黄小勇:《在公众参与环境下如何进行民主决策——以漳州市引进 PX 项目为例》,《中国党政干部论坛》2011 年第 11 期。

目投产后缺乏环境监管的忧虑,随着后期公众的参与,政府在环境监督的相关制度中特意留出了正规的途径,可以凭此发挥公众监督项目运行的优势,还可征求公众意见。①

5. 保障公众的知情权,保证公众对公共项目的认同和支持

公众对公共决策的认同和支持,很多时候源于决策过程的公开和透明机制,源于公众有充分的知情权。古雷石化项目在征地收海过程中公开透明操作无疑也是公众接受和支持项目的重要因素。亲自参与征迁补偿工作的一位古雷镇干部深有感触地道出其感受,"补偿不仅仅在于金额的多少,更在于补偿的公平公正透明"。

古雷石化启动项目用地涉及古雷镇 5 个行政村 2348 户(含承包大户)10130 人,用海涉及 2 个行政村 393 户 1770 人。为做好征迁工作,从乡镇党委书记、乡镇长、人大主席和漳浦县直党委主要部门及公检法等部门抽调 39 位科级干部,组织 13 个工作组,租住民房,食宿在村、工作在村,在改善各村基础设施和民生工程的同时,细致地做好征迁方案和补偿工作。在入户调查时,群众推选的代表全程参与监督丈量过程;征迁补偿的标准不断根据公众对于征地补偿的意见进行调整;公布所有补偿标准和补偿金额,公众对公示结果没有反对和疑问后才开始支付补偿金,"补偿金按照上限进行补偿,并一次性足额打入群众账户,不少群众一分钱。不能从补偿款中扣减以往村民借款或欠款,保证资金在封闭账户间运行,排除资金补偿过程中容易出现变数的环节"。②

2010 年 8 月开始抽调 220 名领导干部开展收海工作,坚持公正公开客观原则,采用航拍先进技术,固定征海补偿证据。根据航拍现状图,区分不同材质、养殖品种、养殖量和养殖区,合理制定补偿标准,避免了常规征海中出现的

---

① 黄小勇:《在公众参与环境下如何进行民主决策——以漳州市引进 PX 项目为例》,《中国党政干部论坛》2011 年第 11 期。

② 黄小勇:《决策科学化民主化的冲突、困境及操作策略》,《政治学研究》2013 年第 4 期。

许多争议,得到群众普遍认可。

6.对公众进行分类,区别对待,设计有效的参与接触方式

征地过程中,注重突破重点,模范带动。项目区内的党员干部带头丈量、带头签订协议、带头搬迁退养,发挥模范带动作用;对干部参股海涂地养殖而对征迁补偿工作进行干扰的,严肃干部纪律;对养殖销售中介从中挑拨、阻碍征迁补偿工作的,要重点关注和解决;对养殖大户进行重点交流和沟通,听取其意见和诉求,帮助解决实际困难,促使其理解和支持收海工作,也起到良好的带动效应。

第三节 案例解析:封闭决策与
半开放的政策过程

为什么本是一个 PX 项目在两个相邻地点的遭遇完全不同? 根据西方国家已经经历的案例来看,当面临邻避项目公众参与危机时,政府与公众之间的互动通常会经历两个阶段:起初形成公众抵制时,各方批评地方政府的决定,并抗议各种项目;随后进入第二个阶段,地方政府反思并"吸取教训",于是向公众开放政策过程,于是增加了地方政府的可接受度。[1] 这已在上文中讨论过。中国的情况显然与此不太一致。PX 项目在厦门的失败确实与政府没有开放政策过程给公众相关联。然而,PX 项目在漳州市的顺利落地却不是公众参与政府决策的典型案例。从政策议程形成,到政策方案确定,再到选址过程,最后到政策制定,漳州市 PX 项目决策仍然更多地展现了政府单方面的力量。政府决策和公众参与之间仍然被无形的隔断,至于在项目正式动工之前、在确定补偿方案细节以及在商讨事后环境监管时加大了与公众的沟通和交流,并希望引入协商和评议等,这些措施更多地是为了服务于决策执行,并不

---

[1] 刘平、鲁道夫·特劳普—梅茨:《地方决策中的公众参与:中国和德国》,上海社会科学院出版社 2009 年版,第 1—2 页。

是真正的公众参与,真正的公众参与并不包括那些在决策制定后才向公众征询建议的做法,这只能算公众被告知情况而不是参与了决策制定过程。① 公众参与的实际效果当然也是被忽视的。②

　　由此可知,我们并不能简单地将漳州市应对 PX 项目公众参与的做法归为政府自主决策模式抑或是公众参与决策模式。它与这两者典型做法并不一致,甚至有很大区别。我们发现漳州的政策其实是由政府自主决策模式改良而来,可以将其特点简要的概括为"封闭决策+半开放的政策过程",本研究将其定性为"半公众参与决策模式"。这种决策模式产生于这样一种背景之下,政策执行缺乏相应的资源或者政府对资源的占有和使用并不能一言堂,比如建造邻避设施需要征收公众土地,但此时广大公众的个人意识和参与意识都在觉醒,于是政府自主决策模式遭遇到前所未有的挑战,一定程度的妥协也成为政府可接受方案,再加上体制性阻碍暂时无法迅速突破,于是政府选择在制定出相应政策后,尽最大可能获得公众的同意和支持。与民主决策下的公众参与强调回应、真实参与和问责不同,对于目前我国这种决策模式而言,公众参与更多的是在工具意义层面具有重要作用,它存在的价值主要是帮助改进了政府治理的合法性。表现之一即为,当前我国的邻避项目决策中的公众参与,政策评估和政策测反馈环节是其发生作用的主要阶段,而这从政策流程的角度来讲,已经是政策过程的最后环节。也就是说,在诸如议程设置这样的早期阶段,公众希望通过诉求表达和利益博弈来争取符合自己权益政策的机会是比较渺茫的。同时,公众参与政府决策的类型和层次也是有限的。学界一般认为,公众参与可分成 3 个层次 8 种类型,从低到高分别是操纵、训导层,即非参与模式;劝解、咨询和告知层,即象征性参与;公民权

---

　　① [美]约翰·克莱顿·托马斯:《公共决策中的公民参与:公共管理者的新技能与新策略》,孙柏瑛译,中国人民大学出版社 2005 年版,第 35 页。

　　② Yang Kaifeng, and Sanjay K. Pandey, "Further dissecting the black box of citizen participation:When does citizen involvement lead to good outcomes?", *Public Administration Review*, Vol.71,No.6(Nov 2011) ,pp.880-892.

力层,由公民控制、代表权和伙伴关系组成。① 根据"半公众参与决策模式"在实践中的使用,我们可以判定其只是大致涵盖了其中的第一、第二层次。所以,这种决策模式并不是对上述两种经典决策模式生搬硬套,具体来说,它们在决策理念、决策主体、政策议程设置和决策方案修正等方面存在显著差别。(见表6.1)

表6.1　三种决策模式的比较

	政府自主决策模式	公众参与决策模式	半公众参与决策模式
决策理念	决策效率和决策质量至关重要	决策是公共利益的反映	决策需优质高效,但必须取得公众的支持
决策主体	政府	公众+政府	政府
政策议程设置②	关门模式	外压模式或合作模式	动员模式
决策方案修正	自上而下或决策失败	多种途径	自上而下、决策失败或公众监督

数据来源:作者自制。

必须再次重申的是,本研究认为,"半公众参与决策模式"对于我国政府当下处置邻避危机,在应对公众挑战和防止决策失败中起到了显著作用,是一个重要的机制安排。接下来我们尝试回答,这种决策模式是如何化解政府决策与公众参与间的紧张关系,避免决策失败的? 通过前述的案例分析我们可以知道,为避免邻避项目的决策失败,有两个主要因素不可忽视,分别为政策本身质量不高以及政策对象的不遵从和抵制。"半公众参与决策模式"在应对这两个问题上均有一定的效果:从防止政策本身质量不高而言,这种决策模

---

① Arnstein,Sherry R,"A ladder of citizen participation",*Journal of the American Institute of planners*,Vol.35,No.4(July 1969),pp.216-224.

② 这里借鉴了王绍光(2006)关于中国公共政策议程设置的研究,但对具体分类作了适当调整以适应本研究的分析。详见王绍光:《中国公共政策议程设置的模式》,《中国社会科学》2006年第5期。

式很好地起到了"纠偏"作用。目前各级国家机关和执政党各级组织仍然是公共权力行使者,自然也是中国公共政策制定的当然主体。① 这样一种制度安排下,重大行政决策并不是完全放开的。这样的好处是便于快速讨论议题、达成共识,形成方案,但同时也隐藏着巨大的决策风险。因为参与人员的同质化情况,方案有可能因信息不对称或者知识局限而致使其科学性达不到预期水平,即便有强大的技术保障,方案执行起来也可能困难重重。而"半公众参与决策模式",因为有公众参与的引入,所以也将相关的政策信息,尤其是相关利益人群的信息代入了政策过程,这在一定程度上减少了封闭的决策系统所面临的风险。同时公众评议、民众监督等纠偏手段的使用也有助于避免厦门市 PX 项目式的尴尬。从缓解公众抵制情绪,化解"政府—公众"矛盾的角度来分析,这种决策模式也很好地完成了任务,漳州案例就证明了这一点。已经彻底被妖魔化的 PX 项目,经过漳州市委市政府的治理:主动开发多种途径与公众进行交流,及时告知公众信息并持续保持与公众的信息沟通,为公众参与环保监督提供便利条件等。② 最终不仅项目顺利落地,而且还卓有成效地引导了公众参与,获得了社会认同。总而论之,"半公众参与政府决策模式"起到了避免决策失败作用,成为我国政府处置邻避危机的可行方案之一。

但是,由于近年来邻避设施修建所引起的社会冲突不断加剧,公众参与对于现有决策体制的冲击仍然令各级党委和政府担忧。本研究通过探讨同一个 PX 项目在厦门和漳州的不同结局,从决策视角探讨了政府在面对邻避事件中的公众参与时的反应,以及政府如何在政府意志与公众诉求间保持平衡。本研究认为,"半公众参与决策模式"是我国当前应对公众参与邻避项目决策的经验之一。当然这种决策模式也有其隐患。目前来说,这种决策模式就是

---

① 中国社会科学院公共政策研究中心、香港城市大学亚洲管治研究中心:《中国公共政策分析 2003》,中国社会科学出版社 2003 年版,第 273—303 页。

② 黄小勇:《在公众参与环境下如何进行民主决策——以漳州市引进 PX 项目为例》,《中国党政干部论坛》2011 年第 11 期。

传统决策模式的改良升级,本质上都是封闭决策。虽然其可以有效地保证决策的有效性。但是公众意识的觉醒和权利诉求的增多,使得其大概率会遭遇决策阻碍甚至决策失败。为应对这一决策风险,我国政府已经开始在决策过程中允许和引导社会力量参与其中,尤其重视公众参与在政策评估和政策监督等环节中起到的效用,使其最终能为现有决策体制分担风险和纠正偏误。客观上讲,这些举措取得了一定的成效。不过这种决策模式的生命力究竟如何,仍需进一步观察。

第七章　为什么邻避从公众参与转向了社会抗争

从政府的角度讲,"半公众参与决策模式"是一种折中方案,它将邻避项目决策的体制约束和当前邻避项目决策的外部环境结合起来,实现了一种暂时的相对平衡,只不过它遇到的挑战也越来越大。从课题组收集的相关案例来看,近年来由于邻避设施建造而引起的冲突事件呈现稳中有升的态势。行文至此,另一个问题便浮现了出来,在邻避事件的僵局中,决策模式只是解释了邻避事件僵局中政府的吸纳力问题,那么公众持续的对政府决策的冲击力又该如何理解,换言之,为何公众更加愿意用抗争手段而非制度化的参与手段来影响邻避项目的决策,是什么因素导致了他们采取这种行动策略?本章主要就这个问题,从公众参与邻避项目决策的具体机制原因方面进行分析。

第一节　引　言

正如前述所言,公众参与是有效邻避治理中不可缺失的一环,它不但赋予了公众在邻避事件中的民主权利以及扩大了他们的公共空间,而且为原先单一的"决定—宣布—辩护"决策模式提供了更多选择,提升了政府运作的合法性,也增强了政府行为的可信度。可以说,公众参与从价值和工具两个层面都重塑了邻避治理。但是,已有研究中对于邻避治理中公众参与的影响因素论述不够,一定程度上造成了理论与实践之间的巨大张力:一方面,公众参与的重要性已经被学界和实践部门所认可;另一方面,实践中反复出现的邻避危机却彰显了公众参与的缺失。

这种缺失与邻避事件中反复出现,且不断升级的暴力抗争正好形成鲜明对比。显然,邻避现象的发生和引起广泛关注,与邻避设施所引起的群体性事件密不可分。所以,大量的研究资源和政策注意力都被投入邻避冲突中去了。邻避冲突研究的逻辑起点在于对邻避现象的认知,学术界对此历来存在两种观点:一种观点认为,邻避现象的出现是公众高度情绪化的反映,公众尤其是邻避设施周边的居民普遍具有邻避情结。① 另一种观点则指出,邻避现象并不是凭空产生的,其反映了科学、环境、国家、社会这几种要素之间的互动过程。② 这种认知上的差异也影响了学者们对于邻避事件产生原因的不同解释:一种解释更加强调公众个体属性的作用,这里的个体属性包括个人态度、受教育程度、职业领域乃至是否存在权力依附等。③ 另一种解释更强调政治体制开放性、社会组织独立性、司法救济畅通性等更深层次的社会背景。④ 值得注意的是,媒体在其中发挥的作用也不容忽视,尤其是新媒体联动成为邻避事件发生的必要条件。⑤

上述研究对于解决邻避问题无疑具有针对性。然而,此类研究仍有一个

---

① Kraft,Michael E.,and Bruce B.Clary,"Citizen participation and the NIMBY syndrome:Public response to radioactive waste disposal", *Western Political Quarterly*, Vol.44, No.2 (June 1991), pp. 299-328.

② 崔晶:《从"后院"抗争到公众参与——对城市化进程中邻避抗争研究的反思》,《武汉大学学报(哲学社会科学版)》2015 年第 9 期。

③ Devine-Wright,Patrick."Public engagement with large-scale renewable energy technologies: breaking the cycle of NIMBYism." *Wiley Interdiplinary Reviews: Climate Change*, Vol.2, No.1 (Jan 2011),pp.19-26.

④ 管在高:《邻避型群体性事件产生的原因及预防对策》,《管理学刊》2010 年第 12 期。

⑤ 万筠、王佃利:《中国邻避冲突结果的影响因素研究——基于 40 个案例的模糊集定性比较分析》,《公共管理学报》2019 年第 1 期。

问题无法回答:即为何公众在做出行为选择的时候,其策略会跳过公众参与的方式而直接选择社会抗争乃至群体性运动? 对这个问题的解答将直接关系到如何理解上文中提到的实践层面的一个悖论,为何在邻避治理中,公众参与一直被强调,但似乎发挥的作用很有限。

已有研究之所以存在解释局限,原因之一就在于既有研究较少注意到在邻避治理的"政府—公众"关系中,公众参与和社会抗争在行动策略上具有相互独立性。这一点从已有研究中也可以窥见一二:马奔等用定性比较方法分析了 27 个邻避案例,得出了邻避事件成因的必要条件,其结论是:邻避效应发生的必要条件组合是风险感知与恐惧心理、信任缺失、政府应对失当和谣言的传播。而公众参与的相关要素在数据分析中并不显著。① 这也就证明了,对邻避冲突的有效应对,并不必然导致邻避事件中公众参与的改善,因此,要运用公众参与这个政策工具持续改善邻避治理,还需要对公众参与的影响因素进行分析。

第二节　理论回顾和分析框架

一、公众参与

公众参与研究肇始于 20 世纪 60 年代的西方社会,一经提出,就立马作为对代议制民主反思的产物得到广泛认同和传播。从 20 世纪 90 年代开始,公众参与的理念和实践开始逐步传入中国,并引发广泛关注和热烈讨论,直至今日。

从西方政治文化中生发,公众参与最经典的定义主要是指公众"通过政

---

① 马奔、李继朋:《我国邻避效应的解读:基于定性比较分析法的研究》,《上海行政学院学报》2015 年第 9 期。

治制度内的渠道,试图影响政府的活动,特别是与投票相关的一系列的行为"①。随后,公众参与的内涵边界大大拓展,被理解为决策中的政治参与,这种参与包括了地方、地区、国家乃至超国家等各个层面,形式则包含了直接民主和协商民主。② 现如今,公众参与意味着更加广泛的可能性,其角色不再被仅仅限定在政策制定上,即便在政策的实际操作领域,公众参与也有了发挥的空间,于是公民咨询委员会、公民大会和争议调停等方式相继出现。③ 当然,特别值得提醒的是,即便公众参与概念本身所包含的内容已经呈现出逐渐增多之势,但是学者们普遍认为,公众参与和社会抗争之间仍然有清晰的边界,公众参与"不包括街头行动和个人、组织的维权行动。其是一种制度化的民主制度,它强调政府的开放有诚意听取并吸纳公众的意见,公众参与的核心环节是政府与公众的互动,公众参与决策和治理的过程。它不是公众或集体单方面为个人或群体利益或表达意见而采取的行动"④。

正是因为公众参与在诸多领域发挥着重要作用。公众参与在实践领域也愈来愈受到重视。2017 年 8 月,向社会广泛征求意见的《重大行政决策程序暂行条例(征求意见稿)》就专设第三章来强调公众参与:除依法应当保密的外,涉及社会公众切身利益或者对其权利义务有重大影响的决策事项,决策承办单位应当采取便于社会公众参与的方式广泛听取意见。于 2018 年 4 月 16日由生态环境部审议通过,并自 2019 年 1 月 1 日起正式开始施行的《环境影响评价公众参与办法》更是对环境影响报告书编制全过程的公众参与进行了细致的规定。

在邻避研究领域,公众参与和邻避事件自一开始就相伴而生。目前学术

---

① 贾西津:《中国公民参与:案例与模式》,社会科学文献出版社 2008 年版,第 3 页。
② 刘平、鲁道夫·特劳普—梅茨:《地方决策中的公众参与:中国和德国》,上海社会科学院出版社 2009 年版,第 8 页。
③ 〔美〕约翰·克莱顿·托马斯:《公共决策中的公民参与:公共管理者的新技能与新策略》,孙柏瑛译,中国人民大学出版社 2005 年版,第 35 页。
④ 蔡定剑:《公众参与:风险社会的制度建设》,法律出版社 2009 年版,第 7 页。

界已基本达成共识,要有效化解邻避冲突,公众参与作为一个关键要素能促成决策模式从"决定—宣布—辩护"向"参与—协商—共识"模式转变。① Edward 和 Rex 等人观察了为何一个焚烧厂遭受抵制而另一个焚烧厂有不同的结局,发现公众参与所导致的不同行动者、组织以及与社会结构之间的互动是其中一个不可忽视的因素。② 陈晓运的研究表明,邻避抗争乃至邻避运动的逻辑在于争夺风险的定义,因此,为了防止政府和公众二元对立,政府应该应援公众的诉求,重视公众的科技民主参与。③ 杨志军等进一步分析认为,虽然邻避抗争只是一种消极地改变政府政策的行为,而政府回应式的政策回退也是一种非常规性的政策变迁,不过其客观上是政府治理模式转变的催化剂,今后的公共治理还是应该回到建立一个多元的公众参与沟通协商机制。④

　　从上述研究可以推出,公众参与的重要性已毋庸置疑。但这些研究同时也引发了我们对于邻避事件中公众参与有效性的质疑。从理论上讲,对中国现有公众参与的有效性,学界一直存在不同声音,比如中欧环境治理项目的研究报告就显示,公众参与的意愿不是很强烈,尽管公众的环保意识已经有了显著提高,不过"在现实中,如果不是担心会对自身和家人的健康造成严重危害,公众一般会选择对政府和企业的决定保持沉默"⑤。从实际上讲,在民众和公共机构的邻避博弈中,公众参与也是长期处于缺位状态的。⑥ 可以看出,

---

　　① 黄建伟:《邻避冲突中社会抗争与政治回应的因果推理——基于京沈高铁事件的力场分析和过程追踪》,《行政论坛》2018 年第 6 期。

　　② Walsh Edward,Rex Warland,and D.Clayton Smith,"Backyards,NIMBYs,and incinerator sitings:implications for social movement theory",*Social Problems*,Vol.40,No.1(Feb 1993),pp.25–38.

　　③ 陈晓运:《争取科技公民权:为什么邻避从抗争转向社会运动——以中国城市反焚事件(2009—2013 年)为例》,《甘肃行政学院学报》2017 年第 6 期。

　　④ 杨志军、欧阳文忠:《消极改变政策决策:当代中国城市邻避抗争的结果效应分析》,《甘肃行政学院学报》2017 年第 1 期。

　　⑤ 李万新:《公众参与环境决策的方法与实践》,《中欧环境治理项目政策与实践对比研究报告五——中国卷(2013 年)》,第 4 页。

　　⑥ 魏娜、韩芳:《邻避冲突中的新公民参与:基于框架建构的过程》,《浙江大学学报(人文社会科学版)》2015 年第 4 期。

因为公众参与在一些研究文本中多是作为政策建议而被提出来的,所以缺乏对其本身全面而细致的分析。这样做的长期结果便是理论和实践的鸿沟越拉越大:在邻避事件的实际中,由于受到某些因素的影响,公众往往直接跳过公众参与而选择更为激进的社会抗争,但学者们基于邻避抗争的研究,推演出要解决邻避冲突,必须强化公众参与。而公众参与在实践中又被舍弃,大家看到的往往是一起起邻避群体性事件……这样循环往复,最终陷入邻避治理的怪圈。要跳出这个怪圈,研究就不能仅仅停留在如何有效化解邻避冲突这个"规则内选择",还必须具体研究为何公众参与在邻避治理中缺失了?其影响因素是什么?从而达成以公众参与代替邻避抗争的"规则间选择"。

二、公众参与影响因素的分析框架

什么是影响邻避事件中公众参与的因素?公众参与目的、公众参与主体、公众参与程度和公众参与形式,技术理性的城市规划传统、政府集权制的规划决策模式、城市规划实施机制过度行政化、邻避设施规划涉及利益的复杂性和公众参与主体能力建设不足等都是公众参与困境产生的主要原因。① 通过对已有研究成果进行梳理,我们可以发现,对于邻避治理中公众参与的影响因素,实际上存在着三个层面:行动者、结构、互动。(见图7.1)公众参与是在行动者、结构、互动三方面要素的共同作用下产生的。

行动者要素:邻避设施由于其敏感性,吸引了一大批参与者,他们聚集于邻避设施的各个层面,邻避决策的各个环节。他们的特质和属性大大影响了邻避事件中公众参与的效果。公众为何热衷于参与,学者们从"理性的公众"和"负责任的公众"角度早已给出了不同的解释。而邻避事件中公众参与率不高的原因,研究者们也给出了类似的答案:一批学者认识到邻避事件中公众参与的孱弱很大程度上是公众自身的特性决定的:学者Lake就认为邻避现

---

① 郑卫:《我国邻避设施规划公众参与困境研究——以北京六里屯垃圾焚烧发电厂规划为例》,《城市规划》2013年第8期。

象是典型的狭隘主义的表现,狭隘主义,包括自私的理念都有碍于实现社会福祉,当然公众也没有兴趣对政府决策进行参与或协商。① Patrick 综合其他学者观点后认同了这一观点,在他看来,邻避指的是公众反对他们认为会造成不利影响的设施项目的心理和行为,因此,一部分公众会因为其本身的无知,非理性抑或是自私的心理选择直接抵制的行为而不会选择公众参与。② 当然也有学者的研究指出,公众在参与邻避设施决策中并不总是自私自利的,很多时候他们的反应是理性而克制的,他们关心谁来承担由于项目或设施的建造和运营带来的风险,另外就是分担风险的过程如何确保公正。③ 但不管怎么说,公众的利益问题肯定是影响邻避参与的一个不可忽视的因素。

　　结构要素:结构是指公众参与的外部政治环境要素,反映的促进或阻碍公共参与的制度环境和外部其他要素属性。行动者要素回答的是公众的动机和个体属性问题,然而这种个体层面的差异无法完全解释为何一种现象在不同地区、不同时段成为一种常态,所以必须进行结构要素分析。其中制度环境是指"一系列用来建设生产、交换与分配基础的政治、社会和法律基础规则"④。从理论上讲,公众参与制度建设的重要环节是保证参与的起点公平以及过程正义,所以需要相对完善的制度环境来保障利益相关者都能无障碍、无偏颇地参与到邻避决策中去,而且整个过程必须是公开透明的。⑤ 制度环境对公众参与起着激励或约束作用,影响着公众的成本收益核算和行为选择。因此,在

---

①　Lake Robert W,"Rethinking nimby",*Journal of the American Planning Association*,Vol.59,No.1(Dec 1993),pp.87-93.

②　Devine-Wright Patrick,"Rethinking NIMBYism:The role of place attachment and place identity in explaining place-protective action",*Journal of Community & Applied Social Psychology*,Vol.19,No.6(Nov 2009),pp.426-441.

③　AS:274-292.

④　[美]R.科斯、A.阿尔钦、D.诺斯:《财产权利与制度变迁——产权学派与新制度学派译文集》,上海三联书店 1991 年版,第 270 页。

⑤　胡燕、孙羿、陈振光:《邻避设施规划的协作管治问题——以广州两座垃圾焚烧发电厂选址为例》,《城市规划》2013 年第 6 期。

邻避治理领域,要有效推进公众参与决策,需要从立法、执法、司法三方面三管齐下,既要从制度建设上赋予公众参与的权利,也要从执行层面确保有关公众参与的制度规定能落实到位,还要注重司法的保障作用。除了制度环境外,邻避决策的专业性在一定程度上也对公众参与产生重要影响。事实上,公众是否具有足够的专业技能和决策信息储备一直是实践部门对公众参与有效性的最大质疑。① 但有研究通过比较案例分析的方法研究中国的垃圾焚烧发电厂后发现,70%的居民是了解垃圾焚烧发电技术,并且支持这一技术的。②

互动要素:公众与政府之间的互动是现代社会的重要标识之一。现如今,任何政策的制定和执行都不是简单的、单向的,而是复杂的、多向度的,所以公众参与的重要性得以显现。政治机会结构理论认为,公众参与的实质就是公众与精英间的策略性互动。③ 在互动中,执政精英们能更好地了解民众的利益诉求,普通民众也能理解公共政策,提升政策的合法性。可以说,公共政策的愿景和现实就是在执政精英和公众的互动中建构出来的。那基于互动视角,哪些要素会影响到邻避治理中的公众参与呢? 这里有两个因素被学者们反复提及,第一个便是政府信任,谭爽的研究表明,中国的邻避事件具有"双输"与"恶性循环"两方面的特征。双输是因为邻避项目现在走入死胡同,比之以前单向度决策时的损失,现在邻避项目带给经济与社会的冲击更大。恶性循环则是因为在邻避治理过程中,政府、企业与公众之间的关系是"循环下行"的。这其中起作用的关键因素便是民众对政府的信任不足,而且管理方

---

① Aberbach Joel D., Bert A.Rockman, "Administrators' beliefs about the role of the public:the case of American federal executives." *Western Political Quarterly*, Vol.31, No.4(Dec 1978), pp.502-522.

② Youliang Huang, Yan Ning, Tao Zhang, et al., "Public acceptance of waste incineration power plants in China:Comparative case studies." *Habitat International*, Vol.47(June 2015), pp.11-19.

③ Tarrow Sidney G, *Power in Movement:Social Movements and Contentious Politics*, New York: Cambridge University Press, 2011, pp.71-90.

的处置越简单粗暴,民众越不信任;民众越不信任,政府愈发觉得需要进行管控,走入一种恶性循环。① 胡象明的研究也证明了政府信任在邻避治理中的重要作用。在公众参与邻避决策时,政府和企业对于邻避设施风险的认定往往和公众对邻避设施风险的认知并不一样,于是产生了风险认知差异,而弥补风险认知差异的关键因素就在于公众信任。②

第二个影响公众参与邻避治理的互动要素便是民众的组织程度。这个因素的引入显然借鉴了邻避冲突研究的有关思路。所以我们也可以看见,学者们纷纷认为应当重视公众利益的多元性,并强调强化公众参与的组织化和程序化等是有效开展公众参与的方式。③ 可以说,组织化程度在很大程度上直接决定了公众参与目标的达成。那接下来又是什么决定了公众参与组织化的程度呢。Shemtov R.的研究指明了组织网络的不同类型是一个不容忽视的因素。他注意到在邻避参与中,有些组织很顺利地拓展了他们的行动目标而有些组织却没有。于是通过研究 6 个邻避组织他最终有两个重要发现,组织内或组织间的友谊互动网络促进了邻避组织内部目标的改变,而外部网络则抑制了邻避组织内部目标的改变。④ 当然除了组织网络之外,另一个影响公众参与组织程度的便是网络中关键参与者,张勇杰基于国内十个典型案例的考察,佐证了 NGO 作为第三方介入角色在邻避治理中的重要作用,不过他同时也发现,NGO 组织在具体实践中还有其限度。⑤

上述这些对我国邻避事件中公众参与影响因素分析的研究在一定程度上

---

① 谭爽:《浅析邻避型群体事件的生成及规避》,《北京交通大学学报(社会科学版)》2014年第 2 期。

② 李小敏、胡象明:《邻避现象原因新析:风险认知与公众信任的视角》,《中国行政管理》2015 年第 3 期。

③ 包存宽:《公众参与规划环评、源头化解社会矛盾》,《现代城市研究》2013 年第 2 期。

④ Shemtov Ronit, "Social networks and sustained activism in local NIMBY campaigns", *Sociological Forum*, Vol.18.No.2.(June 2003), pp.215−244.

⑤ 张勇杰:《邻避冲突环保 NGO 参与作用的效果及其限度——基于国内十个典型案例的考察》,《中国行政管理》2018 年第 1 期。

填补了相关领域的不足,也加深了我们对于有关问题的理解。不过,已有的研究仍然存在一定的改进之处:一方面,从内容来看,公众参与影响因素的研究还有待进一步深化。如上所述,现在学者们基于案例的观察和已有理论的推演已经梳理出部分因素。但这些因素显然不够全面,跳出邻避治理的限定,已有研究对于公众参与影响因素的研究成果挖掘还不够,这些因素之间的关联度也不够紧密,缺乏系统性、整体性的分析;另一方面,从研究方法来看,公众参与影响因素的研究还需进行实证检验。现有研究多从案例入手,通过解剖麻雀的方式提取出影响因素,但这些因素之间是如何相互影响的,它们又是如何通过直接或间接的方式影响邻避中的公众参与,并没有进行过专门的探讨。而其他少部分的定量研究也存在一些不足之处,因为在实际的变量测量过程中,一般都会存在测量误差,这是没法完全避免的,且变量结构复杂,因此,采用诸如一般的回归分析、因素分析或路径分析等方法均无法有效地揭示各影响因素之间的复杂关系。因此,本研究将运用结构方程方法深入理解邻避现象中公众参与的影响因素,这将有助于了解公众参与和邻避事件之间的相互关系,还有助于政府识别掌握其中各要素的影响路径,从而提升邻避治理的水平。

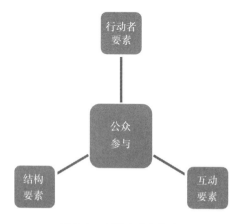

图 7.1　本研究分析框架

第三节　模型及假设

在上述分析框架的基础上,通过对已有研究的细致梳理,并结合现有的案例分析及实地调研情况,本研究构建了影响邻避事件中公众参与的整体概念模型(如图 7.2 所示)。此概念模型包含了六大模块,分别为公众参与、公众利益、组织程度、制度环境、决策专业化程度、政府信任。箭头表示了模块之间的因果关系。具体假设如下:

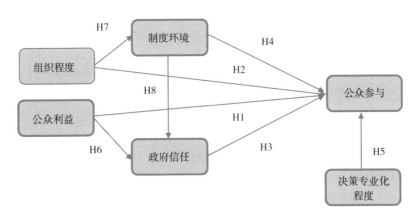

图 7.2　初始公众参与的整体概念模型

假设 1:公众利益对公众参与产生正向影响。也就是邻避设施与公众的利益越关切,公众越有可能参与邻避决策,这也符合参与公众的理性人假设。所以邻避设施对公众的影响程度越深,公众越有意愿进行参与;同样的,邻避设施影响的人群越广,公众参与的规模和可能性就越大。

假设 2:组织程度与公众参与呈正向相关关系。组织程度衡量的是一个团体集体行动的能力。正如前面的文献和实际调研表明,在当前中国的语境下,普通民众对公众参与的态度并不是十分积极,单个人参与邻避治理的可能性更低。但一旦有人组织、有专门团体出面或者参与公众之间彼此非常熟知,保证能步调一致,那么公众参与的概率就大大提高了。

假设3:政府信任和公众参与有正向促进作用。由于政府信任的缺失,业主往往进行"我怕"的认知建构,并藉由新信息流通方式快速扩展,最终形成不同程度的抗争方式。① 因此,在邻避事件中,公众越信任政府,越有可能通过正规渠道参与到决策中去,而不是选择激进的抵制性抗争甚至社会运动的方式。

假设4:制度环境与公众参与存在正相关关系。制度环境是个人可选行为集的约束条件,在很大意义上决定了公众的行动范围。并且制度还是一种"激励机制,它通过责任的配置和赔偿(惩罚)规则的实施,内部化个人行为的外部成本,诱导个人选择社会最优的行为。"②因此,基于立法、执法、司法的视角,法律法规越完备,公众参与的积极性越高;法律法规执行的效果越好,越会鼓励公众进行参与;司法机构越公正,公众越容易放心大胆地进行参与。

假设5:决策专业化程度与公众参与呈负相关关系。从目前已有的学界研究和实践部门反馈来看,公众参与和决策的专业化确实存在一定的张力,由于公众不具备相关专业知识,其参与能力欠缺,公众在相关问题上参与的积极性也会降低。

假设6:公众利益对公众参与的间接作用。公众的利益考量对公众参与的影响不仅具有直接影响作用,还存在间接作用。这种间接作用体现在公众利益还通过某种其他变量最终作用于公众参与。这里尤其值得关注的是政府信任的中介作用。因为从逻辑上来讲,如果可以通过满足公众的利益而达成公众理性参与目标的话,那么利益分配就变成政府非常重要的政策工具。但是理论和现实的情况是,尽管利益分配在有效抑制邻避抗争方面起到了一定的效果,然而不接受利益分配结果选择抗争也比比皆是,在一定情形下,邻避冲突不但产生,而且会进一步演化。因此,根据已有研究发现,在邻避治理过

① 何艳玲、陈晓运:《从"不怕"到"我怕":"一般人群"在邻避冲突中如何形成抗争动机》,《学术研究》2012 年第 5 期。
② 张维迎:《信息、信任与法律》,生活·读书·新知三联书店 2006 年版,第 141 页。

程中,民众对政府的信任程度成为其利益实现和公众参与间的中介变量。[①]
如果民众不信任政府,那么他们也会认为利益分配结果不公平,自然也会选择
邻避冲突这种方式。

假设7:组织程度对公众参与的间接作用。组织程度对公众参与的影响
除了直接途径之外,还有间接途径。这里制度环境在其中起了重要作用。如
果法治水平高,且政府有意愿履行好自己的职能,那么公众就会觉得参与邻避
治理更有保障,于是组织程度的提高会促进公众更好地参与邻避决策;反之,
组织程度的加强,会让公众越不倾向于通过公众参与的方式争取自己的利益。

假设8:制度环境对政府信任产生正向影响。制度环境决定着一个地区
政府信守承诺的违约成本。在一个制度相对完善的环境中,政府信守承诺带
给其的收益要远远高于其违约所获得的收益,并且违约还会遭受来自市场和
社会的严厉惩罚,所以政府有足够的动力守信,严格履行其作出的承诺是其最
优选择;反之,政府就会选择失信。

第四节　问卷设计与数据采集

一、问卷设计

本研究共包括了公众利益、制度环境、政府信任、公众参与、决策专业化程
度和组织程度6个潜变量。为了确保量表设计的有效性,本研究在结合了相
关实证文献和调研访谈的基础上,对所有变量的观测指标进行了精心设计,每
个变量都运用了多个指标来进行衡量和测度。

(一) 公众参与指标的测度

当下国内没有可以直接使用的公众参与量化评价框架,不过已出台的相

---

① 朱正威、王琼、吴佳:《邻避冲突的产生与演变逻辑探析——基于对 A 煤矿设施当地民众的实证调查》,《南京社会科学》2017 年第 3 期。

关法律法规为我们的研究提供了思路。在《重大行政决策程序暂行条例》(国令 713 号)第二节明确规定了公众参与的相关程序,总结起来公众参与主要包括了两方面的内容:其一是信息发布和互动交流;其二是公众通过听证、征求意见等形式将诉求送达至决策者,发挥影响力。基于这种法规的界定,本研究在咨询了有关公众参与研究专家学者后确定了"公众意图充分被了解""政府公开了相关决策信息""决策过程保证了公众沟通""公众可对已有方案提建议""公众可参加民意调查和听证会等活动"五个指标来表征公众参与邻避决策的程度。

(二) 公众利益指标的测度

公众利益是公众参与邻避决策考量中的核心要素。本研究设计的两个测量问题分别为"政策涉及的利益关系人范围宽"和"政策对公民生活质量影响程度深"。

(三) 制度环境指标的测度

要准确衡量一个地区的制度环境并不容易,因此学者们做了很多努力。樊纲、王小鲁、张立文等构建了市场化指数成为很多学者研究中用来借鉴衡量制度环境的指标,具体而言,这个制度环境的指标体系包括政府与市场的关系、非国有经济的发展、产品市场的发育程度、要素市场的发育程度、市场中介组织发育和法律制度环境 5 个方面,具体由 25 个基础指标构成。[1] 余明桂、潘红波认为,制度环境的测度应该包括:法律和司法体系的健全程度、产权保护程度、金融体系完善程度。[2] 本研究在综合了学者们的研究,并结合了邻避事件的特点,用"相关的政策法规比较完备""各项政策法规得到有效执行""司法机构具有较强的公正性"三个问题来测度制度环境指标。

---

[1] 樊纲、王小鲁、张立文等:《中国各地区市场化相对进程报告》,《经济研究》2003 年第 3 期。

[2] 余明桂、潘红波:《政治关系、制度环境与民营企业银行贷款》,《管理世界》2008 年第 8 期。

（四）政府信任指标的测度

政府信任的内核是可信性问题。而作为博弈论中的关键观念,可信性问题又是与可信承诺(credible commitment)密切相关的。所以,政府信任包括了两方面内容,其一是政府兑现自己的承诺,履行好已有职责;其二是公众根据政府的实际表现,对政府的履职情况进行评分。[①] 在咨询了相关专家后,本研究将政府信任指标通过"本地公务员在公众心中诚信水平高","政府对安全生产承诺的履行程度高","政府对环境保护承诺的履行程度高","政府对补偿合同的履约程度高"四个问题来测度。

（五）决策专业化程度指标的测度

在已有文献和专家访谈的基础上,本研究用"政策议题的专业化和技术化程度高""政策问题解决途径基本稳定化、程序化""政府在政策形成中已经具备了比较充分的信息"三个问题来测度决策专业化程度的指标。

（六）组织程度指标的测度

根据研究,组织程度指标这个潜变量我们用"参与公众之间内部联系紧密""公众成立了专门团体进行参与""有人负责与政府协商谈判"三个观测变量来测度。

二、问卷的信度和效度检验

指标选取和量表设计完后,就需要针对问卷进行预调查,以对样本的统一性和准确性进行检验,最终保证数据既可靠,又能准确反映真实情况。数据的信度和效度检验就是保证数据分析结果的两项重要度量指标。本次预

[①]　黄振威:《权力制约、可信承诺与经济增长》,浙江大学出版社2014年版,第91—92页。

调查是 2013 年中央党校调研组前往地方调研邻避治理中的决策和公众参与为主题时进行的,总共发放了 60 份问卷,回收了 56 份有效问卷,研究组据此对问卷的信度和效度进行了检验,并根据检验结果对问卷进行了优化和修改。

(一) 探索性因子分析

进行效度分析,是为了检验本研究量表所展示的各观测指标是否能很好地反映出其所表征的潜变量。从类型上来讲,效度分为内容效度、效标关联效度和构念效度三种形式。结合本研究情况,我们决定采用内容效度和构念效度来测度本研究量表的效度。内容效度又称为逻辑效度,反映的是"测量工具本身内容范围与广度的适切程度。"[1]本研究所设计的量表都是建立在对已有文献进行梳理、对相关领域专家进行咨询以及与利益相关者进行座谈这三者合力基础之上的,并已根据预调查的信度分析对问卷进行了修改。因此,本研究的内容效度可以被认为较高。构念效度指的是"测量工具能测得一个抽象概念或特质的程度"[2]。目的是检验测量因子是否符合理论假设。构念效度主要使用因子分析技术进行衡鉴。又因为此时仍处于问卷预调查阶段,还需要对模型框架进行验证和优化,所以在此选用探索性因子分析进行检验。

进行探索性因子分析需要满足一个前提条件,即先进行 KMO 和 Bartlett 球面检验。其中 KMO 用来衡量变量间的偏相关程度有多大,取值在 0—1 之间,越接近 1,因子分析效果越好,取值在 0.7 以上表示非常适合,取值 0.5 以上表示尚可,取值 0.5 以下则表示应该舍弃。Bartlett 球面检验则是检查相关阵是否为单位阵。

本研究首先对公众参与这个内生潜变量进行效度检验。结果如表 7.1—

---

① 邱皓政:《量化研究与统计分析》,重庆大学出版社 2013 年版,第 305 页。
② 邱皓政:《量化研究与统计分析》,重庆大学出版社 2013 年版,第 307 页。

7.3 所示。

表 7.1　公众参与指标的 KMO 和 Bartlett 球面检验

KMO and Bartlett's Test		
Kaiser-Meyer-Olkin Measure of Sampling Adequacy.		.725
Bartlett's Test of Sphericity	Approx.Chi-Square	184. 104
	df	10
	Sig.	. 000

KMO 为 0.725,大于 0.7,同时,Bartlett 球面检验的显著性概率为 0.000, 这说明数据非常适合做因子分析。

表 7.2　公众参与指标的累计方差贡献解释

Total Variance Explained									
Com-ponent	Initial Eigenvalues			Extraction Sums of Squared Loadings			Rotation Sums of Squared Loadings		
	Total	% of Variance	Cumu-lative %	Total	% of Variance	Cumu-lative %	Total	% of Variance	Cumu-lative %
1	2. 279	45. 575	45. 575	2. 279	45. 575	45. 575	1. 740	34. 793	34. 793
2	1. 004	20. 070	65. 645	1. 004	20. 070	65. 645	1. 543	30. 852	65. 645
3	. 661	13. 217	78. 862						
4	. 560	11. 208	90. 070						
5	. 497	9. 930	100. 000						
Extraction Method:Principal Component Analysis.									

按照特征值大于 1 的标准提取公因子(见表 7.2),最终得到了 2 个公因子,2 个公因子的方差贡献率分别为 34.793% 和 30.852%,累计方差贡献率是 65.645%。这表明 2 个公因子涵盖了全部原始信息的 65.645%,高于常用的 60% 标准。

表 7.3　公众参与指标旋转后的因子载荷

Rotated Component Matrix[a]		
	Component	
	1	2
公众意图充分被了解	.789	
政府公开了相关决策信息	.762	
决策过程保证了公众沟通	.688	
公众可对已有方案提建议		.798
公众可参加民意调查和公众聆听等咨询活动		.857
Extraction Method：Principal Component Analysis. Rotation Method：Varimax with Kaiser Normalization.		
a.Rotation converged in 3 iterations.		

表 7.3 是公众参与指标进行方差最大旋转后的因子载荷矩阵。因子载荷矩阵衡量的是各因子对各评价指标的影响程度。从表 7.3 中可以看出,第一公因子在"公众意图充分被了解""政府公开了相关决策信息""决策过程保证了公众沟通"三个测度问题上都有较大的载荷,而第二公因子在"公众可对已有方案提建议"和"公众可参加民意调查和公众聆听等咨询活动"两个测度问题上有较大测度。这说明,公众参与指标内在实际上存在区分度。第一公因子与政府和公众之间信息交流、政府公开有关,而第二公因子与公众提建议和公众参与听证等参与行为有关。所以我们可以将第一公因子命名为"信息沟通"、第二公因子命名为"政策建议"。这样一来,公众参与特征就包含两部分内容:信息沟通和政策建议。而这也与国家当下法律法规中对公众参与包含构面的认知相一致。

本研究接下来对其他外生潜变量进行了效度分析,分析结果如表 7.4 所示。

表 7.4 其他外生潜变量的 KMO 和 Bartlett 球面检验

KMO and Bartlett's Test		
Kaiser-Meyer-Olkin Measure of Sampling Adequacy.		.877
Bartlett's Test of Sphericity	Approx.Chi-Square	1603.549
	df	105
	Sig.	.000

KMO 为 0.877,远大于 0.7,同时,Bartlett 球面检验的显著性概率为 0.000,这说明数据非常适合做因子分析。

表 7.5 其他外生潜变量的累计方差贡献解释

Total Variance Explained									
Component	Initial Eigenvalues			Extraction Sums of Squared Loadings			Rotation Sums of Squared Loadings		
	Total	% of Variance	Cumu-lative %	Total	% of Variance	Cumu-lative %	Total	% of Variance	Cumu-lative %
1	6.145	40.964	40.964	6.145	40.964	40.964	4.430	29.532	29.532
2	1.904	12.692	53.656	1.904	12.692	53.656	2.281	15.205	44.737
3	1.221	8.137	61.794	1.221	8.137	61.794	2.279	15.196	59.933
4	1.026	6.840	68.634	1.026	6.840	68.634	1.305	8.701	68.634
5	.748	4.989	73.622						
6	.646	4.306	77.928						
7	.550	3.670	81.598						
8	.522	3.479	85.077						
9	.482	3.211	88.287						
10	.390	2.602	90.890						
11	.375	2.503	93.392						
12	.330	2.198	95.590						
13	.285	1.903	97.493						
14	.214	1.427	98.920						
15	.162	1.080	100.000						
Extraction Method:Principal Component Analysis.									

按照特征值大于1的标准提取公因子(见表7.5),最终得到了4个公因子,4个公因子的方差贡献率分别为29.532%、15.205%、15.196%和8.701%,累计方差贡献率是68.634%。这表明4个公因子涵盖了全部原始信息的68.634%,高于常用的60%标准。

表 7.6　其他外生潜变量旋转后的因子载荷

Rotated Component Matrix^a				
	Component			
	1	2	3	4
政策问题解决途径已经基本稳定化、程序化			.762	
政策议题的专业化和技术化程度高			.827	
政府在政策形成中已经具备了比较充分的信息			.665	
政策涉及的利益关系人范围宽				.614
政策对公民生活质量影响程度深				.869
本地公务员在公众心中诚信水平高	.674			
政府对安全生产方面承诺的履行程度高	.824			
政府对环境保护方面承诺的履行程度高	.855			
政府对补偿合同的履约程度高	.788			
相关的政策法规比较完备	.611			
各项政策法规得到有效执行	.782			
司法机构具有较强的公正性	.701			
参与公众之间内部联系紧密		.660		
公众成立了专门团体进行参与		.868		
有人负责与政府协商谈判		.867		
Extraction Method:Principal Component Analysis. Rotation Method:Varimax with Kaiser Normalization.				
a.Rotation converged in 5 iterations.				

表7.6是进行方差最大旋转后的因子载荷矩阵。因子载荷矩阵衡量的是各因子对各评价指标的影响程度。从表7.6中可以看出,通过因子分析,公众

利益、决策专业化程度、组织程度三个指标设置具备较高的构念效度,与我们基于文献梳理、专家咨询和利益相关者访谈后所设置的变量结构一致。然而,我们同时也发现,第一公因子在本地公务员心中诚信水平高、政府对安全生产方面承诺的履行程度高、政府对环境保护方面承诺的履行程度高、政府对补偿合同的履约程度高、相关的政策法规比较完备、各项政策法规得到有效执行、司法机构具有较强的公正性上都有较大的载荷,这说明,制度环境和政府信任两个指标的区分度不大。而本研究在构建概念模型的时候也发现,制度环境通过政府信任起作用,而且制度环境的主要作用就是稳定预期,公众的预期稳定了,也就会导致公众对政府信任的提升。

(二) 信度检验

本研究采用内部一致性信度来对数据的可靠性做出评定。具体采用 Cronbach's α 系数来衡量。Cronbach's α 取值在 0 和 1 之间,一般认为,其取值超过 0.7 就表示样本数据比较理想,低于 0.5 表示没有通过信度检验,而 0.5—0.7 之间表示根据不同的研究领域,信度检验勉强可以接受,高于 0.8 则表示数据具有相当好的信度了。本研究所有指标的信度检验结果如表 7.7 所示:

表 7.7 指标的信度检验结果

测度指标	Reliability Statistics	
	Cronbach's Alpha	N of Items
信息沟通	.659	3
政策建议	.610	2
决策专业化程度	.745	3
公共利益	.552	2
政府信用	.907	7
组织程度	.803	3

从表 7.7 中可以看出,本研究量表的所有指标的 Cronbach's α 值都达到了通过信度检验所要求的 0.5 以上。说明本研究所选取的测度指标整体上具有较高信度,其中决策专业化程度、政府信用和组织程度更是直接达到较为理想的 0.7 以上。最低的 Cronbach's α 值来自"公共利益"变量的信度,只有 0.552,这可能跟测度问题不够全面有关系,但是其也属于基本可以接受的范围。因此总体而言,本研究量表设计的各潜变量具有较高信度,这表明各潜变量之间具有内部一致性,虽然个别变量得分不是非常高,低于 0.7 的理想值,但也是通过了信息检验,可以进行接下来的数理统计分析。

所以,通过探索性因子分析和信度分析,我们发现,提取的 6 个公因子较好地解释了变量间的结构关系,与我们建构的整体概念模型基本一致,这说明研究具备了较好的构念效度和变量间的内部一致性。然而,研究结果也表明,内生潜变量公众参与以及外生潜变量制度环境和制度信任的指标设置与理论构想并不完全一致,为了保证研究的构念效度,本研究决定按照因子分析的提示,将公众参与一分为二,分别构建"信息沟通"指标和"政策建议"指标。同时,本研究还将"政府信任"和"制度环境"指标统一为一个指标,并命名为"政府信用"。调整后的概念模型如图 7.3 所示:

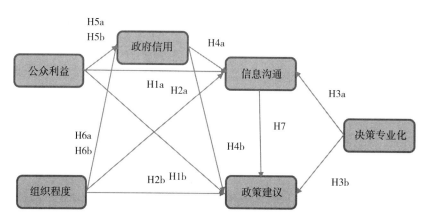

图 7.3 调整后的公众参与的整体概念模型

随之,调整后的假设变为:

假设 1a:公众利益对公众的信息沟通情况产生正向影响。邻避设施与公众的利益越关切,信息沟通效果越好;反之,公众越倾向于绕过参与而选择抗争。

假设 1b:公众利益对公众的政策建议情况产生正向影响。邻避设施与公众的利益越关切,公众越有可能通过正规渠道积极贡献自己的建议;反之,公众要么选择不参与,要么选择倾向于绕过参与而选择抗争。

假设 2a:组织程度与公众的信息沟通情况呈正相关关系。邻避治理中公众的组织化程度越高,信息沟通的效果越好。

假设 2b:组织程度与公众的政策建议情况呈正相关关系。邻避治理中公众的组织化程度越高,他们越有可能积极建言献策。

假设 3a:邻避决策的专业化程度与公众的信息沟通情况呈负相关关系。邻避决策的专业化程度越高,公众越倾向于认定邻避决策的科学性、合理性而认为沟通没有必要。

假设 3b:邻避决策的专业化程度与公众的政策建议情况呈负相关关系。邻避决策的专业化程度越高,公众越倾向于认定邻避决策的科学性、合理性而保留自己的建议。

假设 4a:政府信用对公众的信息沟通情况有正向促进作用。政府越积极兑现自己的承诺,履行自己的职责,信息沟通的效果越好;反之,公众越倾向于绕过参与而选择抗争。

假设 4b:政府信用对公众政策建议情况有正向促进作用。政府越积极兑现自己的承诺、履行自己的职责,公众就越有可能通过正规渠道积极贡献自己的建议;反之,公众要么选择不参与,要么选择倾向于绕过参与而选择抗争。

假设 5a:公众利益对公众的信息沟通情况起间接作用。政府信用是公众利益和公众信息沟通间的中介变量。如果民众不信任政府,那么他们会倾向于认为在沟通中自身的利益也不会得到保障,也不会相信政府沟通的信息。

假设5b:公众利益对公众的政策建议情况起间接作用。政府信用是公众利益和政策建议间的中介变量。如果民众不信任政府,他们会倾向于认为,即便他们提出了建议,他们的利益也得不到保障。

假设6a:组织程度对公众的信息沟通情况起间接作用。政府信用是组织程度和公众信息沟通间的中介变量。如果法治水平高,且政府有意愿履行好自己的职能,组织程度的提高会促进公众更好地与政府沟通;反之,组织程度的加强,会让公众不倾向于通过沟通的方式争取自己的利益。

假设6b:组织程度对公众的政策建议情况起间接作用。政府信用是组织程度和政策建议的中介变量。如果法治水平高,且政府有意愿履行好自己的职能,组织程度的提高会促进公众更好地建言献策。

假设7:信息沟通对政策建议有正向影响。都属于公众参与特征,且政策建议是更高层次的公众沟通,所以良好的沟通应该会促进公众进行更好的政策建议。

总而言之,本研究所设计的量表具有较高的信效度,能够进行结构方程分析。用来表征各潜变量的观测指标如表7.8所示。

表7.8 各潜变量的观测指标

潜变量	观测指标
信息沟通 (F1)	公众意图充分被了解(S2_2),政府公开了相关决策信息(S2_3),决策过程保证了公众沟通(S2_4)
政策建议 (F2)	公众可对已有方案提建议(S2_6),公众可参加民意调查和听证会等活动(S2_7)
公众利益 (F7)	政策涉及的利益关系人范围宽(S3_4),政策对公民生活质量影响程度深(S3_6)
决策专业化 程度(F4)	政策议题的专业化和技术化程度高(S3_1),政策问题解决途径已经基本稳定化、程序化(S3_2),政府在政策形成中已经具备了比较充分的信息(S3_3)

续表

潜变量	观测指标
政府信用 （F3）	本地公务员在公众心中诚信水平高(S3_8)，政府对安全生产方面承诺的履行程度高(S3_9)，政府对环境保护方面承诺的履行程度高(S3_10)，政府对补偿合同的履约程度高(S3_11)，相关的政策法规比较完备(S3_12)，各项政策法规得到有效执行(S3_13)，司法机构具有较强的公正性(S3_14)
组织程度 （F5）	参与公众之间内部联系紧密(S3_15)，公众成立了专门团体进行参与(S3_16)，有人负责与政府协商谈判(S3_17)

数据来源：作者自制。

三、数据采集

根据预调查情况对问卷进行了优化和修改后，就开始着手进行数据采集了。本研究采用里克特 7 点量表对被试者进行调查，被试者根据自身的经历和体会，对有关表述进行 1—7 分的评价，所有量表的设计均遵循严格的开发和设计流程。数据来源于中央党校 2013—2017 年间针对党政主要领导干部决策行为的调查。在 2013—2015 年间，我们以邻避治理中的决策和公众参与为主题进行调研，调研对象涉及决策者、执行者、参与者及利害关系人，发放过程分别委托调研地的政府办公室，其他党委办和政府办以及有关研究机构。总共发放 270 份问卷，最终收回问卷 262 份，剔除掉不合格问卷 46 份，最终得到有效问卷 216 份，有效回收率 80%。本研究所有结论均基于此次问卷调查结果的统计分析。

此次问卷调研有一个显著特点，就是被调研对象比较特殊，他们都是具有一定行政职务的公职人员。因为他们具有相当丰富的邻避问题处置经验，全部都直接参与过邻避决策和邻避事件中与公众的沟通，甚至大部分还是主要决策人和公众沟通的主要负责人，所以他们对于邻避事件中公众参与政府决策的现状究竟如何，对政府决策到底有何深层次的影响，公众参与决策的影响因素是什么，有着更加深刻的理解和准确的判断，这也是为保证研究更为贴近主题、调研结果更为符合现实所采取的研究措施之一。

下面先简单地报告一下本次调研对象的总体特征(见表7.9)。在有效样本中,男性占比为88.4%,女性为11.6%,这大致反映了我国当前县级以上主要领导干部中的男女比例。教育程度方面,占比最大的是硕士研究生,达到63.4%,91%的领导干部都具有至少本科学历,甚至还有近9%的调研对象具有博士学位,这说明我国当前领导干部的素质普遍较高;在职务层次方面,80%以上为副局级以上干部,这也说明了本次调研对象的层次比较高,反映到问卷上应该具有和中国政治现实更为贴近的调研结果。年龄方面,最多的是41—50年龄段,占据71.3%;其次是51—60年龄段,这应该与被调研者的身份有关,因为他们都是正处级以上的主要领导干部,职业晋升需要时间;最后是工作单位的简单描述,他们最多的是在政府部门工作,其次是在党委及其工作部门工作,分别占到了30.1%和24.1%。

表7.9 样本的人口学特征

人口学基本特征	类别	频次	频率
性别	男	191	88.4%
	女	25	11.6%
教育水平	专科	2	9%
	大学本科	59	27.3%
	硕士研究生	137	63.4
	博士研究生	18	8.3%
年龄	31—40	11	5.1%
	41—50	154	71.3%
	51—60	51	23.6%
	副部级	2	1%
	正局级	69	31.9%
	副局级	103	47.7%
	正处级	42	19.4%

续表

人口学基本特征	类别	频次	频率
工作单位	党委及其工作部门	52	24.1%
	人大政协	19	8.8%
	政府机关	65	30.1%
	检察院及法院	42	19.4%
	事业单位	16	7.4%
	企业	20	9.3%
	社会团体	2	0.9%

数据来源:作者自制。

第五节　实证分析过程

本书将运用结构方程方法深入理解邻避治理中公众参与决策的影响因素。结构方程模型(Structural Equation Modeling, SEM)是"基于变量的协方差矩阵来分析变量之间关系的一种统计方法"[①]。在使用问卷收集数据,并对一些不可直接观测变量进行研究推断时,传统的诸如多元回归、因子分析、路径分析等研究方法存在天然的不足,即研究只能用一些可以直接观测的变量(测度变量)来间接替代或表征一些不可直接观测的变量(潜变量),进而分析出变量间的结构关系,在此过程中,难免会出现测量误差。然而,这些传统方法要求自变量和因变量均可测,且假设自变量不能出现测量误差,否则系数不可估计。这个矛盾在研究过程中很难得到真正解决。结构方程模型则可以克服上述困难,它不仅允许存在测量误差,还允许分析多个潜变量(因变量也不限于只有一个)之间的结构关系,甚至容许处理一个测度变量从属于多个潜变量或者高阶因子等更为复杂的测量模型。所以,现在在社会科学研究中,结

---

① 侯杰泰:《结构方程模型及其应用》,教育科学出版社 2014 年版,第 12 页。

构方程模型的使用越来越广泛。

结构方程模型是由测量模型和结构模型组成的。测量模型主要是来表示潜变量是由哪些观测变量组成和衡量,所以反映的是潜变量与测度变量之间的关系;与之对应的,结构模型则主要用来表明潜变量互相之间的关系。本研究在基于上文对量表的信度和效度分析的基础上,首先画出了本研究的初始结构方程路径图(图7.4)。按照结构方程模型的约定,图中的椭圆形代表的是模型中的潜变量,矩形代表的是模型中的观测变量,圆形代表的是残余变量。本初始结构方程模型中,共设置了15个外生观测变量,政府信用、决策专业化程度、公众利益以及组织程度这四个外生潜变量通过它们测得。本研究还设置了5个内生显变量,通过它们测度内生潜变量信息沟通和政策建议。同时,本研究还设置了20个观测变量的残余变量(e1—e19、e24),3个潜变量的残余变量(e20、e21、e22)。本研究设置了8条初始假设路径,分别用来测得4个外生潜变量公众利益、组织程度、决策的专业化、政府信用对两个内生潜变量信息沟通和政策建议的直接影响。本研究设置了4条路径,分别用来测

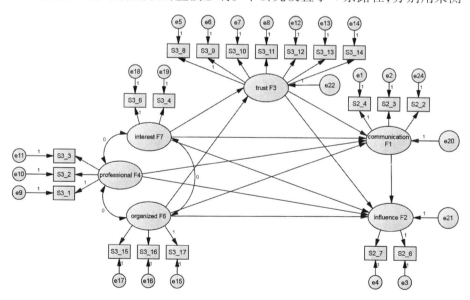

图7.4　初始结构方程路径图

得 2 个外生潜变量公众利益和组织程度通过政府信用的中介作用对 2 个内生潜变量信息沟通和政策建议的间接影响。

一、初始结构方程的拟合结果

根据上面已经建立的初始结构方程路径图,本研究将 216 分调查问卷的结果导入 AMOS 软件中,便得到初始结构方程未标准化的原始估计结果,如图 7.5 所示。

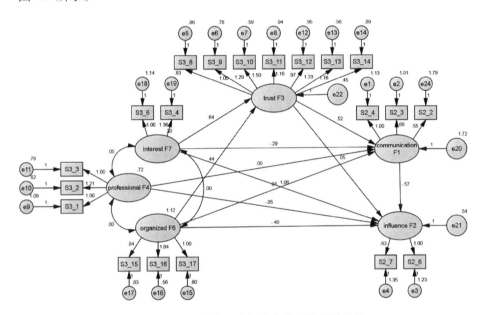

图 7.5　初始结构方程未标准化的原始估计结果

(一) 初始结构方程基本适配度检验

接下来就要进行模型的适配度检验。顾名思义,适配度检验的目的是评价结构方程模型图与获取的数据之间是否匹配,从而保证模型的有效性。学者们认为,在进行模型的适配度检验之前,首先还需要查验参数估计值的合理性,即基本适配度检验。这主要包含了几个方面的工作:"(1)负的误差方差不能出现在估计参数中;(2)所有误差方差必须达到显著水平;(3)潜在变量及其测量指标之间的因子负荷最好介于0.5—0.95之间;(4)不能有很大的标准误差。如果违反了上述原则,就需要对模型和数据进行复核。"[1]

通过检验,本研究构建的初始结构方程模型中的估计参数中没有负的误差方差,潜变量和测量指标之间的因子负荷介入0.5—0.95之间,误差方差全部达到显著水平,标准误差也符合要求。这些都表明本研究的初始结构方程模型没有违反参数估计值的相关原则,基本适配度较好。

表7.10 初始结构方程模型的基本适配情况

相关准则	查验结果	是否违反准则
负的误差方差不能出现在估计参数中	全为正数	否
潜在变量及其测量指标之间的因子负荷最好介于0.5—0.95之间	0.573—0.886	否
所有误差方差必须达到显著水平	是	否
不能有很大的标准误差	没有很大的标准误差	否

数据来源:作者自制。

(二) 初始结构方程的拟合分析

为评价模型的外在质量,需要对模型的整体适配度进行检验。评价模型整体适配度的指标有很多,本研究在借鉴了相关评价工作的基础上,选取了学界最为重视的几个评价指标。表7.11展现了本研究构建的初始结构方程模型的整体适配度检验情况。与适配标准进行比较后我们发现,除了RMSEA和卡方值满足模型尚可标准之外,其他统计量指标都没有达到临界值。虽说GFI、IFI等统计量指标的适配标准与本研究的实际数值差距不大,但是在一定程度上仍然说明了初始结构方程模型的外在质量不甚理想,需要进行改进。

---

① 刘顺忠:《管理科学研究方法》,武汉大学出版社2012年版,第186页。

表 7.11　初始结构方程模型的整体适配程度

适配度指标	适配标准	检验结果
χ2	>0	484.641
CMIN/DF	≤3	3.048
GFI	>0.9	0.822
RMSEA	<0.10 尚可 <0.08 良好 <0.05 非常好	0.098
NFI	>0.9	0.759
IFI	>0.9	0.824
TLI	>0.9	0.786

进一步审读模型参数我们发现,结构方程模型中的一些路径系数也存在 $P \leq 0.05$ 的统计水平上不显著。这里路径 F1 ←——F4、路径 F1 ←——F7、路径 F1 ←——F6、路径 F2 ←——F4 和路径 F2 ←——F3 都未能符合拟合要求。

表 7.12　初始结构方程的路径系数

			Estimate	S.E.	C.R.	P	Label
F3	←	F6	.436	.074	5.916	* * *	par_17
F3	←	F7	.642	.199	3.229	.001	par_18
F1	←	F4	.051	.192	.267	.790	par_11
F1	←	F7	-.286	.376	-.761	.446	par_13
F1	←	F6	.010	.153	.063	.950	par_16
F1	←	F3	.516	.214	2.409	.016	par_19
F2	←	F4	-.047	.165	-.285	.776	par_12
F2	←	F6	-.402	.147	-2.738	.006	par_14
F2	←	F7	1.060	.409	2.589	.010	par_15
F2	←	F3	.047	.216	.216	.829	par_20
F2	←	F1	-.573	.112	-5.136	* * *	par_25

二、结构方程模型的第一次修正

初始结构方程模型的整体适配程度的欠缺,反映出我们的理论框架和我们搜集的数据之间还存在不耦合的情况,需要对模型进行修正。从表 3.15 可以看出,在路径系数未达到显著水平的影响路径中,有两条是直接和决策的专业化程度相关的,分别是邻避决策的专业化程度直接影响内生潜变量——信息沟通和政策建议。原假设 3a、3b 假定,决策专业化程度与公众的信息沟通情况以及政策建议情况呈负相关关系,邻避决策的专业化程度越高,公众越倾向于认定邻避决策的科学性、合理性而不选择去沟通和保留自己的建议。而这两个假设在模型中未得到支持。事实上,决策的专业性会影响公众参与甚至抗争行为,一直是实践部门认为理所当然的事情,也正是在这种潜意识的指引下,决策在很多情形下呈现出一种封闭的状态。但现有的文献中,并没有出现过严格的实证研究证明两者之间的关系,所以正如本研究所展示的,两条路径系数中较高的显著性水平提示,决策的专业化和公众参与间可能并不存在相关关联。

而模型初步拟合结果还显示,当下中国的邻避治理中,公众参与可以分为两大模块,分别是信息沟通和政策建议。对于其中的信息沟通而言,公众利益和组织程度两大外在潜变量对其只有间接影响而没有直接影响,直接影响路径 F1 ←——F7 和路径 F1 ←——F6 都未达到显著性水平,而在这个间接影响中,政府信用在其中起了中介作用。同时,对于政策建议模块而言,公众利益和组织程度的影响则会更为直接,不再通过政府信用间接起作用。从公众参与自身的视角出发,政府信息公开和交流沟通意味着公众此时更多的是处于信息接收的被动方,这时候接受和沟通的效果将跟政府信用密切相关。相比之下,提建议和参与咨询更多的是基于自身利益和自身实力的主动式行为。因此,可以初步判断模型拟合的结果符合理论预设和逻辑认知。

根据理论分析和经验依据,结构方程模型可以将没有达到显著性水平的

和不合理的影响路径删除。① 所以本研究删除了路径 F1 ←——F4、路径
F1 ←——F7、路径 F1 ←——F6、路径 F2 ←——F4 和路径 F2 ←——F3 这 5 条没有达
到显著性水平的影响路径。因为决策的专业化变量就此和模型中的其他变量
没有任何相关,所以一并删除。之后,进行了结构模型的再一次拟合运算。运
算结果如图 7.6 所示。

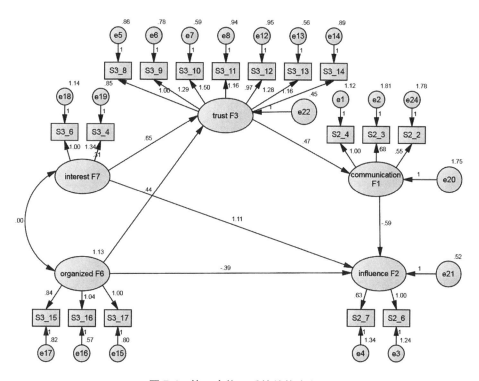

图 7.6　第一次修正后的结构方程图

表 7.13 列出了结构方程修正后整体适配度的情况。CMIN/DF 指标已经
低于参考值,其他适配度指标的表现也都得到大幅优化。这说明经过第一次
模型的修正后,模型的整体适配度向好。

①　吴明隆:《结构方程模型——AMOS 的操作与应用》,重庆大学出版社 2009 年版,第
158 页。

表 7.13　第一次模型修正后的整体适配度情况

适配度指标	适配标准	修正后检验结果	初次检验结果
$\chi 2$	>0	290.268	484.641
CMIN/DF	≤3	2.596	3.048
GFI	>0.9	0.863	0.822
RMSEA	<0.10 尚可 <0.08 良好 <0.05 非常好	0.85	0.098
NFI	>0.9	0.826	0.759
IFI	>0.9	0.886	0.824
TLI	>0.9	0.861	0.786

从表 7.14 也可以看出,经过第一次模型修正后,这次结构方程模型的所有影响路径的系数都在 P<0.001 水平上达到了显著性。这也表明模型和数据的拟合程度较好。

表 7.14　第一次修正后结构方程的路径系数

			Estimate	S.E.	C.R.	P	Label
F3	←	F6	.437	.073	5.947	＊＊＊	par_11
F3	←	F7	.649	.192	3.383	＊＊＊	par_12
F1	←	F3	.467	.135	3.469	＊＊＊	par_13
F2	←	F6	−.385	.113	−3.410	＊＊＊	par_9
F2	←	F7	1.108	.322	3.439	＊＊＊	par_10
F2	←	F1	−.594	.104	−5.705	＊＊＊	par_18

三、结构方程模型的第二次修正

虽然经过第一次修正之后,结构方程模型的整体适配度得到了大幅改善,CMIN/DF 指标和 RMSEA 指标都已在临界值之下,符合相关标准,但是其他指标仍未达到理想水平,这说明理论的结构模型和已有的观察数据之间并未完美契合。

产生这一问题的可能原因有两个,第一个是模型设定本身仍存在瑕疵,需要结合理论对模型进行进一步优化,另一方面的原因在于样本量所带来的扰动。因为一般情形下,结构方程模型分析会采用最大似然估计法(ML),但极大似然估计法有一个前提条件,就是变量要为多元正态分布,否则在大样本的情形下,用其得出的卡方值和标准误都会不怎么精确,也就是说模型适配度检验有偏误。[1] 于是在大样本情形下(一般超过200),学者们会采用其他方法对模型进行校正,以鉴别出究竟是模型设定还是样本量过大最终影响了适配度结果。本研究采用学界最为常用、效果最好的 Bollen-Stine Bootstrap(2000次)方法对模型适配度参数进行校正。校正结果如下:

The model fit better in 2000 bootstrap samples.

It fit about equally well in 0 bootstrap samples.

It fit worse or failed to fit in 0 bootstrap samples.

Testing the null hypothesis that the model is correct, Bollen-Stine Bootstrap p = . 000.

这说明采用 Bollen-Stine Bootstrap 方法比之原先的极大似然估计方法对模型的整体适配度估计要优越许多,更能反映结构方程模型和现有数据的匹配情况。

表 7.15　Bollen-Stine Bootstrap 校正后的整体适配度情况

适配度指标	适配标准	修正后检验结果	Bollen-Stine Bootstrap
χ2	>0	290. 268	146. 25
CMIN/DF	≤3	2. 596	1. 29
GFI	>0.9	0. 863	0. 91
RMSEA	<0. 10 尚可 <0. 08 良好 <0. 05 非常好	0. 085	0. 04

[1]　侯杰泰:《结构方程模型及其应用》,教育科学出版社 2014 年版,第 128—129 页。

续表

适配度指标	适配标准	修正后检验结果	Bollen-Stine Bootstrap
NFI	>0.9	0.826	0.91
IFI	>0.9	0.886	0.98
TLI	>0.9	0.861	0.97

从表 7.15 中可以看出,经过 Bollen-Stine Bootstrap 估计后,所有拟合指标都已符合适配标准,这说明,确实是样本量的问题影响了模型的整体适配度评价。而实际上,本研究建构的结构方程模型对现实数据反映较好。

至此,经过两次模型修正后,结构方程中的拟合指标都已符合适配标准,而且影响路径也符合理论假定和现实根据,因此,本研究将第二次修正后的模型确定为最终的结构方程模型。修正后结构方程模型中变量的参数估计值如表 7.16 所示。

表 7.16 最终结构方程模型中各变量的参数估计

变量	影响路径			Estimate	S.E.	C.R.	P	Label
信息沟通	S2_4	←	F1	1.000				
	S2_3	←	F1	.677	.117	5.804	* * *	par_1
	S2_2	←	F1	.547	.099	5.505	* * *	par_14
政策建议	S2_6	←	F2	1.000				
	S2_7	←	F2	.633	.112	5.656	* * *	par_2
政府信用	S3_8	←	F3	1.000				
	S3_9	←	F3	1.293	.120	10.792	* * *	par_3
	S3_10	←	F3	1.499	.129	11.604	* * *	par_4
	S3_11	←	F3	1.164	.116	10.024	* * *	par_5
	S3_12	←	F3	.968	.106	9.121	* * *	par_15
	S3_13	←	F3	1.282	.114	11.289	* * *	par_16
	S3_14	←	F3	1.161	.115	10.104	* * *	par_17

续表

变量	影响路径			Estimate	S.E.	C.R.	P	Label
组织程度	S3_17	←	F6	1.000				
	S3_16	←	F6	1.035	.094	11.034	＊＊＊	par_6
	S3_15	←	F6	.840	.093	9.058	＊＊＊	par_7
公众利益	S3_6	←	F7	1.000				
	S3_4	←	F7	1.342	.364	3.690	＊＊＊	par_8

第六节 假设检验及结果

最终模型中各路径的标准化回归系数如表 7.17 所示。结合前文提出的假设我们可以得知:政府信用对公众的信息沟通情况有正向促进作用(标准化路径系数为 0.299),组织程度与公众的政策建议情况呈负相关关系(标准化路径系数为-0.311),公众利益对公众的政策建议情况产生正向影响(标准化路径系数为 0.467),信息沟通对政策建议有负向影响(标准化路径系数为-0.627)。这些都是潜变量间的直接作用。而潜变量之间的间接作用,从结构方程模型来看,政府信用是完全中介,公众利益对公众的信息沟通情况起间接作用(标准化路径系数为 0.045),组织程度对公众的信息沟通情况起间接作用(标准化路径系数为 0.062)。

表 7.17 标准化回归系数

影响路径			直接效应	间接效应
F3	←	F6	.522	
F3	←	F7	.404	
F1	←	F3	.299	
F2	←	F6	-.311	
F2	←	F7	.467	

影响路径			直接效应	间接效应
F2	←	F1	-.626	
F1	←	F6		0.062
F1	←	F7		0.045

因此,从上述检验结果可以得出,邻避治理中公众参与的影响因素可以分为直接作用因素和间接作用因素两类。在直接作用方面,本研究最终确定的结构方程表明,假设 1b、假设 4a 得到验证;假设 2b,假设 7 通过了显著性检验,不过结论与假设相反。在间接作用方面,假设 5a,假设 6a 都得到了验证,这主要是政府信用在其中起中介作用。其他假设均为达到显著性水平。具体结果如表 7.18。

表 7.18　研究假设验证情况表

假设	内容	验证
假设 1a	公众利益对公众的信息沟通情况产生正向影响	未证实
假设 1b	公众利益对公众的政策建议情况产生正向影响	证实
假设 2a	组织程度与公众的信息沟通情况呈正相关关系	未证实
假设 2b	组织程度与公众的政策建议情况呈正相关关系	与假设相反
假设 3a	邻避决策的专业化与公众的信息沟通情况呈负相关关系	未证实
假设 3b	邻避决策的专业化与公众的政策建议情况呈负相关关系	未证实
假设 4a	政府信用对公众信息沟通情况有正向促进作用	证实
假设 4b	政府信用对公众政策建议情况有正向促进作用	未证实
假设 5a	公众利益对公众的信息沟通情况起间接作用	证实
假设 5b	公众利益对公众的政策建议情况起间接作用	未证实
假设 6a	组织程度对公众的信息沟通情况起间接作用	证实
假设 6b	组织程度对公众的政策建议情况起间接作用	未证实
假设 7	信息沟通对政策建议有正向影响	与假设相反

第七节　结论与讨论

公众参与是邻避决策和邻避治理中不可忽视的主题。如何通过公众的积极参与有效规避邻避冲突的风险已经成为学界和实践部门的共识。本研究基于中央党校 2013—2017 年采集的党政主要领导干部决策行为调查数据,利用结构方程模型,对影响邻避治理中公共参与的因素进行定量分析,得出了一些初步的结论。

一、政府信用的中介效应

政府信用的重要作用已经被广泛讨论。本研究证实,政府信用的提升将有助于邻避治理中的公众参与。其中,政府信用作为中介变量施加影响,可以使得公众利益变量对公众信息沟通情况变量的间接影响效果为 0.045,可以使得组织程度变量对公众信息沟通情况变量的间接影响效果为 0.062。虽然影响效果并不明显,但是作用不可忽视,因为政府信用在其中是完全中介,换言之,公众利益诉求的提升并不必然导致公众参与意愿的增强,其作用的发挥完全是通过政府信用进行的。由于对政府信用的增强,公众也显著提升了自己对政府信息沟通的认同感和参与意识。同理,公众间组织程度与信息沟通间的正相关关系也是通过政府信用来实现的。

这一发现进一步深化了现有研究。有部分文献已经强调了政府信任的重要性,然而多是从与风险认知的互动角度来讨论政府信用的[1],还有的学者讨论了政府信任、谣言和政府应对失当之间的交互作用。[2] 而本研究实证证明

---

① 李小敏、胡象明:《邻避现象原因新析:风险认知与公众信任的视角》,《中国行政管理》2015 年第 3 期。

② 马奔、李继朋:《我国邻避效应的解读:基于定性比较分析法的研究》,《上海行政学院学报》2015 年第 9 期。

了政府信任在公众参与中的完全中介作用,具有一定的创新性。

这里值得指出的是,本书研究还发现,对于邻避事件中的公众而言,制度环境和政府信任两个指标的区分度不大。因子分析结果显示,公因子在两个变量上都具有较大载荷。这意味着实践中政府如若想稳定公众的预期,除了在环保、监管、补偿等方面兑现自己的承诺外,还需要在法治环境改善上下功夫,当然,实际中这两者往往是相辅相成的。

二、邻避决策专业化的迷思

一直以来,邻避设施由于其建造和运营的专业化,项目决策过程最初都是封闭的。政府、企业和相关领域专家甚至把持着从项目立项到运营监管的全过程。而课题组主持的另一项调查也显示:当全国范围内的党政领导干部被问及"应在哪些重大决策中引入公众参与"时,只有 7.3% 的人认同了"专业性、技术性较强的重大工程和项目决策"这个选项,比例大大低于其他选择。① 这也就解释了为什么对于邻避设施这样的工程项目而言,各级政府不太乐意开放公共参与决策途径的原因。因为公众被假定了不具备相关专业知识,由此可能会导致参与能力欠缺,或者由于参与影响到决策质量。但是实践部门的这一认知一直以来并没有得到理论和实证研究的强力支撑。而本研究最后的模型显示,不管是信息沟通还是政策建议维度,邻避项目决策的专业化对他们的影响都不显著。换言之,邻避决策的专业化并不会对公众参与的效果产生影响。进一步讲,公众是否真的不懂技术也是一个未尽的话题,毕竟有研究通过比较案例分析的方法研究中国的垃圾焚烧发电厂后发现,70%的周边居民是了解垃圾焚烧发电技术,并且支持这一技术的。② 这与我们的理解有较

---

① 黄振威:《邻避项目决策是如何做出来的——基于领导干部调查问卷的分析》,《探索》2018 年第 1 期。

② Youliang Huang, Yan Ning, Tao Zhang, et al., "Public acceptance of waste incineration power plants in China:Comparative case studies." *Habitat International*, Vol.47(June 2015), pp.11-19.

大差距,需要进一步的研究。

三、公众参与内部的复杂结构

本研究首先证实了邻避治理中的公众参与和邻避冲突行动之间的相互"替代"关系。虽然邻避冲突行为有时也被学者们描述为公众的抵制性参与,且两者从一开始也确实是相伴而生的,但上文中已经从概念和理论逻辑上叙述了邻避冲突与公众参与间是明确区分的。本研究的结构方程模型则从实证角度对这一区分提供了进一步的支持。结构方程模型显示,政府信用与信息沟通、政策建议皆成正向相关关系,路径系数分别为 0.516 和 0.047(未达到显著性水平,但显示正向影响)。也就是说,政府信用的提升会显著增加公众参与,而这与政府信用对邻避冲突的影响是截然相反的。其他研究表明,政府信用水平的提高,会增强公众对邻避设施的接受度,从而降低邻避冲突的可能性。[1] 政府信用与邻避冲突之间会呈现负相关关系。因此,在一定程度上邻避治理中的公众参与和邻避冲突行动之间是相互"替代"关系,积极促进公众参与将有效降低邻避冲突的可能性。

同时,本研究还展示了公众参与内部的复杂结构。信息沟通和政策建议两个变量都表征了公众参与,但两者对外界影响因素的反映不尽相同。从结构方程模型就可以看出,对于政策建议模块而言,公众利益和组织程度的影响会很直接,不需要通过政府信用间接起作用。从公众参与自身的视角出发,政府信息公开和交流沟通意味着公众此时更多的是处于信息接收的被动方,这时候接受和沟通的效果将跟政府信用密切相关。相比之下,提建议和参与咨询更多的是基于自身利益和自身实力的主动行为。因此,对于不同类型的公众参与,其影响因素、表现形式和作用靶点皆大不相同,自然政府在有效引导的时候不能一概而论,要仔细甄别区分。

---

[1]　朱正威、王琼、吴佳:《邻避冲突的产生与演变逻辑探析——基于对 A 煤矿设施当地民众的实证调查》,《南京社会科学》2017 年第 3 期。

第四编

治理模块

决策是多环节过程,从政府决策视角研究邻避治理,即用完整链带使决策结果不断逼近公共利益最大化目标。故政府在化解邻避冲突过程中,应完善公众参与机制,纠正封闭决策模式;应健全专家论证机制,提升决策科学化水平;决策方案必须进行风险评估;应在决策实施或决策纠偏过程中注重决策责任追究。

第八章　邻避治理的对策和建议

当下,我国正处于发展的关键时期,受制于国际政治经济环境变化所带来的压力,我们的社会主义事业建设遭遇了一定的挑战。在这种情形下,如何进一步以改革促发展,如何进一步有效释放改革红利,成为影响各领域持续稳健发展的关键,邻避治理也是如此。当然,提升邻避治理绩效,减少邻避冲突是一项长期任务和系统工程,需要多方面制度的配合和协调,也是综合施策的结果。根据前述各章节从定性和定量两方面对我国目前邻避治理的现状、问题、原因的梳理和分析,本研究认为,从决策视角改革改革邻避治理现状,必须以邻避项目决策的科学化、民主化和法治化为原则,构造一个完整的制度群,而这个制度群至少包括了相互联系的专家论证制度、风险评估制度、公众参与制度、利益相关者分析和引导制度、决策内部流程明晰和规范5大部分。

邻避项目决策科学化原则。决策的科学化从概念上理解"是指决策者及其他参与者充分利用现代科学技术知识及方法,采用科学合理的决策程序来进行决策"[①]。提倡科学决策的目的主要是为了提高决策质量,从而尽量让决策符合客观规律,也便于采用最新的科学技术来应对层出不穷的治理难题。实践中,决策科学化多强调事实判断,即重视决策须符合一些客观评价指标,

---

① 刘战、潘云良:《当代中国系统管理:三个体系建设的实践与探索》,中共中央党校出版社 2006 年版,第 53 页。

诸如经济收益最大化、技术可行性、资源和时间约束情况等。联系上文对邻避项目决策中的有关内容,课题组发现有两块领域尤其值得注意:一个是邻避项目决策的风险评估,通过风险评估了解决策风险,拟定风险防控措施,进而对政策进行调整和完善。另一个是邻避项目决策中的专家论证,信息不对称问题是邻避项目决策者必须要面临的难题,如何将科学家手中的科学知识转变为政策的基础,专家论证在其中起了关键性的桥梁作用。

邻避项目决策民主化原则。决策的民主化是指在整个决策过程中,公众个体、企业、社会团体等都能获得充足的机会和途径知晓、表达、影响和监督公共政策的制定、执行、反馈过程。公众的利益和诉求也就在这个过程中被充分保护了。和科学化不同,民主化主要解决决策的可接受度问题。任何一项决策从制定到最终成功实施,除去决策质量外,决策的可接受度是另一个关键指标。只有决策被公众所接受,制定出来的政策才有真正落实的可能,才不是一纸空文。因此,决策的民主化和决策的科学化一样重要,它们从来都是成功决策的一体两面。这一点很早就被我们党和国家的最高领导人认识到了。1986年,时任国务院副总理万里就在全国首届软科学研究工作座谈会上指出,新中国成立以来的一些重大决策失误源于决策的科学化和民主化两者都没有受到应有的重视,同时他还强调,决策的民主化和科学化都是政治体制改革一个极为重要的方面。① 由此可以看出,决策的民主化应该和决策的科学化摆在同样重要的位置。对于邻避项目决策而言,这一点显得更为重要。因为已经有很多的案例研究表明,比之决策的科学化,邻避事件的发生更多地与决策民主化的不足有关联。因此,提升邻避治理绩效,减少邻避冲突必须重视邻避项目决策民主化的建设。而通过研究,本研究认为主要是应在公众参与机制和利益相关者分析和引导机制上下功夫。

邻避项目决策法治化原则。决策的法治化是指决策"遵循法制统一原则

---

① 万里:《决策民主化和科学化是政治体制改革的一个重要课题(首届全国软科学研究工作座谈会上的讲话)》,《人民日报》1986 年 8 月 15 日。

基础上依据体现多数人意志、彰显公共利益的规范决策的善治过程"①。我国对决策法治化的强调始于 2010 年国务院颁布实施的《关于加强法治政府建设意见》,在意见中国务院明确提出了行政决策法治化的目标。随后,党的十八大报告中强调,要"坚持科学决策、民主决策、依法决策,健全决策机制和程序"。这是在原有坚持决策科学化、民主化的前提下,党的重要文件中首次提出依法决策的问题。在实践中,决策的合法化包含了决策原则合法、决策权限合法、决策程序合法、决策内容合法等要求。结合本课题对邻避项目决策现状及问题的研究,我们认为首先应该明晰邻避项目决策的规范和流程机制。

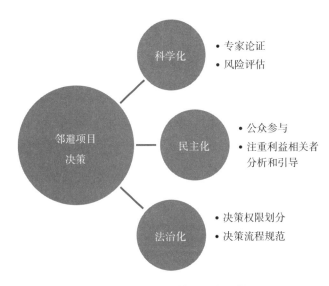

图 8.1　邻避项目决策的完善和优化

第一节　邻避项目决策的科学化

为了提高邻避项目决策的政策质量,让其符合事务发展的客观规律,同时

---

① 肖北庚:《行政决策法治化的范围与立法技术》,《河北法学》2013 年第 6 期。

也是采用最新科技手段来应对层出不穷邻避治理难题,必须强调邻避项目决策的科学化。实践中,邻避项目决策的科学化需从两个方面入手:一方面是完善邻避项目决策中的专家论证制度,通过各种体制机制将专家手中对规律认知和技术把控的天然优势转变成政策的基础;另一方面完善的是邻避项目决策中的风险评估,通过风险评估了解决策风险,拟定风险防控措施,进而对政策进行调整和完善。

一、完善邻避项目决策中的专家论证制度

当前我国正处于发展的关键期、改革的攻坚期,同时也处于各种社会矛盾的凸显期,各类新情况、新问题层出不穷,新形势、新变化需要快速反应。在这种情况下,仅仅依靠少数关键领导人的智慧和经验是远远不够的,还必须依靠外脑,汇集众智、增强合力。充分利用各层次、各部门、各领域专家的智慧,来保证决策的正确和可行、降低决策风险。国务院《重大行政决策程序暂行条例》对专家论证的作用予以了强调:专业性、技术性较强的决策事项,需要进行专家论证的,决策承办单位应当组织专家、专业机构论证必要性、可行性、科学性等。

那邻避项目决策中的专家论证的效果究竟如何呢?制度文本和制度实践的差距究竟多大?本研究设计了一套量表(见表8.1),这套量表跟随2013年中央党校2013—2015年领导干部邻避治理问卷调查一同发放,最终回收的有效问卷达379份,有效回收率86.1%。本研究所有结论均基于对此次问卷调查结果的统计分析。量表用里克特七点量表来表示。主体调查部分主要以表格的形式出现,被调查者根据自身工作经历和实际体会,对有关表述进行1—7级程度判断,分别用1、2、3、4、5、6、7来表示,4表示受访者的态度中立,既不认同,也不反对,或者表示说不清。

(一) 邻避项目决策中专家论证的现状与困境

调查结果显示,受访者在判断"专家事实上在重大决策活动中发挥着重

要的作用"选项时,答案均值是3.82,而且标准差为0.9,这说明大部分领导干部的观点很集中,没有很分散的情况,都认为专家论证在邻避项目决策中的处境尴尬,没能发挥应有的作用。

表8.1　邻避项目决策中专家论证和风险评估量表统计

请您根据当地(单位)情况对邻避项目决策中专家论证陈述进行判断		
问　题	答案均值	答案标准差
1. 专家独立性差,导致咨询形式化、走过场	4.79	1.46
2. 专家自身知识或实践经验缺陷,无法辅助决策	4.39	1.48
3. 决策部门通常按照决策需要"挑选"专家	5	1.40
4. 重大决策中专家意见受到利益集团和自身利益影响	4.82	1.29
5. 决策者通常会听取专家提出的独立咨询意见	4.61	1.24
6. 专家事实上在重大决策活动中发挥着重要的作用	3.82	0.9

数据来源:作者自制。

那是不是意味着领导干部不重视专家,不让专家"发声"。调研答案否定了这一结果。被问及"决策者通常会听取专家提出的独立咨询意见"这一问题时,受访者给出的答案均值为4.61,这意味着领导干部对此题的说法偏向于认同。随着我们在大力推进民主决策、科学决策方面取得越来越多的进步,尤其是相关的制度的逐步完善以及我们决策观念的日渐改变,我们越来越重视专业技术力量在决策中发挥重要作用,专家态度、专家意见、专家判断也越来越被领导干部所重视。甚至有些地方领导表态,非常乐于倾听专家的意见,党委常委会除干部议题外都会请专家参加、建立列席旁听制度(2015年11月,县级重大公共决策科学化和民主化座谈会会议记录)。

当然,这种进步既可能是实实在在的,也有可能是形式性的。在回答"决策部门通常按照决策需要'挑选'专家"这一问题时,大部分的受访者表态支持这一说法,答案均值为5,是这套量表中的最高分,除去极端值影响的情况,这也表明这一说法大家的认同度最高。而在我们与一些县委书记的座谈中,也有书记提到,"邻避项目决策中关键是看领导思路、人大政协建议、专家意见和集体决策这四个方面。……专家论证的作用在于用专家的嘴帮忙说话,群众不可能说的,能说的都在外面打工"(2015 年 11 月,县级重大公共决策科学化和民主化座谈会会议记录)。这都意味着在邻避项目决策中,专家论证工作形式主义还不同程度地存在,这也是必须引起足够重视的问题之一。

那究竟是什么原因导致了专家论证形式主义的出现,更进一步地,是什么因素影响了专家论证作用的发挥。根据量表调研结果,受访者对于"专家独立性差,导致咨询形式化、走过场""专家自身知识或实践经验缺陷,无法辅助决策""重大决策中专家意见受到利益集团和自身利益影响"三个提法都报以支持的态度,答案均值分别为 4.79、4.39 和 4.82。这说明了三个问题:其一,在邻避项目决策过程中,一些领导干部虽然不存在刻意排斥专家的情况,但是他们对于专家并不是充分信任的,对专家论证本身的效果也是持谨慎态度的。这里面既有传统决策运作惯性使然,也有当前专家论证的局限性所致。其二,专家论证的独立性不够。专家论证的根基在于其独立性,之所以强调独立性,是因为要保证专家论证结果的中立,让专家只对专业判断、专业认知负责。然而现实中,专家很容易被俘获,一方面很容易被各级党委和政府所俘获,成为政策的传声筒、辩护人,提供复合政策需要的定制性的专业意见;另一方面也有可能被企业、被利益集团所俘获,成为他们的代言人,代表利益集团通过和管制者博弈为被管制者谋取利益。在这两种情况下,专家名为用专业知识,实则都是依据其利益选择或者预设立场来做出判断。这种情况下,尽管是经过专家论证的决策也不一定是合理的、正确的。其三,专家自身的专业知识或者实践经验欠缺,专业性存疑。专家论证是重大行政决策的五大必备环节,也是决策科学化的关键环节。然而,无数案例表明,经过专家论证的决策不一定在科学性上就会有所保证,很多专家论证的错误决策最终给我们带来了巨大损失。究其原因,专家也有局限性,他们的知识、经验、专业技能不是面面俱到的。更何况如今处于知识爆炸时代,如果稍不留意,专家的专业知识很容易就被更迭了。同时,专家的专业判断需要强有力的信息支撑,但是很多情形下专家能凭借作出判断的信息有限,他们的专业性也不足以使得他们跨越信息鸿沟而更接近真理。

根据以上调查结果可以发现,邻避项目决策的专家论证还存在以下主要问题:一是形式主义还不同程度地存在;二是专家的独立性还没有保障;三是专家自身的专业性还存在一定问题。这些问题在我们加强和完善邻避项目决策的专家论证机制建设时,必须引起高度重视,切实加以解决。

(二) 完善邻避项目决策中专家论证的建议

根据上文所述的问卷调查,我们必须对重大决策中的专家论证制度进行完善。我们通常将政府各部门在特定政策领域寻求专家和学者的科学论证、理论检验、实证支持的过程称为决策专家论证。鉴于理性化一直以来都是现代公共管理所追求并付诸实践的重要目标之一,专家对于现代政府决策过程的作用十分明确,不过以往由于种种原因,政府系统内部仍然是完成决策的首选场所的。这种情形现在正在逐步快速改变,随着经济社会的快速发展,以及科学技术的飞速迭代,决策面对的往往是一个个非线性的复杂系统,在这种情况下,对科学的理解和规律的把握的要求提高到了一个新的层次。因此,在确保公共价值内核不变的前提下,专家被认为具有规律认知和技术把控的天然优势,能够更好地从科学性的角度实现公共价值技术化的优化。[①] 于是在这一背景下,决策过程中大量引入了专家论证。

党和政府历年来高度重视决策的科学化、民主化建设。具体到专家论证方面,20 世纪 90 年代以降,横向主体多元,纵向覆盖多层级的重大决策专家论证系统在中国逐步建立起来了。如果我们以专家身份或者所在单位为参照系,可将该系统分为三大部分:其一为专门政策研究机构的专家和研究力量,他们多数是隶属于党委和政府的综合性研究力量,比如中央党校、中国科学

---

① 王锡锌:《我国公共决策专家咨询制度的悖论及其克服——以美国〈联邦咨询委员会法〉为借鉴》,《法商研究》2007 年第 2 期。

院、新华社等,这些研究力量研究方向对口,研究力量强,从中央到地方体系完整,是我国目前决策专家论证的主要力量。其二为大量半官办性质的决策咨询机构的专家和研究力量,他们大多依靠大学和科研机构,比如北京大学国家发展研究院、中国现代关系研究院等,从性质上讲,这些研究机构多属于事业单位,研究力量也很雄厚,近些年来,这些研究力量广受各级党委和政府的喜爱和欢迎。其三为民办决策咨询机构,他们或是依托于大型国企,比如中国石油经济技术研究院,或者是纯社会研究力量,比如中国国际经济交流中心。这些研究力量机制灵活,在个别研究领域深耕多年,有一定的影响力。① 这一套决策专家论证系统现在为我国各级政府决策提供了决策信息、咨询方案、政策评估等各种智力支持,为我国重大决策的科学化奠定了良好的基础和保障。然而,实践中,这一套系统的运行也遭遇了各种挑战,这一点上文中的问卷调研已经明确表明,所以专家论证制度要真正发挥作用,尤其是在邻避项目决策领域,本研究认为,必须遵循"B—C—L"模型:

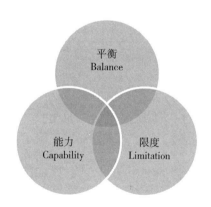

图 8.2　专家论证的"B—C—L"模型

第一个 B 即"Balance",指的是参与政策论证的专家群体内部有一种互相平衡的力量。这是专家论证系统保持健康运行最为关键的法则之一。专家论

---

① 杨馥源、陈剩勇:《地方公共决策专家咨询体系的现状及建议》,《中国石油大学学报》2008 年第 10 期。

证的目的是尽可能地接近事物本质和还原事务间的因果关系,从而为重大决策提供科学依据,而不同观点之间的竞争和辩论是科学性实现的必然路径。一方面,专家们都有领域局限和知识盲区,在学者们寻求共识的过程中,不同观点之间的交锋和碰撞,可以促使专家不断扩充其自身的知识存量,从而修正自己的观点,最终达致政策建议的科学合理;另一方面,我们假设专家论证制度能不断优化我们的决策其实有一个基本前提,那就是参与论证的专家都是价值中立和利益不冲突的,唯有这样,才能赋予我们决策的科学性,强化决策的合法性。然而,在公共管理实践中,专家的中立性假设并不存在,他或多或少受到一些外部因素的影响,或利益抑或价值偏好。① 这种情况之下,党委和政府如果只偏信某些专家的意见,很可能落入政策极化的陷阱。而现实中我们却发现了一些故意这样的操作,有些地方政府主动选择对其政策出台有利的论证,他们通过遴选、控制专家论证群体内部的人选构成以达到相关目的。所以也有案例表明,在项目正式启动之前或者遭遇公众抵制之后,有些邻避设施建造也邀请了有关专家进行论证或者进行宣传解释,但是往往容易出现会场专家一致同意政策方案的情况。这种"什么单位请什么人"的做法在整个邻避项目决策过程中屡见不鲜:

"针对民众的反对情绪和各种疑虑,前期也组织了论证,后来也组织了专家进行进场宣传。但专家多数都不是垃圾焚烧相关领域的专业人士,不能有效回答现场民众提出的问题,面对群众的质疑答非所问、一问三不知,最终只能草草了事。"②

在这种情况之下,只有在参与论证的专家团体内部建立一种结构性的平衡关系,专家才有可能保持中立性。所以,事前公示、听证会、独立专家、论证

---

① 王锡锌:《我国公共决策专家咨询制度的悖论及其克服——以美国〈联邦咨询委员会法〉为借鉴》,《法商研究》2007 年第 2 期。

② 中央党校政法部:《提高科学民主决策能力——以××市垃圾焚烧项目为例》,调研组访谈记录,2016 年 5 月。

专家署名和决策官员问责制等专门设计制度的引入显得十分必要,不过针对专家团体平衡性这一点,本课题组认为,最为关键的措施是党委和政府应该建立随机筛选专家库,应该放弃带着明确目的去挑选专家的做法。否则,即便最后程序上做到了无瑕疵,结果也还是会有偏而屈从权威意志。

第二个 C 即"Capability",指专家提供的论证研究真正影响决策的能力。参与论证专家群体间的平衡结构保证了专家的中立,也在提升专家自身专业素养的同时强化了整个决策的科学化水平。然而,只做到这一点显然还不够,让专业化的意见能被决策者真正听进去并被采纳同样十分关键。虽然专家论证的重要性日益凸显,地方政府也普遍意识到了其积极作用,然而毕竟理论与实践之间存在着一定的区别,再一个就是实践操作中的种种顾虑,使得专家论证意见实际的转化率很低,甚至把专家论证仅仅当作一种"时尚"或"装饰"的做法也屡见不鲜。"有些地方政府只是在决策前匆匆忙忙召开一个咨询会,'临时抱佛脚'或'临阵磨枪',与会专家事前对所要咨询的问题缺乏深入细致的研究"。① 这种情况就是典型的"隐蔽决策",专家论证只是名不副实地"走过场",真正的决策方案已经在台面下的决策者团体内部沟通解决了。我们发现,很多失败的邻避项目决策案例就具有这个特征。从形式、流程和程序上来看,专家论证符合大家的期待和认知,但其实质的变化巨大,专家论证的形式意义远大于其实质意义。因此,真正提升专家论证影响决策的能力还是只能通过进一步地完善相关制度来进行,必须促成决策者对专家论证回应机制的规范化和标准化,最终的决策应当公开专家意见的处置情况并附带说明理由。

L 即"Limitation",指的是决策操作中不能滥用专家理性,应该将其限定在一定范围之内。这一点对于邻避项目决策非常关键,决策者们要认识到,公共政策是价值理性和工具理性相结合的产物。毋庸置疑,专家在科学知识的掌

①　杨馥源、陈剩勇:《地方公共决策专家咨询体系的现状及建议》,《中国石油大学学报》2008 年第 10 期。

握和技术的运用上具有比之普通人高出一筹的能力,不过在价值问题的探讨上,他们并不具有天然优势。而价值选择是政策的目的和灵魂,更为重要。换而言之,好的邻避项目决策既要注重科学理性,也要注重政策价值,从而考虑方案的接受度。因此,专家论证和公众参与在邻避项目决策中应该各司其职,尽量保持一种寻求平衡关系,方案的可行性问题交由专家来判断和评价,但其他方面则不能替代公众参与。在这里值得特别提醒的是,一些邻避项目决策的专家论证和公众参与是混用的。比如有些决策者认为,专家也是公众的一员,他们的意见也能代表公众的意见,但是自始至终事件中核心的利益相关公众却一直没有机会进入决策过程。而这很有可能为以后发生邻避事件埋下隐患。

二、完善邻避项目决策中的风险评估

由于其本身是风险设施,所以涉及邻避项目的决策必须了解决策风险,制定风险防控举措,进而调整和完善相关政策,这些已然发展为邻避项目政策制定者们的共识。党的十八届四中全会明确要求:"健全依法决策机制,把公众参与、专家论证、风险评估、合法性审查、集体讨论决定确定为重大行政决策法定程序……"现如今,越来越多的地方性法规和规范性文件也在重大行政决策程序中设计了风险评估的环节。比如本研究所讨论的几个PX项目建造的案例,其实在真正动工之前,都有进行环境评估和决策风险评估,但是为何最终还是遇到了抵抗,政府的决策也由此面临风险,这里的一个重要原因是我国的重大行政决策风险评估刚刚起步,还有许多工作很不成熟,需要完善。不过,重大决策的风险评估在西方发达国家已经发展了很多年,在理论和实践方面都有理念和操作手册,尤其是涉及环评,政策评估方面已经形成了一整套完善的评估体制机制,他们的经历对于我们完善邻避项目决策无疑具有重大的借鉴意义。

（一）重大行政决策风险评估的国际经验

1.评估依据重视法制化

法治化是这些国家进行决策风险评估的一个主要特点。不管是官方机构所进行的风险评估，还是由独立第三方所进行的风险评估，都有相应的法律法规对其行为进行规范。对官方自身体系内的风险评估行为进行规范，这里比较典型的就是 1972 年实施的美国《联邦咨询委员会法》，它使得政府内部风险评估部门的各种做法标准化、规范化。对于独立第三方的决策风险评估行为，一般这些国家也会从资金流动、税收、组织制度等方面进行一系列的审核和规范，而且经过长时间的修正，这些制度规范日益健全，因此风险评估的整套体系也日臻完善。① 正是因为这些国家相关的法律法规制定和完备时间比较早，这为它们后来的决策风险评估工作，包括邻避项目风险评估工作奠定了扎实的制度基础，使得其可以依照科学化的方向常态化、稳态化地开展。

2.评估主体侧重多元化

从理论逻辑推演，重大行政决策风险评估应包含内部评价、专家评估、第三方评估、公众评议等多种评估方式，这些形式共同组成重大行政决策风险评估的完整体系，它们之间互相支撑、互相补充、互相验证。从实践上看，也确实如此。很多国家都建立了一整套运转有效的决策风险评估体系。从很多政府系统内部专门设立进行风险评估的审议会我们就可以看出，其组成人员一部分是政府系统内部长期从事某项政策研究、业务精湛、问题把握准确、实践经验丰富的专家智囊或政府官员，另一部分组成人员结构则相当复杂，既包括了企业界、学界、传播界和 NGO 组织的相关人员，也包括了一些已经离职退休的政府官员和知名人士；同时，我们还应注意到，这些国家存在大量半官方或非官方的"思想库"。这些思想库由各类相关领域的专家组成。它们的主要工

---

① 张筛：《我国重大行政决策风险评估制度研究》，硕士学位论文，内蒙古大学宪法与行政法专业，2014 年。

作就是专门从事相关领域的政策研究,并对已有政策进行客观公正的风险测评,这些思想库一般而言同政府部门是合作关系,但没有隶属关系,它们多是通过多年的市场竞争发展起来的,所以它们所进行的决策风险评估也较有可信度,比如兰德公司、斯坦福研究所、对外关系委员会等,它们长期为美国的公共政策和外交政策提供服务,它们也是美国各级政府决策风险评估的重要支持力量。当然相关的法律法规也保证了这些国家评估主体多元化的落实,比如英国的《规制部门合约准则》对风险评估制度就有明确规定,"规制部门在风险评估的过程中应当咨询并吸纳受规制方和其他利益相关方的参与"。[①]这样一来,非官方的风险评估在制度上成为官方风险评估的有益补充。

3. 评估内容体现复合化

重大行政决策风险评估与我们所熟知的经济、技术等方面的评估是紧密相连的。但是其理论内涵和实践内容都随着治理实践的不断发展而演变得比以往更为丰富。实事求是地讲,国际上对于邻避项目决策的风险评估最初也是参照了重大建设项目的做法,主要是从经济和技术两个层面入手。但随着环境保护理念的逐步深入人心,公平正义和公众参与观念的逐步加强,现在的国际上主流的邻避项目决策风险评估已经涵盖了环境影响评价和社会稳定风险评估等诸多内容。这里特别指出的是,社会稳定风险评估现阶段在整个邻避项目决策风险评估中所占的比重越来越大,决策者们越来越关心公众收入水平,就业情况,不同利益相关主体(包括个人和当地组织)的意见和态度,安置、拆迁、补偿对弱势人群的照顾等问题邻避项目所带来的冲击。

评价内容的全面化也是评估内容复合性的重要体现。例如,澳大利亚政府对重大行政决策风险评估内容就包括:1)目前现状可能引发的风险;2)风险的影响范围,是地区性的,还是全国性的,抑或是国际风险;3)该风险是一

---

① 张旖:《我国重大行政决策风险评估制度研究》,硕士学位论文,内蒙古大学宪法与行政法专业,2014 年。

次性的还是存在复发的可能;4)风险目前的紧要程度如何。① 英国的规定除了以上这些内容以外,还考虑到了风险控制措施使用后可能的结果,即如果风险控制措施得不到遵守的可能性以及所带来的潜在影响。②

4.评估程序强调标准化

西方发达国家对于重大行政决策风险评估都有一套严格的规定,从通知相关部门开始,到向公众披露相关内容,再到邀请公众进行审查,最后充分讨论协商后编制风险报告书,这一系列流程都符合标准化规定。我们可以看看美国的情况。1969 年《国家环境政策法》出台,从此,法律上补上了环境政策风险评价制度的规定。后来出台的《关于实施国家环境政策法程序的条例》又立足于程序的详细规定,从执行层面对《国家环境政策法》做了完善。从这两个法律法规中我们可以看出,一般决策风险评价程序顺次包含了前置程序和正式程序。前置程序只需要发表"无重大影响认定"的文件并交由相关方面和公众审查,目的是做一遍筛选,将不必要制作进行风险评估和环评报告的排除出去。正式程序则分为准备工作、草案拟定、评审、补充完善、定稿五个步骤。总体来说,前置程序和正式程序,每一个步骤诸如公示、收集意见、反馈说明等程序都有详细的规定。③ 这种标准化的结果无疑也带来了程序上的精细化和精简化,如前置程序将不必要制作环境影响报告书的行为排除出去的做法就提高了行政效率,并且减少了因自由裁量而出现的弊端。

5.评估技术强调先进化④

信息技术、PPP 模式、扁平化管理、矩阵形组织架构,全世界公共部门风险评价的技术手段和应对模式正在深刻变革。风险库、风险监测平台、风险分

---

① 吴浩:《国外行政立法的公众参与制度》,中国法制出版社 2008 年版,第 425 页。
② 张旖:《我国重大行政决策风险评估制度研究》,硕士学位论文,内蒙古大学宪法与行政法专业,2014 年。
③ 姚俊颖:《重视过程制度才有生命力》,《中国环境报》2014 年 9 月 25 日。
④ 张小乖:《地方重大公共决策过程中风险评估机制建设研究》,中央党校政法教研部课题组:《推进公共决策科学化和民主化机制建设研究报告》,内部研究报告,2016 年。

散与转移体系,均可以在公共部门风险评价与应对上派上大用场。基于风险评估和经验归集的智慧化决策支持系统,运用先验模型和压力测试手法等,能填补许多仅凭个人和会议讨论的分析短板,尤其是在全面性、及时性、持续监控跟踪等方面,能够大幅度地提升风险研判和干预的准确性、效益性。

(二) 邻避项目决策风险评估的经验借鉴

许多案例表明,邻避项目决策往往涉及多个利益主体的诉求和关系调整。如果缺乏科学合理、合法合规、公平正义的风险评估就匆匆出台,很容易诱发矛盾冲突,最终导致政策执行梗阻乃至决策失败。所以,风险评估已经成为邻避项目决策程序中的必备环节。通过学习、总结和消化借鉴上一部分国外重大行政决策中风险评估的先进做法,我们认为,邻避项目决策的风险评估应该注重从以下几方面进行优化:

1. 邻避项目决策风险识别:注重现场、互联网与大数据相结合

进行邻避项目决策的风险评估,现场实地调研是必不可少的,也是最为常用的识别方式之一。它一般根据具体政策要求设计调查内容,围绕是否科学合理、是否合法合规、是否公平正义等方面对相关人员进行调查。现场实地调查的典型特点是调研对象的针对性、代表性,调研手段的广泛性和多样性,调研反馈的及时性和公开性。所以我们看到风险评估的现场调查不仅是调查和收集数据,还会主动向被调查者说明政策背景、方案、可能影响等政策的方方面面情况,以便被调查者对真实情况有更充分的了解,表达自己意见的时候也更为谨慎。当然,现场实地调查由于其接触调研对象的局限性和可能给调研对象产生干扰等问题,所以方式方法上一直注重多样性,公告、访谈、实地走访、问卷调研、座谈会等,这样一来,尽可能多方面了解信息,互相印证,最终为识别重大风险做准备。

中国互联网络信息中心(CNNIC)2020 年年初在京发布的第 45 次《中国互联网络发展状况统计报告》显示,截至 2020 年 4 月,网民规模达 9.04 亿,互联网普及率为 64.5%。① 该数据清晰地表明,线上线下如今已彻底融为一体,认定网民是小众的时代已经一去不复回,我们的生活受到来自互联网方面的深刻影响。此外,互联网传播信息具有速度快、范围广、无地域局限、无时间限制等特点,这使得对邻避项目进行风险评估,风险消息的来源不能仅仅局限在现场实地调研,还必须关注网络上的声音。所以政府要分析网民心态、网络消息传播的特点和趋势、网络消息和线下消息互动的情况等相关内容,对其规律进行总结,以便建立决策风险评估的相关模型。

有限理性是决策科学半个多世纪以来所面临的最大困境之一,其主要原因在于完全理性决策面临两大困境:完全信息收集的不可能性和完全信息分析的不可能性。而这也意味着进行邻避项目决策风险评估邻避时科学性上会受到一定程度的限制。不过这种情况这两年会有大大的改观,由于大数据和人工智能的出现,在一定程度上部分地解决了这两个困境。现如今随着感应技术的飞速发展和终端应用的广泛铺开,数据量呈现指数级增长,同时,各种基于大数据分析之上的模型和算法层出不穷,人工智能、机器学习迭代速度超乎想象。现如今,对于各种数据的收集和整理、挖掘和量化分析工作的针对性、完整性、完成度都大超以前,而且大数据时代进行预测只需关注相关关系而无须浪费太多精力在寻找因果关系上的特点,也使得决策的风险评估变得更为直接简单,而且还能相对精确地得出风险识别任务的风险清单项、导致风险发生的影响因素、风险发生的概率分布及其可能的后果推测,有了这些信息,可以很方便进行准确风险识别和预测。

2.邻避项目决策风险分析:注重概率、后果、社会心理兼顾

邻避项目决策风险分析,是指运用多种方式,线上线下相结合对各种风险进行精准识别后,综合运用定性和定量分析技术,对邻避项目决策风险的相关影响因素、影响途径、风险间联动关系等内容进行分析,并为邻避项目决策风

---

① 中国互联网信息中心:《中国互联网络发展状况统计报告》,2020 年 4 月。

险评价提供支持的行为。

"概率—后果"分析模型是最为经典的邻避项目决策风险分析工具之一,这一分析模型的主导思想是通过主观分析和客观分析相结合,从而计算出最终风险项的风险程度。

这个分析工具中最为关键的是如何计算概率:邻避项目决策风险的概率一般可从以下几个方面求出:(1)过去经验表明同样项目或同类别项目引发邻避事件的概率大小;(2)项目本身的属性对风险的贡献值;(3)相关法律法规的完善程度,包括风控制度本身的完善程度以及相关配套的法律法规的完善程度;(4)政策是否能得到有效执行,这里包含了政策本身是否激励相容从而能够执行,执行工具是否完备、流程是否规范、监督程序是否足够有效等;(5)利益相关者对于邻避项目的风险认知如何,其利益诉求和风险认知的结合程度如何,与政府相比有何不同;(6)政府职能履行情况如何,在公众中诚信水平如何,政策领域的履行约定的意愿和能力如何;(7)邻避项目本身的技术情况如何,是否先进、可靠、合适、便于掌握;(8)外部环境的影响,包括经济、政治、文化、社会、法律等环境对邻避项目决策的影响程度。

同样,邻避项目决策风险的后果分析也需要更加细化,一般而言,结果类型和严重程度两个因素都应被考虑到。结果类型简单来划分可以分为物质损失后果和非物质损失后果两大类。原来的风险评估中比较重视物质损失,现如今的很多研究表明,在特定情形下,非物质损失应该引起足够关注。我们现在按照损失对象进行区分,风险后果的类型包含了以下四种:(1)经济收益的损失,包括项目预算不可执行、投资超预算、融资成本高、成本不可控、收益—成本比不高等;(2)公众安全和健康方面的损失,民众的身心健康是否受到项目的影响,公众的期望寿命是否受到项目的影响,公众的衣食住行安全是否受到损害,以往的社会秩序是否受到破坏;(3)外部环境影响包括自然环境影响和社会环境的影响;(4)政府治理的影响,法律法规的权威性是否受到挑战,是否造成了政府信用和政府声誉受到挑战。当然这些后果必须综合考虑物质损失和非物质损失,也必须考虑后果的影响范围和持续时间等。

如果说原来的邻避项目决策风险分析只是将关注点放在决策的合理合法和科学性上的话,如今的邻避项目决策风险分析要越来越重视社会心理对政策执行情况的作用。因为公共政策要有效执行,不理解公众的心态甚至引导公众情绪是不行的了,越来越多的研究表明,公众行为的选择是多种因素交织在一起最后通过心理状态反映出来的,比如邻避类项目决策中,公众的焦虑情绪直接导致了他们的反抗行为。不过遗憾的是,公众的心态却很难通过传统的"概率—后果"模型进行分析和预警。所以在进行邻避项目决策分析的时候,要尤其注意对利益相关者的心理进行分析和排查,要保持与公众的有效沟通,敏感时间、敏感地点的分析也变得不可忽视。

3.邻避项目决策风险评级:要综合考虑风险程度和风险承受力

邻避项目决策在进行完风险识别和风险分析之后,就必须进行风险评级了。进行风险评级,就是对邻避项目待评事项的现有风险等级进行评判,对风险的总体情况和将来的发展趋势进行综合评价。

邻避项目决策风险评估的目的当然是为了降低邻避事件发生的可能,它通过为邻避项目决策提供风险预判依据来做到这一点。因此,风险评级不仅仅是知识对已收集到的风险信息进行描述,也不只是对这些信息进行数理化分析以找出影响因素和发展趋势,还必须将其和现有的邻避项目决策结合起来,认清其真正的风险程度,为决策提供简洁直观的决策建议。在这个决策风险评级过程中,风险承受力的引入变得十分关键,最终将风险承受力与之前的风险分析结合起来,才有可能做出真正客观公正且适合决策使用的风险评级。而这种风险承受力来自政府和社会两方面,具体而言又可分解为风险的防范能力、应对能力、应对的公信力等。

风险的防范能力指的是防患于未然的能力。机制建设、能力建设、措施准备的有效情况等是审查风险防范能力的主要指标。具有前瞻性是风险防范能力最突出的特点,所以好的风险防范能力能够使决策者尽量提早准备,风险来临时也临危不乱,做到心中有数,主动应对,最后能够做到采取有效措施对冲风险,将风险带来的伤害显著降低。

风险的应对能力指的是风险的处置能力。风险的处置能力其实指代的是当风险来临时,政府、企业和社会公众降低风险损失的能力,它的大小无疑将影响整个社会对风险的承受力,所以也是风险评价的重要指标。风险的应对能力一般包括了政府的风险应对能力以及企业和社会的风险应对能力两部分。其中,风险的决策力、风险政策的执行力、风险的处置力和风险处置的组织力是衡量政府风险应对能力的关键指标;企业和社会风险应对能力的衡量指标主要是看他们是否具备风险应对的意识和技能。

风险应对的公信力指的是政府在风险处置过程中的信用情况。它直接影响两个方面:其一,公众对于政府决策风险处置的认可程度,是不是会对政府的风险应对努力表示赞赏,对政府的风险应对结果表示理解和认可;其二,公众对于政府风向处置措施的配合程度,没有公众的支持和配合,政府显然不可能采取有效措施对风险进行规避。风险一旦发生,由于风险应对的公信力缺乏,政府不但不能带领公众将风险带来的损害减到最小,政府自身的处置能力还会受到公众怀疑的抵消,所以说,政府在风险应对的公信力对于邻避项目决策中的风向评估乃至风向管理而言具有十分重要的意义。

（三）邻避项目决策中的风险沟通

大体上来讲,邻避项目的风险包括了技术风险和感知风险,而要化解感知风险,在邻避项目决策过程中就必须重视风险沟通的作用。

风险沟通起源于 20 世纪 80 年代德国学者乌尔里希·贝克提出的"风险社会"理论。[①] 当时,西方国家仍在享受第二次世界大战后经济高速增长所带来的诸多实惠。不过与此同时,环境污染问题、贫富差距拉大问题、经济增长

---

① ［德］乌尔里希·贝克:《风险社会》,何博闻译,译林出版社 2004 年版。

乏力等问题也在慢慢逼近。于是"风险社会"理论将工业和科技可能给人类生存和自然环境带来的潜在威胁给展现了出来。人们开始意识到,现代社会的风险无处不在,如何治理风险成为时代主题。① 就在人们越来越多地开始认知到风险并参与讨论的时候,"风险沟通"也随之映入人们的眼帘。从此以后,决策风险沟通过程中主体之间的角色和地位、互动过程以及策略运用经历了反复变化,最终呈现出四种基本模式:

1. 宣传模式

这种模式是早期的风险沟通模式,其基本上遵循了对风险沟通的一种线性理解,公权力部门将信息单方面传递给社会,社会公众只是被动地接受,在这种模式看来,政府、专家和公众各司其职。政府官员具有权威,他们往往被假设为更具理性、更具智慧的一方,他们掌握着对项目成败更为关键性的信息和处置手段,他们具有更长远的眼光和全局的视野,所以他们在沟通中占据主动是理所当然的事情。当然,此时决策风险沟通过程中对信息真实客观的要求也不高,单向度的信息传播成为这种沟通模式的主要特征。

因此,在一定程度上说,风险沟通的宣传模式就是政策公示和通告。在这种模式中,政策宣传作用是风险沟通最为看重的。其本身具有的专业优势、信息优势和权威优势,可以让风险沟通暂时性地在风险沟通的机械性和风险防治的可控性方面取得平衡。

2. 公共信息模式

基本上与宣传模式同时,风险沟通的公共信息模式开始流行。两者实践中都崇尚对风险沟通的单向度理解。只不过与宣传模式不同的是,在公共信息模式看来,造成信息单向度流动的势能来自风险信息本身的特质,即风险等于风险发生的概率与后果严重性的乘积。而宣传模式中的权威属性是造成这种势能的根本原因。这种对风险本质的理解使得风险被假定只能被学者专家和具有丰富实践

---

① 曾繁旭、钱琪瑶:《传播链条、社会网络与公众回应:社会化媒体时代的风险沟通效果研究》,《新闻与写作》2015年第6期。

经验的政治家所理解。普通公众自私自利、目光短浅、感性多于理性、不够客观、容易受偏见所误导等。所以公众不能在风险有关的决策中产生实质性的影响。

这种模式通常是公共组织善于运用的。在这种模式下,公共组织不关心公众的心理诉求或者认为对于风险的认知显而易见,公众和他们之间不会有隔阂,于是认为只要传递的信息是客观的,公众就会接受,于是发展出风险管理中"tell the truth"的3T原则。不管政府、企业、还是其他公共组织都注重发出真实的声音,后来政府发言人制度开始建立,政府沟通形象不断客观丰满,风险沟通的公共信息模式也运用得越发娴熟。不得不承认的是,这种模式对于真实和客观消息的强调确实是风险沟通成功的重要因素,然而这种模式最大的软肋在于只强调了信息的客观和真实,沟通方式却完全是被动式的,这给真正意义上的良好沟通打了折扣。

3. 双向非对称模式

上述两种决策风险沟通模式纷纷在20世纪80年代前后遭遇困境:一方面在于人们开始认识到科学和技术也具有相对性。这从专家之间、政府官员之间的意见都不完全统一就能看出来。这种科技的相对性使得风险信息的确定性大为减弱,而这又直接导致了公众对于权威、对于风险把控能力的怀疑和专家学者们对于风险信息解释力的不信任;另一方面,也是更具有重要意义的是,人们开始发现前述两种基本模式在实践中运用的时候经常无法解答一些现实性的具体问题:譬如有些风险的实际损害应该不大,但是却经常引起公众强烈的情绪抵抗(比如灵堂、垃圾收集箱),而有些风险明明对公众的身心健康损害很大,却很难引起大家足够的重视(比如吸烟)。这到底该如何解释。逐渐公众开始认识到,风险不仅仅需要对客观现实进行反映,需要尊重客观数据所带来的启示,还需要从主观角度考虑人的认知和感受。正因为如此,风险沟通研究修正了原有的风险等式,进而提出了"风险＝危害＋愤怒"这一重要命题。将其转化到决策风险沟通专题,也就是说,"风险沟通的实效并不完全取决于风险的实际危害,公众的焦虑、恐惧、悲观等负面情绪都会明显影响到人们的态度和行为,本身也独立地成为风险的一个重要组成部分。"①由此,风险沟通的目标也发生了较大转变,从原先的单向度宣传告知变成与公众进行双向交流,以此说服公众接受权威和专家的风险判断以及他们对风险管理的结果。

那么双向不对称模式就承担了这一艰巨任务,从此,争取公众的理解和支持与认清和评估好决策的客观性风险在风险沟通中处于同样的地位。于是,民意调查、焦点群体访谈取代了原来的信息公示和告知,成为这一形式下主要的风险沟通模式。这个时候的沟通,已经开始认识到了公众意见的重要性,然而也必须指出的是,此时政府、专家和公众之间仍未完全处于平等地位,强势一方仍然有很大的意愿输送观念和做法,所以这种风险沟通模式是不对称的。

4. 双向对称模式

案例研究表明,双向非对称模型虽然开始认识到公众认知和态度的重要性,也开始着手从公众的情绪入手开始说服公众接受风险沟通的信息。然而,公众对邻避设施决策的不满并没有减少多少,在一些时候,公众甚至对这种风险沟通嗤之以鼻,认为不过是政府和专家精心包装的谎言,可见,这种目的是为了说服的风险沟通模式仍然在现实中容易遭遇困境。究其原因,在于风险本身的建构过程没有将公众纳入进来,使得公众与政府、专家之间对于风险认知的鸿沟没法弥补。于是在这种情境下,风险沟通中的双向对称模式应运而生。与其他三种决策模式相比较,双向对称模式的性质完全不同,这种模式意味着组织和公众之间是平等的。它要求公共组织开放沟通渠道,注意积极争取各方,特别是公众的意见,倾听他们的声音、愿望和要求,并以此为依据,以用于制定政策来促进双方之间的相互理解和信任;公共组织还应该随时以积极态度接受公众监督和批评,纠正风险管理工作中的缺陷和不足。正是因为双向对称模型基于双向沟通,公共组织与公众之间的目标更容易与各种风险

---

① 张洁、张涛甫:《美国风险沟通研究:学术沿革、核心命题及其关键因素》,《国际新闻界》2009 年第 9 期。

相协调,这是它的优势所在。

通过对上述风险沟通模式的梳理,尤其是风险沟通中主体间关系与沟通策略变迁的讨论,我们发现要完善邻避项目决策中的风险沟通机制,需要注意以下几方面的问题:

首先,承认双向对称沟通的价值。不可否认的是,大多数邻避项目决策的专业性仍然值得认同,专家主导模式在一定程度上依然需要。但值得再次强调的是,当下风险沟通的主流已经变成了双向对称沟通模式,公众不再仅仅只是作为被东方接受"科学定义"的"风险",现如今的决策风险沟通模式必须具备消除公众风险疑虑的能力。因此,公共组织应在保证专业知识权威性的基础上,建立正确的风险沟通方向,让公众能够积极参与风险构建,并在这过程中考虑多方主题的利益。换而言之,一方面,专业的风险判断和全面有效的沟通解决方案十分必要;另一方面,我们必须充分关注公众的反应。不仅要建立一个理性主导的信息传播和风险沟通机制,还要重视公众参与的作用,提高风险沟通的相关性和有效性。

其次,意识到风险沟通的模式选择是权变的。尽管从理论上和从实践来看,决策风险沟通的双向对称模式正在成为主流。但我们也必须意识到这四种模型其实并不是简单的替代关系,而是各有优点,有时候它们之间还是相互叠加相关的。换而言之,在某些情况下,风险沟通模式是必须基于组织和环境的变化而变化的。比如,在一定条件下,风险沟通就必须首要考虑效率,此时由于收益/成本比率不是最主要的考虑因素,对称的双向模型就不一定是最理想的选择。甚至在一些情况下,由于情况的紧迫性,可能根本无法运用双向对称模型。如果决策者们只是教条地坚持某些模式,这可能会给风险沟通乃至组织生存带来障碍。因此,邻近项目没有永远不变的理想的决策风险沟通模式,只有符合现实的令人满意的选择。我们需要在对诸如风险大小、发展阶段、表现类别等选择因素仔细分析的基础上,对公众的风险态度进行详细调查,最终形成客观的、符合实际的风险沟通方案。

最后,注重风险沟通具体方式的细节设计。灵活的风险沟通方式是长久持续风险沟通的必要保障。当然,传统媒体和官方网站是政府使用最频繁的、被认为是可控和可靠信息的渠道,但它们不一定是公众乐于接受的方式,毕竟公众对这些具有官方色彩的途径具有天然的厌恶感。在这种情况下,政府应该既能适应新的形势要求,又能充分利用传统媒体的谨慎客观优势,快速掌握新媒体特点,进行"参与式沟通",并且通过接近公民生活的方式多多进行。例如,社区的公告板和意见箱都是可用的沟通交流途径。在进行风险沟通时,注意打通信息双向回馈的"最后一英里"也是十分重要。①

第二节　邻避项目决策的民主化

决策的民主化和决策的科学化一样重要,它们都是成功决策的一体两面。而本课题在进行案例研究时发现,比之决策的科学化,邻避事件的发生更多地与决策民主化的不足有关联。因此,提升邻避治理绩效、减少邻避冲突必须重视邻避项目决策民主化的建设。而通过研究,本研究认为主要是在公众参与机制和利益相关者分析和引导机制上下功夫。

一、当前城市邻避设施建造决策中利益相关者的分析和引导

目前学界和实践界一般认为,要治理邻避冲突,可改变决策模式,通过制度化手段赋予公众参与选址的决定②③;强调风险沟通的作用,通过开放的政

---

① 程惠霞、丁刘泽隆:《公民参与中的风险沟通研究:一个失败案例的教训》,《中国行政管理》2015 年第 2 期。

② Kasperson R.E,"Siting Hazardous Facilities:Searching for Effective Institutions and Processes",in Lesbirel S.H.& Shaw D.(eds.),*Managing Conflict in Facility Siting:An International Comparison*,Edward Elgar Publishing,2005,pp.21–22.

③ [美]约翰·克莱顿·托马斯:《公共决策中的公民参与:公共管理者的新技能与新策略》,孙柏瑛译,中国人民大学出版社 2005 年版,第 35 页。

治消解公众异议。在解决邻避问题中,他们主张引入非营利组织,提高社区"自觉行动"能力,加强参与式治理。①

虽然众多学者和实践者讨论了很多关于邻避设施建造中的公民利益保护和公众参与问题,但是,正如前面分析的厦门案例和漳州案例所表现出来的那样,他们常常将保护公民利益和公众参与作为治理邻避冲突的工具,而对于如何在其中科学、合理、有效地界定公民利益,促进公众参与还没有进行很好的详细论述。而企业管理中的利益相关者分析为我们提供了很好的理论基础。

(一) 利益相关者分析的理论框架

利益相关者的概念最初由斯坦福研究中心(Stanford Research Institute)提出,其目的在于修正传统的股东至上的理念,认为任何一个企业的成长都离不开各式利益相关者的参与和支持,除了股东外,还有诸如雇员、消费者、供应商等,因此企业不仅要注重股东的利益,也要竭力为利益相关者服务。学者弗里曼(Freeman)认为,利益相关者就是指任何能够影响公司目标的实现,或者受公司目标实现影响的团体或个人。② 随后,利益相关者分析作为一种有效的分析工具迅速拓展到组织学、战略管理、风险管理、公共管理等领域。

利益相关者分析的关键是对利益相关者进行区分。联合国开发计划署在对它的开发合作项目所做的评估中就对重要的利益相关者进行了界定,将其分为:(1)目标群体;(2)直接受益者;(3)直接管理者;(4)资源提供者;(5)外部咨询顾问、供应商以及其他对计划项目提供支持的人或机构;(6)在计划/项目环境中可能受到计划/项目结果影响或对其感兴趣的其他机构。③ 目

---

① 丘昌泰:《从"邻避效应"到"迎臂效应":台湾环保抗争的问题与出路》,《政治科学论丛》2002 年第 17 期。
② [美]弗里曼:《战略管理:利益相关者方法》,王彦华、梁豪译,上海译文出版社 2006 年版,第 30 页。
③ 联合国开发计划署评估办公室编:《计划管理者手册:面向结果的监督与评估》,科学出版社 1999 年版,第 51 页。

前广为接受的划分标准来自米切尔(Ronald K.Mitchell)等人提出的"米切尔评分法",他们从权力(Power)、合法性(Legitimacy)和迫切性(Urgency)三个特质将利益相关者划分为七类,其中与三个特质都相契合的是权威利益相关者(Definitive Stakeholder);与两个特质相符合的是关键利益相关者(Dominant Stakeholder)、从属利益相关者(Dependent Stakeholder)、危险利益相关者(Dangerous Stakeholder);与一个特质相契合的为隐匿利益相关者(Dormant Stakeholder)、需求利益相关者(Demanding Stakeholder)或有利益相关者(Discretionary Stakeholder)。①

结合多地的实践和关于利益相关者的分类思路,我们可以归纳出对城市邻避设施建造决策中利益相关者分类的三个标准:影响力、合法性和利益性。影响力指的是不同的利益相关者对公共政策施加影响的能力,其来自本身的权力或者对资源的控制;合法性不是法律意义上的定义,指的是利益相关者的行为是受到肯定的,被社会认为是恰当的或者合适的;利益性表示相关者从政策中获取收益或者利益受影响的大小,不同的利益相关者与政策的关系有亲疏之分,有的直接密切,有的间接松散(见图8.3)。

根据上述邻避设施建造中利益相关者的分类标准,我们可以区分出三类不同的利益相关者,即关键利益相关者、次要利益相关者和潜在利益相关者。不同程度的影响力、合法性和利益性的属性在这三类利益相关者之间有着不同的组合与体现。

关键利益相关者是指一群拥有高合法性和自身利益与政策密切相关的组织或个人。他们是政策实施的直接关系者,他们的利益需求也理应在决策中得到充分的考虑。政府部门、企业和邻避设施周边的居民就是典型的关键利

---

① Mitchell Ronald K., B.Agle, "Toward a Theory of Stakeholder Identification and Salience: Defining the Principle of Who and What Really Counts", *Academy of Management Review*, Vol.22, No.4 (Oct 1997), pp.853-886.

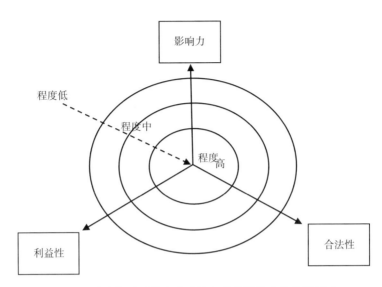

图 8.3 城市邻避设施建造决策中利益相关者的分类标准

益相关者。三者的主要区别在于影响力不同。① 政府部门和企业拥有足够的资源和合法的强制力,邻避设施的建造不仅给他们带来惠及自身的公共产品和服务,还会对地区经济发展和企业效益增长带来有利影响。邻避设施周边的居民虽然也享受了设施所带来的效用,但需要额外承担因为设施建造可能带来的健康损害,还有经济损失、生活品质下降等成本。但是他们的影响力较弱,容易在政策制定和执行中被忽视,所以需要妥善的救助与补偿。

次要利益相关者主要是一群与邻避设施建造决策关系不大的组织和个人。由于自身利益基本不受政策影响,所以他们对设施建造的政策兴趣不大,这也导致了他们在邻避事件的博弈中往往只是扮演中立者或者旁观者的角色。主要包括了媒体和非设施周边的群众。媒体掌握了信息传播的渠道和资源,具有很强的影响力,但其关心的主要是媒体报道的覆盖面和接受度。非设施周边的群众具有较低的影响力和利益性。这导致了他们参与意识的积极性

---

① 在城市邻避设施建造决策中,政府部门和企业一般情况下目标一致,所以本研究中会将两者合并起来分析。

一般不高,不过由于邻避设施具有的公共性特质使得这些非设施周边居民也会密切关注事态的进展,并且其态度还会随着事件的发展而发生改变。

潜在利益相关者是指占据合法性优势的组织或个人。这里最为典型的就是权威专家和环保组织。他们因为具有专业知识而被广大公众接收和认同,权威专家往往还是一群具有高度影响力的人。

正是基于以上理论认知,本研究选用中国石油云南省 1000 万吨/年炼油项目决策案例①为分析对象,从利益相关者理论的视角出发,来考察公众参与给政府决策带来的影响以及政府如何采取有效措施进行治理。之所以选择云南案例,是有其特殊性和讨论的价值:中国石油云南省 1000 万吨/年炼油项目决策项目在云南省昆明市遭受公众参与的抵制,令人吊诡的是,抵制人群主要来自 30 公里以外的昆明市,而项目所在地安宁市的公众并不多。同时,目前事件的发展也由最初的"政府—公众"博弈演变成"政府—环保组织(主)+公众(次)"博弈。为什么会出现这种变化? 决策者在面临政府决策与公众参与困境时,尤其是面临新情况、新问题时该进行何种选择? 这都是我们城市管理者在面临邻避设施决策时所必须考虑的问题。

(二) 中国石油云南省 1000 万吨/年炼油项目决策案例

上文中已经论述了利益相关者分析的三个划分标准和三个类别,下面就将从这一视角出发来分析中国石油云南省 1000 万吨/年炼油项目决策案例。

1. 项目背景

中国石油云南 1000 万吨/年炼油项目是中缅油气管道(图 8.4)配套的炼油项目之一,符合国家能源发展战略和产业政策。其是国家建设四大油气战

---

① 中央党校政法部公共管理教研室:《提高科学民主决策能力——以中国石油云南 1000 万吨/年炼油项目决策为例》,中共中央党校讲稿,2013 年。案例来自中央党校政法部 2013 年 10 月赴云南省所获得的一手调研资料。调研资料获取方式有三种:访谈和座谈、问卷调查和相关文本材料获得。

略通道、推进"两种资源、两个市场"的重要支撑项目,是保障国家能源安全的重大战略项目。

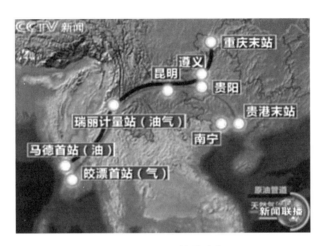

图 8.4　中缅石油管道路线图

　　按照《安宁市国民经济和社会发展第十二个五年规划纲要》的估计,中石油云南炼油厂 1000 万吨炼油项目将于 2014 年竣工投产,2015 年全面达产,当年工业总产值达到 400 亿元,工业增加值达到 100 亿元以上。以云天化集团为主导,同步发展与炼油相配套的石化工业,2015 年石化工业总产值达到 100 亿元,增加值达到 18 亿元。总之,"中石油的落地将解决云南对丙烯、碳四、芳烃等石化深加工产品的需求,从而也为云南发展汽车工业、飞机制造、轻纺织工业等带来机遇,其带来的中下游相关产业的产值保守估计将在 1500 亿—2000 亿元之间。"①昆明市安宁工业园区管委会主任田建宏总结说。

　　值得注意的是,中国石油云南 1000 万吨/年炼油项目与云南云天化集团千万吨炼油基地配套石化项目是两个独立的项目,二者投资主体不同、项目选址不同、开发建设不同、工艺路线和产品结构不同。中石油云南 1000 万吨/年炼油项目是由中国石油与沙特阿美及云天化合资建设的国家能源战略项目,

_____

　　① 李强:《中石油云南炼油项目将充分尊重群众意愿》,《中国经济时报》2013 年 5 月 15 日。

选址于安宁工业园区草铺片区。云南云天化千万吨炼油基地配套石化项目是由云天化集团投资建设,拟选址于安宁工业园区草铺片区,项目的初步工艺路线为生产 PTA、聚丙烯、LPG 芳构化、丙烷产品和建设动力站热电联产等配套工程。项目建成后将为石化下游产业项目提供原料支持,实现炼油副产品的综合利用。

2.项目建设情况及立项依据

从 2004 年开始,中国石油云南 1000 万吨/年炼油项目便开展了项目选址、环境影响、水资源论证以及安全生产等方面的研究工作,先后完成了项目可行性研究,包括大气、水资源及排水等内容在内的环境影响评价、水资源论证、地震及地质灾害评价、节能评估、职业卫生评价、矿产压覆等 53 个重大专项的研究和论证。经过科学论证,多方比选项目地址,项目最终落户在云南省安宁市。

项目建设厂址选择的安宁市工业园区距离安宁市主城区 7 公里,距离昆明市区 40 公里。为了降低对当地环境的影响,该项目环保投资 32 亿元,对炼化过程产生的废气、废水以及炼油的副产品对生态环境和人体健康的危害和影响作了充分论证。(1)在水资源利用方面,考虑到云南是一个缺水大省,该项目在用水上开辟了两个水源,其一为政府投资新建的一个王家滩水库,其二取自滇池下游的螳螂川劣五类水,昆明市的城市污水经过工业园区的再生水厂处理以后转供园区使用。关于废水处理,中石油云南石化公司的减排和回用技术保证了他们的炼油用水工艺在同类企业中处于先进位置。(2)在空气污染方面,废气主要是烟囱里面排出的二氧化硫和氮氧化物,再一个就是油罐在储存过程中产生一些氢类或者化氢气体。这一块就是通过相关的技术措施,把它最大限度地回收,不会造成对厂区环境包括对厂外环境的影响。炼油厂排出来的气体污染,在距中石化炼油项目半径 10 公里范围内,最大浓度叠加上现状的背景值的最大值,都应当低于国家的二级标准。虽然项目选址的安宁市处于昆明主城区的上风口,但由于西山、碧鸡山的阻拦,经过从安宁到昆明的 30 多公里,受地形影响发生变化,污染物扩散稀释对昆明影响极小。

3. 项目前期安宁市公众参与沟通与补偿安置情况

经过 8 年的争取,中国石油云南 1000 万吨/年炼油项目最终落户安宁。作为项目的所在地,为确保项目顺利推进,安宁市精心组织,扎实做好公众参与沟通与补偿安置工作。

(1)公开信息,让群众了解项目。

此项目具体选址在安宁市草铺街道权甫村民委员会。在项目动工之前,安宁市就组成工作组进入所涉及村委会、村小组,对项目情况和搬迁安置政策进行广泛宣传,特别是对项目用地直接涉及 8 个村民小组 728 户、1760 人进行了全覆盖的宣传和宣讲。为使得广大干部群众更为全面的认识项目建设、生产对地方环境、经济的影响。在项目动工前,2010 年 8 月,安宁市分 2 批组织项目影响区的干部、群众到中石油大连炼油项目基地进行实地参观、考察。

(2)组织外出参观学习,吸取经验教训。

2012 年 12 月,为借鉴经验,增强的应对工作的主动性和针对性,安宁市由副市长带队,组织宣传、环保、工业园区管委会等部门以及云天化集团公司项目环评负责人用 7 天时间,分别到国家环保部环境评估中心、环保部西南督察中心、浙江省宁波市环境保护局、四川省成都市什邡市环保局进行考察调研,吸取多地项目推进失败的教训,为下一步推进工作提前筹备。

(3)提前预防,做好社会稳定风险评估。

为确保该项目顺利推进,在项目施工前夕 2012 年 7—8 月,安宁市进行了社会稳定风险评估工作。整个稳评过程采取了公示、问卷调查、实地走访、专家评审等多种形式。其中整个公众意见调查发出 2590 份调查表,问卷调查的对象主要是项目建设影响的权甫村委会 8 个村民小组、草铺村委会的 2 个村民小组,共计 10 个村民小组的 18 岁以上的村民。在这 2590 份调查表中,有 2366 份认为变迁安置后,在生活、工作、医疗、教育等方面会变好,占比达 91.35%;有 2442 份支持项目进场,占比达 94.28%,有 2510 份支持项目建设,占比达 96.91%。在调查问卷中,也对补偿、安置政策和标准满意度进行了测评。其中,1409 份表示满意,526 份可接受,23 份无所谓,接受、满意占比达 75.6%。有 632 名群众对补偿标准过低表示不满意,经分析,这些群众只是不满意补偿标准,而不是地址、反对中石油云南炼油项目建设。

(4)充分补偿,妥善处置群众的诉求和顾虑。

中石油云南 1000 万吨/年炼油项目涉及 8 个村民小组 728 户,共 1760 人搬迁安置。具体为:项目一期红线内涉及 685 户 1652 人搬迁,其中:上权甫村小组 160 户 395 人、下权甫村小组 304 户 722 人、核桃菁村小组 111 户 338 人、吴海塘村小组 74 户 197 人;另外,中石油 220KV 电力线路迁改工程涉及权甫村委会 4 个村民小组,共 43 户 108 人搬迁。

项目一期用地范围涉及的搬迁对象与 2011 年 11 月全部搬离;2012 年 3 月 10 日项目一期涉及的征地拆迁、补偿工作已经全部完成。涉及群众个人补偿款项兑付到群众手中。为群众全额购买了城镇医疗保险,为 18 岁以上群众一次性全额购买失地农民养老保险,60 岁以上老人直接领取每月 330 元养老金,学生直接进入城里学校上学,为有工作意愿的群众 100%推荐就业。

目前,因安置房正在建设,群众仍在搬迁过渡期。为保证搬迁村民生活保障,安宁市人民政府除了购买各类保险外,人均每月拨付搬迁村民 300 元/月的生活费及 300 元/月的过渡费,学生上学专车往返临时安置区与城里学校之间,免费进行接送。目前未及时支付的征地补偿款(集体土地),安宁市政府按照 12%的年利率支付相关村小组补偿款利息。各村民小组利用未支付土地补偿款利息,将利息款按 500 元/月·人的标准,及在逢年过节按 15000 元/人的标准发放给群众,确保搬迁村民生活正常。经过统计,在过渡期间中石油项目搬迁村民人均年收入近 30000 元,搬迁群众的年收入是安宁市 2012 年农民人均纯收入(9676 元/人)的 3 倍。群众的安置房按照人均 25 平方米不计价,人均超过 25 平方米到 60 平方米的按优惠价 3200 元/平方米,再以上的按综合成本价 4800 元/平方米进行分配安置(安置房周围商品房市场价约

5800 元/平方米左右）。

4.项目引发昆明市民抵制及政府的应对措施

2012 年 11 月,受宁波镇海区叫停 PX 项目的影响,中石油云南 1000 万吨/年炼油项目建设情况开始在微博、论坛、百度贴吧等地发酵,有网民发微博称:"昆明 PX 项目? 求辟谣!"2013 年 2 月 6 日,题为《国家发改委正式批复中石油云南项目 安宁将成西南石油中枢》的文章在当地的《昆明日报》上刊发,使得此项目开始在全社会引起关注。2013 年 3 月 9 日,国内某知名意见领袖在微博上发布了关于项目的消息,这引发了网民的激烈讨论和对安宁石油炼化项目特别是其下游产品 PX 项目的深深担忧,他们要求昆明市政府披露项目相关信息。2013 年 3 月 29 日,昆明市政府召开新闻发布会,昆明市政府新闻发言人李河流对炼油项目建设情况进行了通报,昆明市委宣传部副部长房旭东、安宁市人民政府市长王剑辉出席发布会。通报中称"项目经过最严格审查审核,符合国家标准和要求",项目建设"将严格依据国家环境保护法律法规,采用国际清洁生产先进技术"。关于石油炼油副产品的处理问题,通报中也表示,"将设置环境监测网络,确保企业达标排放"。随后在 3 月 31日,昆明市政府还组织了与网民的座谈会。

2013 年 4 月 18 日,昆明本地环境组织"绿色流域"和"绿色昆明",对安宁石化项目进行了首次现场调查。"绿色流域"认为,在项目推进过程中,信息披露不充分和缺乏公众信息沟通渠道是政府的不足点。[1] 2013 年 4 月下旬,昆明市的网信、公安等部门已经了解到青年节下午一点半在昆明市中心的新昆百大门口将会有抗议活动,其抗议主题即为反对 PX 项目。

5 月 4 日下午,众多民众戴着写有黑色 PX、红色叉的口罩,举着"PX……滚出昆明""昆明,春城只有一个"等走上昆明市街头,在南屏街广场抗议,抗议有争议的中国石油 PX 项目在当地落户,稍晚些时候,警察用人墙围住整个

---

[1] 段立彬:《我国环境群体性事件的特点、成因与应对》,硕士学位论文,复旦大学社会科学基础部,2014 年。

方形广场,人们只能走出,不得进入。此次抗议和平进行,并没有发生人员冲突。①

5月16日,群众于市中心老省政府的五华山聚集,再次游行。最多时游行人群有600人左右,其他为众多围观群众。游行人群主要为昆明市民,安宁市群众并不多,其中有当地企业家、企业员工、网络推手、妈妈网的环保人士、普通群众等,最后市委主要领导与市民对话才将事态平息。

"5·4""5·16"事件发生以后,云南省高度重视,省委先后3次召开专题会议进行研究安排。昆明市也迅速成立了以市委书记为组长、市长为副组长的应对处置工作协调小组,先后13次召开专题会议,适时分析研判,对每一个阶段的工作安排部署。

(1)主动公布信息,积极搭建沟通平台。

2013年5月10日,当时昆明市委副书记、市长李文荣率队出席新闻发布会并表示,对中石油云南炼油项目副产品配套项目上不上、上什么样的产品,市人民政府将走民主决策的过程。他表示,预计当年7月左右就可以看到专业的待项目可研报告,到那时,市政府将会敞开大门充分听取广大市民的心声,并严格按照大多数群众的医院决策。"大多数群众说上,市人民政府就决定上;大多数群众说不上,市人民政府就决定不上。"

5月13日、5月21日,昆明市先后两次邀请市民代表60余人参加群众恳谈会,对大家普遍关心的问题进行解答。5月21日那次,还邀请了中央、云南省、昆明市主要媒体,以及凤凰网、新浪网、腾讯网等26家境内外知名媒体参加恳谈会,向媒体通报情况。5月16日、5月21日,昆明市先后两次组织35名市民、网民,赴广西钦州炼油厂实地考察,切身感受炼油项目对当地经济、社会及生态环境的影响。5月17日,昆明市在全国省会城市中率先开通市长微

---

① 段立彬:《我国环境群体性事件的特点、成因与应对》,硕士学位论文,复旦大学社会科学基础部,2014年。

博,与市民、网民开展互动交流,截至 6 月 12 日共发布微博 30 多条,吸引粉丝 9 万多人,转发 5 万多次,评论(回复)8 万多条。

为打消全社会群众环境污染的顾虑,昆明市也注重做好环评报告公开工作,2013 年 6 月 25 日至 7 月 25 日,在安宁市宁湖公园综合展馆,昆明市正式向社会公开云南 1000 万吨/年炼油项目全文环境影响报告书及批复,为群众提供查阅。查阅现场还安排专家释疑解惑。与此同时,中石油官方网站 2013 年 6 月 25 日公布了项目环境影响报告书主要内容。云南省环保厅、昆明市环保局和安宁市环保局也已在其官方网站上公布《中国石油云南 1000 万吨/年炼油项目环境监管工作方案》,供社会公众上网查询。在环评报告公开的一个月里,接待环评公开信息查阅现场的查阅人员共 125 人次,包括企业职工、教师学生、环保组织、媒体记者、退休人员等。

(2)加强正面引导和宣传教育,聚集强大社会舆论。

为达到宣传横向到边、纵向到底的目的,昆明市积极动员各层次、各渠道媒体,全方位、高频率宣传项目的背景、意义和建设情况。印制《爱我家园,昆明加油!》科普宣传册 200 万份,制作发放中央电视台《〈焦点访谈〉——PX 项目背后的真相》视频光碟 18000 份,广泛宣传项目的意义、背景、决策、审批、环保工艺。抓好全市 2483 所中小学校(含幼儿园)、125.19 万师生的宣传教育管理,覆盖率达到 100%。采取科普展览、科普知识专题讲座等形式,深入解析项目的可行性、安全性,2 万余人次参观或听了讲座。加强对网络、短信、微博、微信等新媒体的引导,组织网络评论员在新浪、腾讯、凤凰、天涯、百度等网站、论坛、微博平台发帖、跟帖,及时阐明事实真相,引导网络舆论。

(3)严格落实包保责任制,将处置权下放至基层。

按照属地化、网格化、规范化管理的原则,层层落实辖区负责制、领导责任制和包保责任制,做到“街不漏铺、栋不漏户、户不漏人、社区包保、干部到户”。按照属地管理原则,层层签订责任书、层层落实工作责任,确保工作实现无缝对接、多方联动、协作应对。在党政机关、群团组织、企事业单位、学校、公司实行"全覆盖包保责任机制"。例如,主城五区和安宁市对重点活跃分子实行"四对一包保责任机制",即 1 名科级干部、1 名公安干警、2 名工作人员包保 1 名重点人员。

(4)认真分析研判,对活跃分子和重点人员进行落地查人、教育训诫。

切实加强情报信息的搜集研判,充分发挥政法、公安、国安、网信、信访等专门力量的作用,及时收集舆情信息,研判形势、掌握动态。针对大量抵制信息通过 QQ 群、网络论坛、微博、微信等传播的情况,利用传统手段和现代技术手段追根溯源,及时掌握活跃分子和重点人员的情况。

(5)坚持点面结合,避免多种矛盾交织叠加。

在做好中石油安宁炼化项目的应对处置工作的同时,加大对重点群体、上访老户的隐患排查,加强对城镇房屋拆迁、城中村改造、农村土地征用、企业改制等信访热点领域的隐患排查和矛盾调处,对排查出来的矛盾、问题进行梳理分类、归纳整理、依法解决。明确市级领导牵头负责,重点处置了金座非法集资、原民办代课教师历史遗留问题、古滇国历史文化项目征地拆迁等社会矛盾,成功化解了出租车"罢运"事件,3000 多名出租车司机参加了高考"爱心送考"。制定高考工作预案,组织 800 多名公安干警,加大全市 27 个考点周边主、次干道的交通保通力度,组织城管队员和志愿者给考生和家长送水、疏导交通、维护秩序。

5. 事件的进一步发展和新的格局

昆明市的举措起到了一定成效。然而随着 6 月 25 日环境影响评估报告的公开,越来越多的环保组织和环保人士开始介入,事情的发展也由最初的"政府—公众"博弈演变成"政府—环保组织(主)+公众(次)"博弈。

6 月 14 日,环保组织自然之友分别向云南省环保厅、昆明市环保局递交了信息公开申请,申请公开:1.《中国石油云南石化炼油工程项目环境影响评价报告》全本。2.《中国石油云南石化炼油工程配套项目 PX 装置环境影响评价报告》全本。

7月2日,自然之友、昆明的绿色流域等4家环保组织就此向环保部递交了行政复议申请,要求撤销环评批复,同时酝酿民间的专家论证会和公众听证会。7月11日,他们得知复议已被受理。

7月24日,昆明当地的一些环保组织前往安宁项目现场进行实地调查,结果发现该项目其实已经进入了主体工程建设阶段。随后,安宁土地局、云南省环保厅等相关部门被这些环保组织申请政府信息公开。[①]

8月27日,自然大学和自然之友等环保组织在北京举行新闻发布会,共同呼吁中石油停止1000万吨炼油项目的施工,并呼吁昆明市政府制止项目违法建设。会上发布了分别致中国石油天然气集团公司的公开信。公开信指出,中石油云南1000万吨炼油项目在公众参与、环境影响评价、项目选址、项目用地、环境容量和区域规划等多个环节存在漏洞和问题,环保组织已向相关政府部门提起行政复议。上述环保组织还发起了"救援春城"行动,广泛征集公众对于中石油云南炼油项目的态度,并希望在年底推动一次听证会,与政府对话。

(三) 案例解析和讨论

根据上述描述,中国石油云南省1000万吨/年炼油项目是典型的邻避类项目,该项目主要涉及云南省政府、昆明市政府、安宁市政府、中石油云南省石化公司、安宁市草铺街道权甫村村民、昆明市民、新闻媒体、权威专家、环保组织9个利益相关者。按照影响力、合法性、利益性的标准,这9个利益相关者被具体归为关键利益相关者、次要利益相关者和潜在利益相关者三类(详见表8.2)。从案例中我们可以发现当前城市邻避设施建造决策中公众参与的一些特点和趋势。

---

① 王辉:《昆明市民不服炼化项目规划选址 申请行政复议》,《南方都市报》2013年9月2日。

表8.2 中国石油云南省 1000 万吨/年炼油项目决策案例中利益相关者分类

利益相关者		影响力	合法性	利益性
关键利益相关者	Y 省政府部门	高	高	中
	K 市政府部门	高	高	高
	A 市政府部门	高	高	高
	中石油 Y 省石化公司	高	高	高
	A 市 C 街道 Q 村村民	低	高	高
次要利益相关者	K 市民	低 高	中 高	中 高
	新闻媒体	高	中	低
潜在利益相关者	权威专家	低	高	低
	环保组织	低 中	中 高	低 中

表格来源:作者自制。

1.公众参与在城市邻避设施建造决策中的强化

邻避设施建造在相当的时间内由于强调其科学性和技术性特征,政府在做决策时一般忽视甚至有意屏蔽掉公众参与。但是随着公众自我意识的觉醒和对环境问题的持续关注,他们的参与积极性越来越高。此时政府如果还采取压制的手段,或者只是消极被动地应对公众参与,就会面临决策失败的风险。[①] 案例表明,虽然集高影响力、高合法性和高利益性于一身,但是政府部门和有关国有企业开始认识到邻避设施建造不仅具有科学性,还具有公共性;不同的利益相关者之间的利益诉求也不一致,特别是邻避设施周边的居民承担了更大的外部性成本;这都为公众参与作用的提升提供了可能性和前提。同时,还必须注意的是,诸如影响力、合法性和利益性这些属性在各利益相关者之间的赋值和组合是动态变化的,从案例来看,这是讨论政府面临新挑战的前提,它也为下一步公众参与的强化提供了无限可能性。

2.高度重视关键利益相关者受到高度关注

这里讨论的关键利益相关者特指邻避设施周边的居民。一般情形下,由

---

① 黄小勇:《决策科学化民主化的冲突、困境及操作策略》,《政治学研究》2013 年第 4 期。

于其影响力小,这些居民的利益容易被忽略。但从最近几年国内发生的邻避案件来看,这部分群众可以通过多种方式结成集体行动,从而获得巨大的影响力,甚至对政策决策产生重要影响——中断或搁浅政府决策。所以这部分群众受到越来越多的关注和细致的对待,甚至直接等同于公众。案例中政府不但对他们有针对性地宣讲设施和产品方面的知识,还通过公开环评信息、座谈、发放问卷等形式增进他们对政府的了解和信任。最为关键的是,突出对他们进行利益补偿,使得这部分群众的利益得到充分尊重。而这些措施在实际中也确实产生了较好的效果,邻避设施周边的居民都很拥护政府的决策。

3.次要利益相关者的相对忽视

离中国石油云南省 1000 万吨/年炼油项目 40 公里之外的昆明市居民成为反对这个项目的先锋,这是目前我们的公众参与程度所预知不到的。由于影响力偏低,又与项目没有直接的利害关联,非设施周边的群众的状态一直不被关注。其实他们的情况比较复杂,既有环保人士,又有敏感人群,还有机会主义者等,因为长久缺乏充分的信息沟通和参与渠道,他们的利益被政策影响的程度以及他们自身在邻避事件中的角色很容易被重新定位,他们会试图寻找一种快速提升自己影响力的途径,以保证自己的利益不至于在不明不白中遭受损失,而网络媒体的兴起为这一切提供了基础和可能。传统媒体则落后于事件发展进度,发挥的作用大打折扣。

4.潜在利益相关者的挑战

案例中最为明显的一个特点和趋势就是事件发展由最初的"政府—公众"博弈演变成"政府—环保组织(主)+公众(次)"博弈。由于环保组织具有和政府部门不分伯仲的专业性,这便打破了政府部门对于科学性和技术性的垄断,也在一定程度上压低了政府的影响力。环保组织的高专业性属性可以源源不断地为邻避事件的非政府一方提供高合法性,这对政府来说是一个巨大的挑战。而权威专家对政府政策的低参与度影响了他们与环保组织对话的影响力。目前的趋势是,一旦环保组织与高影响力的新闻媒体和高利益性的周边居民相结合,便对政府决策形成巨大冲击,甚至具备了改变当前决策模式的可能。

二、重视公众参与在邻避项目决策中的作用

从上述昆明的案例中我们可以看出,当前城市邻避设施建造决策中的公众参与已经取得了很大进步,对关键利益相关者的关注使得政府决策被中断或者放弃的可能性大大降低。不过同时,政府对于次要利益相关者和潜在利益相关者的忽视也隐藏了巨大的挑战和风险,需要政府综合运用信息公开、参与、舆论引导、对话等多种政策工具进行治理。总之,改变原有决策习惯、通过对利益相关者的细致定位,并据此采取合适的管理工具,营造和谐有利的决策环境,才能最终促进公共决策和公共利益的实现。具体对策为:

(一) 改变决策习惯,变被动为主动

邻避项目决策的前提和基础肯定是科学化和专业化。因为作为决策本身首先要解决的是项目的技术可行性问题,成本是否超预算问题,有没有时间和资源约束问题,项目是否符合规划、是否符合有关法律法规问题等;基本上与此同时,决策者就要开始考虑邻避项目决策的民主化问题,而公众参与是决策民主化的基本要求之一,所以决策应该在各方充分利益表达和协商沟通的过程中被制定出来。① 重大的"民生工程"建造在相当的时间内由于强调其科学性和技术性特征,政府在做决策时一般忽视甚至有意屏蔽掉公众参与。无数案例表明,凡是这种"民生工程",公众参与更多地被各级政府当作治理工具中的一个选项,目的是优化相关政策和增强政府信用,从而巩固自身的合法性地位。虽然这比之前的封闭式决策模式有所进步,但仍然没有超越传播决策模式的边界,公众无法真正通过来真实表达自己的意见,也无法通过参与来争

---

① 黄小勇:《决策科学化民主化的冲突、困境及操作策略》,《政治学研究》2013 年第 4 期。

取自己的合法权益,决策参与还是更多地被固定在政策制定后的通知阶段,少数的公众被允许参与是政策执行后的监督环节,这是一种形式大于实质的公众参与。

然而"民生工程"决策其性质决定了它不可能按照政府内部决策的逻辑来优化,由民生工程决策所引发的邻避事件也不可能按照传统的治理逻辑来处置。它本质上是一项公共决策,公众参与是与其伴随而生的。在公共决策的语境中,政府决策的目标、措施、时间表和行动指南最终都会展现在公众面前,公众在获取了相关信息后进而选择参与决策过程将是顺理成章的事情。而且,公众的参与积极性还会随着自我意识的觉醒而越来越高,会随着知晓信息的增多而越来越高,会随着政府压制公众参与热情的增强而越来越高,这些都被无数的案例所反复证明。因此,为避免决策中断甚至失败,政府在做类似"民生工程"决策时,应该化"被动"为主动,改变原有的封闭式的或者应付式的决策习惯,主动去倾听公众心声、了解公众利益诉求,将公众参与引入重大行政决策的关键环节,并为采取积极措施促进民主决策与科学决策的真正协同和相容奠定基础。

(二) 识别公众类型,引导公众有序参与

政府主动改变观念,让公众参与到"民生工程"决策中来只是第一步,还必须在决策的专业化和公众的参与诉求之间达到一个平衡。因为所有的冲突源于公众参与所带来的挑战,所以政府的最优策略当然是在保证决策符合法律法规的前提下,一方面继续保持科学决策的优点,使决策符合事务发展的客观规律;另一方面促成公众的真正参与,让公众意见充分表达。因此,我们发现,如何在决策科学化和民主化之间保持平衡问题可以转变成政府如何有效引导和管理公众参与的问题,从操作层面上理解,这就将一个宏观的价值问题转变成一个微观的策略问题。而事实上,公众对于参与决策意义的理解不完全一样,对于参与的兴致和期望也不尽相同,在这种情形下,统一引导有效的

公众参与显然并不合适,而应该对公众进行分类管理、分别施策。目前,全球范围内流行的对公众分类管理、分别施策的做法就是利益相关者分析策略。而根据利益相关者分析,邻避项目决策中的公众分类管理标准有如下几个:第一,不同的公众对于政府决策的态度是不同的,支持的,我们必须团结,反对的,我们必须密切关注,和他们沟通,说服他们。所以,公众的态度是我们的第一个标准。第二,公众对于参与政府决策兴趣度不同,很多情况下他们都是旁观者。一般情况下,政府决策与他们自身利益关联度越大,他们参与政府决策的可能性越大。所以,公众的兴趣是我们分类的第二个标准。第三,不同的人群对于政府决策所施加的影响力是不同的,地位高、拥有资源丰富的人对于政府决策的成败可能更有发言权。所以,影响力是我们分类的第三个标准。

通过这三个标准,公众参与中公众的 8 个类别就清晰可见了:推动者、支持者、正面支持的潜在影响人士、旁观者,这四类是支持,至少是不反对政府政策的;以及敌对者、抵制者、负面抵制的潜在影响人士、机会主义者,这四类是消极反对乃至敌视政府政策的。有了这个公众的区分之后,政府便可以根据不同公众的特征、诉求以及对政府的态度,相应地采取不同的对策。比如正面的潜在影响人士,他们的特点是:高影响力、低兴趣度、支持政府政策,诸如权威专家、在外的原籍人士等,政府对待这些公众的策略是让他们成为政府的同盟军帮助政府论证政策、评价政策和宣传政策,具体措施是想办法让他们利用其自身专业地位发声,发挥对其他公众的影响力。

目前,在公众参与政府决策中对公众进行分类已经被很多国家和地区的实践所证明。国外研究者就曾经研究了 400 多个决策案例,都是一些国家和地区如何在人口密集的都市圈成功建设变电站、垃圾焚烧发电厂、重化工项目等的例子,这些设施目前在我国都是敏感设施,他们成功的经验很值得借鉴。

(三) 完善公众沟通,学会谈判和达成共识

公众参与,不仅是公众利益诉求和理性意识的觉醒,还涉及公众认识、判

断、情感的变化对我们政府决策乃至政府自身的理解和认同。这对我们政府的沟通能力提出了新的要求,迫使我们政府要注重从事实和价值两个层面都满足公众参与的需要,要学会在和公众交流的过程中达成共识。

具体而言,良好的沟通态度、沟通方式和沟通平台是促成良好沟通的三个必备要素。这三者中,又以沟通态度为前提,好的沟通态度意味着不回避矛盾、不拖延决策、不包庇问题。沟通的方式方法当然也十分关键,政府要结合前面的参与决策的公众类型分析,根据不同的公众特点和风险沟通目的,选择不同沟通方式:如果公众是无组织化的,目的就是为了了解项目信息,就可采取问卷调查、电话问询、网络平台表达等方式;如果沟通对象是专家学者,甚至是公众团体的意见领袖,就需要采取个人接触的方式,这样可让他们深度参与政策制定过程,发挥的作用也更直接。这三个要素中,平台的作用也不可忽视,平台是保障性条件,政府要关注沟通平台的搭建,尤其要搭建与 NGO 组织互通互信的平台。通过研究我们已经可以发现这种趋势,那就是在邻避项目的决策中,NGO 组织扮演着越来越重要的角色。对于政府而言,NGO 组织往往具有三重属性,这让政府对待 NGO 组织的态度变得犹豫而微妙:首先 NGO 组织是独立于政府和政府所能影响的社会网络之外的一股组织力量;其次,NGO 组织往往在各自主要关注的范围内具备一定的专业性,这对政府决策权威性是一个挑战;最后,NGO 组织在邻避项目决策中一般比较理性,有研究表明,他们没有意愿参与到邻避冲突中去。① 可即便如此,政府对待 NGO 的态度应该不言而喻,那就是在与 NGO 组织的沟通中学会化"危"为"机"。要认识到 NGO 组织参与给邻避项目决策所带来的价值,除了专业上的辅助外,还是增强政府可信度、提升政府美誉度的途径。当然在交往过程中要注意到,与 NGO 组织的交流要是常规性的,与 NGO 组织的互信是靠平时交往积累的。政府和 NGO 应该成为有分歧但又有合作的朋友。目前,政府可以在决策议案

---

① Johnson Thomas,"Environmentalism and NIMBYism in China:promoting a rules-based approach to public participation." *Environmental Politics*,Vol.19,No.3(May 2010),pp.430-448.

的意见征询、决策理念的宣传、民生工程建造过程中相关企业的监督上,加强与 NGO 的合作。由于 NGO 的专业性,所以政府在和他们沟通时,要注意专业对专业,要有自己的专家,要有自己的咨询团队,才不至于陷入被动。

第三节　邻避项目决策的法治化

法治化是邻避项目决策科学化和民主化的前提和保障,在实践中,决策的合法化包含了决策原则合法、决策权限合法、决策程序合法、决策内容合法等要求。结合本课题对邻避项目决策现状及问题的研究,我们认为首先应该明晰邻避项目决策的规范和流程机制。

从上文对邻避项目决策中的流程回顾可以发现,邻避项目决策的效率和质量不仅受决策制度文本的完善程度影响,还与决策本身的运转过程密切相关。现如今,国务院已出台《重大行政决策程序暂行条例》(国令第 713 号),该条例将于 2019 年 9 月 1 日起正式实施,这标志着邻避项目决策的制度文本缺陷正在逐步完善。不过从目前的趋势我们可以看出,各地方政府相应规范性文件的修订进度不一,特别是与此相对照的决策流程方面的改进不太明显。因此,为了将邻避项目决策制度建设的绩效发挥至最大,必须从决策权限划分、决策规划环节和议程设定环节优化、强化决策咨询制度和决策过程公开制度、理清决策权限和决策责任、充分发挥合法性审查的作用、重视决策评估和责任追究等方面入手进行改革。

一、进一步明确决策权限划分

决策权本质上是做出决定或选择的权力。哪些事项应该由哪些层级的政府或部门来做决定,是决策权限划分最核心的内容,也是重大行政决策流程优化的关键。划分的基本依据既有行政体制对政府与部门职责的相关规定,也有决策与执行之间的关系。国务院《重大行政决策程序暂行条例》颁布后,为完善政府运行机制,各地方应该按既定的职责划分以及决策、执行、监督既相互协调又相互制约的基本要求,按照本地方特点,对党委和政府本级与各职能部门的决策权限进行进一步梳理和明确,以确定何为党委政府本级的决策事项、何为部门决策事项。

例如,根据政府部门职责划分以及决策、执行、监督相互协调相互制约的总体要求,同时参照国务院《重大行政决策程序暂行条例》和多个地方政府关于行政决策权限划分的依据,我们尝试将上文案例中的 S 区区委区政府决策事项归为以下 5 类:为贯彻落实市里、省里以及中央工作计划所做出的重要决定与部署;重要规划、部门年度工作计划的制定与调整①;涉及经济体制、行政管理体制、财政体制等重大改革方案的制定与调整;重要标准的制定与调整;预算资金使用的调整、重大建设项目、重要的跨区域合作项目的启动与调整②;土地资源及其他重要资源的使用规划与调整。③ 这样一来,邻避项目决策显然属于地方重大行政决策范围,理应给予特别关照,遵照特别程序,而不应该像政府常规决策一样,仍然下沉在部门范围内,对一些影响重大行政决策成败的要素不够敏感。

二、优化决策问题生成机制与决策问题排序机制,完善决策规划环节和议程设定环节

完善决策规划环节,就是必须让社会公众的利益诉求在政府决策中能够"发声",同时还能将其中涉及经济社会发展全局,与公民、法人和其他社会组

①　规划和计划类事项。主要包括编制区级国民经济和社会发展规划、社会经济、政治和文化发展的综合规划及其年度计划;制定城市总体规划、土地利用规划、自然资源开发利用总体规划、生态环境保护规划等涉及城市发展的专业规划。

②　财政资金安排、使用以及国有资产处置类事项。主要包括区级财政预算编制、重大财政资金安排和支出、政府重大投资项目、政府重大合同行为、国有资产处置等。

③　资源利用与保护类事项。主要包括土地、矿藏、水流、森林、山岭、荒地、滩涂、海域等自然资源开发利用和生态环境保护。

织利益密切相关的重大事项优先纳入决策议程。根据现实条件,我们认为在邻避治理中可尝试充分发挥人大、政协、社会公众在决策规划中的作用。鼓励党代表、人大代表、政协委员利用"两代表一委员工作室"积极提议邻避治理中的有关问题,同时打造政府决策的"过滤阀",对这些问题进行筛选和重新排序。

(一)尝试强化"两代表一委员"工作室制度,将"两代表一委员"工作室作为邻避治理政策动议的重要提出者

"两代表一委员"工作室是党代表、人大代表、政协委员履职平台的创新和活动机制的创新,是密切群众关系的载体,同时应将"两代表一委员"工作室作为邻避治理政策动议的重要提出者。首先,要进一步明确职责和完善工作保障,落实"两代表一委员"工作室的场所建设、财政保障和工作职责,同时每周开放时间要相对固定,并向社会公布,这样形成常态化的邻避治理反馈机制。其次,要提高"两代表一委员"的积极性,增强代表联络站的作用。再次,提高工作实效,增强代表联络站的吸引力。重点收集和督促解决邻避治理中群众反映强烈的热点、难点问题。"两代表一委员"工作室也要欢迎其他党政及司法部门入驻,便于各部门间建立起信息沟通、分工协作的工作机制。

(二)鼓励社会组织围绕邻避治理向党委政府提出政策动议

在现阶段,应以我们各级党委和政府为主力,行业协会和其他社会组织为助力,并通过合作机制的建立,适时地把它们提高到公共治理主体以及政府的平等合作伙伴上来,鼓励邻避治理议题向党委政府提出政策动议。首先,可提高社会组织代表人士参与决策的积极性,将其中的优秀代表人士纳入党代会、人大、政协中去,适当增加他们在其中代表的比例。其次,注重打造政府与社会组织定期沟通交流机制,定期召开社会组织参政议政工作会议,听取他们反映的邻避治理中的社情民意。最后,可通过设计相关的联系制度和专员制度

听取相关社会组织的意见,广泛听取民意。

（三）把握决策议程设立的标准,打造政府决策动议的"过滤阀"

邻避治理中因为牵涉的利益相关者众多,决策事项重大,所以有大量的待决策事项,必须有一套标准对这些事项进行排序,以方便政府分清决策事项的轻重缓急,从而更好地决策。

三、强化邻避项目决策咨询制度和决策过程公开制度,健全备选方案设计环节

为使得科学性和民主性在邻避决策备选方案设计环节得以充分体现,各级政府可借鉴中国香港、中国澳门的经验,建立专业化的政府公共决策咨询委员会。像邻避项目决策必须咨询公共决策咨询委员会意见。公共决策咨询委员会的任务是,委员会能就邻避项目的建设、运营、监督等重大问题,持续向政府提供有关资料信息和专业咨询。公共决策咨询委员会由官员、专家学者、社会人士、社会组织的代表组成。

同时,政府可建立健全邻避项目决策的信息公开制度,不仅公开决策草案,还要对决策草案所有的建议、草案形成的过程、意见采纳原则、依据以及相关部门对于公众意见的态度等相关主题一并公开。同时,还可以建立新闻媒体介入制度。多渠道鼓励公众积极参与对党委和政府邻避治理各个方面和社会事务的讨论,并提出政策建议。对于邻避治理中公众特别关心的重大议题的咨询审议会、决策会议,可通过电视直播等形式实时公开。

四、优化政策方案抉择环节,理清决策权限和决策责任

从厦门和漳州的案例我们可以看出,邻避项目决策中的政策方案抉择是决策流程的核心环节,颇为重要,因此必须从决策权限和决策责任两个方面对这一环节进行把关。

首先,要通过一定的制度安排,来确定邻避项目决策中各决策主体和决策机构的权力边界和职责范围。之后,要认真落实前述决策方案的形成程序,对方案的规划、议程设定、备选方案设计等环节,都做出明确的规定并遵照执行。通过这些制度,可以在一定程度上规避出现决策权限不明、决策责任不明的现象。

其次,建立决策责任制度。既要注意激发决策单位、决策承办单位工作的活力,又要保证对它们的行为进行有效监督。因此,一方面要注意放权,以保证各机关和单位独立开展工作;另一方面要推进决策责任制度建设,扎实落实决策考评机制和决策失误责任追究机制。

五、充分发挥人大专委会在方案抉择后的合法性环节的作用

为对邻避项目决策的合法性与合理性进行有效审查,避免决策违法或偏离公共利益,必须加强人大在决策合法性环节的作用。目前可行办法之一就是高度重视和加强人大的专委会建设,使其工作能更好地维护法律、代表民意。一方面人大专委会监督行政决策权限是否合法、合理;另一方面,配合上一级行政机关,重点监督邻避决策制定和实施是否遵照科学的程序。同时,可在人大系统内部设立人大行政监察专员制度,确保人大对决策监督的威力和效力。

六、重视决策评估和责任追究,以保证邻避项目决策的正常运行

(一)完善决策评估制度

应逐步完善决策评价制度,在邻避项目决策的全过程,通过抽样检查、跟踪调查、评估等方式,及时发现并纠正决策存在的问题,减少决策失误造成的损失。评估的时间应该根据不同决策事项的组织实施难度有所不同。具体承

担评估任务的机构,可以根据实际情况在上级党委政府、负责监督的纪委机关、社会专业评估机构中进行选择,每次选择两个或者两个以上的评估机构独立开展评估,以发挥不同评估机构的综合优势。

(二) 实行决策责任制

首先,必须建立决策失误追究制。对因违反决策程序,导致决策错误或者失误的;对因玩忽职守、贻误决策时机的,造成重大损失和恶劣影响的;对决策承办单位违反决策程序,失职渎职的;对决策执行单位拒不执行、拖延执行、推诿执行的;对承担决策评估的专家和专业机构违反职业道德的;因决策中违反财经纪律,挥霍浪费国家资金的;分别按照相关规定予以惩戒,依法追究责任。

其次,可试行建立决策失误赔偿制,坚持谁决策谁负责、惩处与责任相适应、教育与惩处相结合的原则。上面一条提到的这些在政策制定、政策执行、政策评估等环节出现失误,给国家、集体造成经济损失的,除了给予组织处理和追求纪律责任外,决策主体还要承担相应的经济责任,承担比例经由财政、审计等部门确认。①

总体来说,政府决策的流程优化是政府在面对邻避治理压力时最为有力的调整方式,当下政府的决策过程还面临许多问题,而政府要有效应对邻避冲突,从这一节的分析来看,就必须从决策权限划分、决策规划环节和议程设定环节优化、强化决策咨询制度和决策过程公开制度、理清决策权限和决策责任、充分发挥合法性审查的作用,重视决策评估和责任追究等改革措施入手,结合决策理念、决策模式、决策流程的重塑和优化等因素,彻底改革政府决策的体制机制。

---

① 王海平:《领导重大决策失误需经济赔偿》,《东方早报》2005 年 7 月 4 日。

附录1　县级重大公共决策科学化和民主化座谈会提纲

一、调研时间

2015 年 11 月 30 日

二、调研座谈题目

座谈主题:重大决策中的公众参与和协商的管理与引导

1. 当前,重大决策中公众参与具有哪些新现象、新特征? 带来哪些新的挑战?

2. 在公众对该项目存有疑虑乃至抵制和抗议的情形下,政府采取了哪些具体措施与公众进行沟通和协商?

3. 政府在推进该项目决策的科学化和民主化进程中,有哪些成功的经验或失败的教训?

4. 针对该项目,目前政府与反对方最大的分歧在哪里?

5. 在推进该项目的过程中,政府与公众沟通中最大困难是什么?

自由讨论环节问题:

1. 重大行政决策的范围如何界定?

2. 重大行政决策的程序有何问题,如何完善?

3. 市县一级如今重大公共决策有何问题及完善的建议?

附录 2　邻避治理与依法决策机制调查问卷

尊敬的学员:您好!

为了解和掌握十八届四中全会《决定》中提出的健全依法决策机制、建设法治政府相关情况,也为了了解各地方邻避治理的实际情况,更好地提升党校教学和科研水平,我们恳请占用您的宝贵时间回答有关问题。本次调查为匿名填写,只供党校学术研究和干部培训之用,我们郑重承诺:对您提供的信息严格保密。十分感谢您的支持和配合!

中央党校政法教研部调研组

2016 年 12 月 12 日

【填写说明】请在合适的选项上打"√",以下问题中如没有注明"可多选",请仅单选 1 项。

【背景资料】

1.您的性别是:A.男　　　　B.女

2.您的教育程度是:

A.专科　　　B.大学本科　　　C.硕士研究生　　　D.博士研究生及以上

3.您的年龄是:

A.30 岁以下　B.31—40 岁　　C.41—50 岁　　　D.51—60 岁

E.61 岁以上

4.您目前的职务行政级别是:

A.正部级　　　B.副部级　　　C.正局级　　　　　D.副局级

E.正处级　　　F.副处级　　　G.科级及以下

5.您的工作单位类型属于:

A.党委及其工作部门　　　　B.人大政协

C.政府及职能部门　　　　　D.检察院及法院

E.事业单位　　　　　　　　F.企业

G.社会团体

6.您所在单位隶属的层级是?

A.中央　　　　　　　　　B.省、自治区、直辖市

C.地级市　　　　　　　　D.县、县级市

E、乡镇、街道办

7.在仅用于学术研究并承诺保密的情况下,向您咨询以下相关信息时,您愿意提供吗?（1—7 依次表示从不愿意向愿意过渡,请在合适的数字上打"√"）

不愿意←1　2　3　4　5　6　7→愿意

【基本信息】

1.您所在单位做出邻避决策时,最通常的做法是下列哪一项:

A.领导班子集体表决　　　　B.领导班子集体讨论后由首长决定

C.首长个人决策　　　　　　D.首长请示后决策

E.其他

2.您认为在做出邻避决策中,最为关键的考虑因素是下列哪一项:

A.落实中央或上级的有关精神　　B.加强部门权威

C.解决工作中面临的问题　　　　D.促进当地经济社会发展

E.满足老百姓的需要　　　　　　F.其他

3.政府在做出邻避决策时遇到的最大困难是下列哪一项：

A.上级部门(领导)不支持　　　　　B.资金不足

C.项目受益人参与率不足　　　　　D.利益被触动者反对

E.工作人员干劲不足　　　　　　　F.领导和负责同志调整岗位

G.公众的误解　　　　　　　　　　H.其他

4.您认为当前邻避决策中公众参与的程度如何,请选出下列一项：

A.基本无参与　　　　　　　　　　B.低度形式参与

C.小范围有影响力参与　　　　　　D.广泛的深度、实质性参与

5.在邻避项目的决策过程中,政府与民众沟通中存在的最大问题是下列哪一项：

A.公众不信任政府　　　　　　　　B.公众掌握的信息不充分

C.公众只顾自身利益　　　　　　　D.公众目光短浅

E.公众缺乏理性协商能力

6.您认为要优化邻避决策过程,最需要关注的环节是哪一项：

A.专家咨询　　　B.公众参与　　　C.风险评估　　　　D.集体讨论

E.合法性审查

7.您认为邻避决策中公众参与的效果和作用包括了哪些:(可多选)

A.反映了公众心声

B.使政府决策更具有合法性

C.给决策带来更多信息和方案

D.增加了公众对政府的理解,减少了批评

E.提高了公众支持程度,方便政策执行

F.增加了决策协调难度,给决策带来困难

G.重大决策需要专业技术,公众参与作用不大

H.影响了工作效率

8.您认为公众参与应该在邻避决策的哪些环节发挥作用:(可多选)

A.社情民意征集　　　　　　B.待决策事项的筛选和排序

C.备选方案设计　　　　　　D.决策草案形成

E.决策方案的合法化　　　　F.政策执行

G.政策的监督和评估

9.您认为应该在下列哪些邻避决策中引入公众参与:(可多选)

A.时间紧迫的重大决策

B.涉及群众切身利益的重大决策

C.涉及经济发展的重大决策

D.专业性、技术性较强的重大工程和项目决策

E.涉及较多部门,需要多方协调的重大决策

F.与其他地方政府合作与协调的重大决策

G.其他

再次感谢您的支持

衷心祝您工作顺利

附录3 省一级政府重大行政决策制度文本

序号	制度文本名称	年份
1	上海市人民政府关于印发《上海市依法行政"十二五"规划》的通知	2011
2	上海市人民政府关于发布《上海市贯彻实施国务院〈全面推进依法行政实施纲要〉的意见》的通知	2004
3	上海市人民政府印发《关于2013年至2017年本市进一步推进法治政府建设的意见》的通知	2013
4	上海市人民政府贯彻国务院关于加强市县政府依法行政的决定的实施意见	2009
5	中共江西省委、江西省人民政府关于进一步增强决策科学性和执行力切实维护群众合法权益的意见	2014
6	中共辽宁省委、辽宁省人民政府关于进一步加强和改进全省决策咨询工作的意见	2012
7	中共重庆市委、重庆市人民政府关于印发《重庆市区县（自治县、市）党委、政府领导集体决策重大问题议事规则（试行）》的通知	2003
8	云南省人民政府办公厅关于印发《云南省人民政府重大决策听证制度实施办法》、《云南省人民政府重要事项公示制度实施办法》、《云南省人民政府重点工作通报制度实施办法》和《云南省人民政府政务信息查询制度实施办法》的通知	2009
9	内蒙古自治区人民政府贯彻落实国务院关于加强市县政府依法行政决定的实施意见	2008
10	北京市人民政府关于加强法治政府建设的实施意见	2011
11	北京市人民政府办公厅关于健全市政府重大行政决策和行政规范性文件合法性审查工作机制的通知	2012

续表

序号	制度文本名称	年份
12	吉林省人民政府关于加强市县政府依法行政的实施意见	2009
13	吉林省人民政府关于印发《吉林省法治政府建设指标体系》的通知	2014
14	吉林省人民政府关于印发《省政府决策咨询工作规则》的通知	2005
15	吉林省人民政府办公厅关于修订印发《吉林省人民政府决策咨询工作规则》和《吉林省人民政府决策咨询工作细则》的通知（2009）	2009
16	四川省人民政府关于加强法治政府建设的实施意见	2011
17	四川省人民政府关于印发《四川省人民政府重大决策专家咨询论证实施办法(试行)》的通知	2004
18	四川省人民政府关于印发《四川省全面推进依法行政第二个五年规划》的通知	2010
19	四川省人民政府关于印发《四川省人民政府严格依法行政的规定》的通知	2013
20	四川省人民政府关于印发《四川省重大行政决策程序规定》的通知	2015
21	四川省人民政府关于推进依法治省、加快法治政府建设的意见	2011
22	四川省人民政府关于深入推进依法行政加快建设法治政府的意见	2015
23	重庆市人民政府办公厅关于印发《重庆市人民政府依法行政工作目标考核办法》的通知	2012
24	天津市人民政府关于加强法治政府建设的实施意见	2010
25	天津市人民政府关于进一步规范"三重一大"决策工作的意见	2015
26	宁夏回族自治区法治政府建设指标体系(试行)	2015
27	安徽省人民政府关于进一步规范政府系统重大事项决策行为的意见	2014
28	山东省人民政府办公厅关于进一步做好重大行政决策合法性审查工作的通知	2015
29	山西省人民政府关于健全重大行政决策机制的意见	2015
30	山西省人民政府关于加快推进法治政府建设的实施意见	2015
31	广东省人民政府办公厅印发《广东省重大行政决策专家咨询论证办法(试行)》的通知	2012
32	广东省法治政府建设指标体系(试行)	2013
33	广西壮族自治区人民政府关于加强法治政府建设的实施意见	2011
34	广西壮族自治区人民政府关于深入推进依法行政加快建设法治政府的实施意见	2015
35	新疆维吾尔自治区人民政府关于印发《新疆维吾尔自治区依法行政考核暂行办法》的通知	2009

序号	制度文本名称	年份
36	江苏省人民政府关于加快推进法治政府建设的意见	2011
37	江苏省人民政府办公厅关于进一步推动参与式行政程序建设的意见	2014
38	江苏省政府关于深入推进依法行政加快建设法治政府的意见	2015
39	江西省人民政府关于加强市县政府依法行政的实施意见	2009
40	江西省人民政府关于加强法治政府建设的实施意见	2011
41	江西省人民政府办公厅关于印发江西省重大行政决策事项听证办法的通知	2014
42	河北省人民政府关于建立健全科学民主决策制度的实施意见	2005
43	河北省人民政府关于推进依法行政加强法治政府建设的意见	2011
44	河南省人民政府关于加强政府决策研究工作的若干意见	2007
45	河南省人民政府办公厅关于印发《依法行政工作责任目标考核方案》的通知	2010
46	河南省人民政府贯彻国务院关于加强法治政府建设意见的实施意见	2011
47	浙江省人民政府关于加强法治政府建设的实施意见	2011
48	浙江省人民政府关于印发《浙江省人民政府健全完善科学民主决策制度规定》的通知	2005
49	浙江省人民政府关于印发《浙江省全面推进依法行政十二五规划》的通知	2011
50	浙江省人民政府关于推进法治政府建设的意见	2006
51	浙江省人民政府关于深入推进依法行政加快建设法治政府的实施意见	2015
52	海南省人民政府关于印发《进一步规范重大决策重大项目安排和大额度资金使用决策议事规则》的通知	2015
53	海南省人民政府关于贯彻落实全面推进依法行政实施纲要的实施意见	2004
54	海南省人民政府贯彻国务院关于加强市县政府依法行政决定的实施意见	2009
55	湖北省人民政府关于印发《湖北省人民政府重大行政决策程序规定（试行）》的通知	2013
56	湖北省人民政府关于推进行政决策科学化民主化的若干意见	2005
57	湖南省人民政府关于印发《湖南省法治政府建设十二五规划》的通知	2011

序号	制度文本名称	年份
58	湖南省人民政府办公厅关于印发《湖南省人民政府重大决策实施效果评估办法(试行)》的通知	2014
59	湖南省人民政府办公厅关于印发《湖南省人民政府重大行政决策专家咨询论证办法》的通知	2011
60	湖南省人民政府办公厅关于印发《湖南省省本级重大项目决策程序规定(试行)》的通知	2015
61	湖南省行政程序规定	2008
62	福建省人民政府关于印发《重大行政决策十条规定》的通知	2013
63	福建省人民政府关于贯彻国务院加强市县政府依法行政决定的实施意见	2009
64	福建省人民政府印发《关于贯彻国务院全面推进依法行政实施纲要的实施意见》的通知	2005
65	贵州省人民政府关于加强法治政府建设的意见	2011
66	贵州省人民政府关于印发《加强科学民主决策的意见》《加强工作协调的意见》《加强重大决策后评估的意见》的通知	2014
67	贵州省人民政府关于印发《贵州省人民政府重大决策程序规定》《贵州省人民政府督查工作规定》《贵州省人民政府会议制度》《贵州省人民政府应急值守工作制度》等规定和制度的通知	2012
68	贵州省人民政府关于贯彻国务院全面推进依法行政实施纲要的意见	2004
69	贵州省人民政府办公厅关于印发《贵州省重大建设项目决策办法》的通知	2012
70	辽宁省人民政府关于加强市县政府依法行政的实施意见	2008
71	重庆市人民政府关于加快建设法治政府的若干意见	2010
72	黑龙江省人民政府关于印发《黑龙江省人民政府重大决策规则》的通知	2006
73	黑龙江省人民政府关于重大决策落实的督办检查制度	1990
74	黑龙江省人民政府办公厅关于印发省政府重大决策专家咨询论证制度的通知	2006
75	内蒙古自治区重大行政决策程序规定	2015
76	天津市人民政府重大事项决策程序规则	2008
77	宁夏回族自治区行政程序规定	2015
78	宁夏回族自治区重大行政决策规则	2015
79	山东省行政程序规定	2011

序号	制度文本名称	年份
80	广东省重大行政决策听证规定	2013
81	广西壮族自治区重大行政决策程序规定	2013
82	江苏省行政程序规定	2015
83	江西省县级以上人民政府重大行政决策程序规定	2008
84	浙江省重大行政决策程序规定	2015
85	甘肃省人民政府重大决策程序暂行规则	2007
86	甘肃省人民政府重大行政决策程序暂行规定	2015
87	重庆市政府重大决策程序规定	2005
88	青海省人民政府重大行政决策程序规定	2009

参 考 文 献

中文文献

［美］戴维·米勒、韦农·波格丹诺：《布莱克维尔政治学百科全书》，中国政法大学出版社 1992 年版。

［美］弗里曼：《战略管理：利益相关者方法》，上海译文出版社 2006 年版。

［美］凯斯·R.孙斯坦：《风险与理性——安全、法律及环境》，师帅译，中国政法大学出版社 2005 年版。

［美］R.科斯、A.阿尔钦、D.诺斯：《财产权利与制度变迁——产权学派与新制度学派译文集》，上海三联书店 1991 年版。

［美］理查德·C.博克斯：《公民治理：引领 21 世纪的美国社区》，孙柏瑛译，中国人民大学出版社 2005 年版，第 82 页。

［美］托马斯·戴伊：《理解公共政策》（第 11 版），孙彩虹译，北京大学出版社 2008 年版。

［德］乌尔里希·贝克：《风险社会》，何博闻译，译林出版社 2004 年版。

［美］约翰·W.金登：《议程、备选方案与公共政策》，丁煌、方兴译，中国人民大学出版社 2004 年版。

［美］约翰·克莱顿·托马斯：《公共决策中的公民参与：公共管理者的新技能与新策略》，孙柏瑛译，中国人民大学出版社 2005 年版。

［美］詹姆斯·安德森：《公共政策制定》，谢明译，中国人民大学出版社 2009 年版。

包存宽：《公众参与规划环评、源头化解社会矛盾》，《现代城市研究》2013 年第

2 期。

蔡定剑:《公众参与:风险社会的制度建设》,法律出版社 2009 年版。

曹正汉、史晋川:《中国地方政府应对市场化改革的策略:抓住经济发展的主动权——理论假说与案例研究》,《社会学研究》2009 年第 4 期。

陈宝胜:《公共政策过程中的邻避冲突及其治理》,《学海》2012 年第 5 期。

陈佛保、郝前进:《环境市政设施的邻避效应研究——基于上海垃圾中转站的实证分析》,《城市规划》2013 年第 8 期。

陈建科:《重大决策终身责任追究制度研究》,《中共贵州省委党校学报》2014 年第 6 期。

陈丽君、傅衍:《我国公共政策执行逻辑研究述评》,《北京行政学院学报》2016 年第 5 期。

陈玲、李利利:《政府决策与邻避运动:公共项目决策中的社会稳定风险触发机制及改进方向》,《公共行政评论》2016 年第 1 期。

陈晓运:《争取科技公民权:为什么邻避从抗争转向社会运动——以中国城市反焚事件(2009—2013 年)为例》,《甘肃行政学院学报》2017 年第 6 期。

陈新民:《德国公法学基础理论》,山东人民出版社 2001 年版。

陈振明:《政策科学:公共政策分析导论》,中国人民大学出版社 2004 年版。

程惠霞、丁刘泽隆:《公民参与中的风险沟通研究:一个失败案例的教训》,《中国行政管理》2015 年第 2 期。

褚大建:《"邻避"现象考验社会管理能力》,《文汇报》2011 年 11 月 8 日。

崔晶:《从"后院"抗争到公众参与——对城市化进程中邻避抗争研究的反思》,《武汉大学学报》(哲学社会科学版)2015 年第 9 期。

邓小平:《邓小平文选(第 2 卷)》,人民出版社 1994 年版。

杜健勋:《邻避运动中的法权配置与风险治理研究》,《法制与社会发展》2014 年第 4 期。

段立彬:《我国环境群体性事件的特点、成因与应对》,硕士学位论文,复旦大学社会科学基础部,2014 年。

樊纲、王小鲁、张立文等:《中国各地区市场化相对进程报告》,《经济研究》2003 年第 3 期。

范柏乃、蓝志勇:《公共管理研究与定量分析方法》,科学出版社 2008 年版。

管在高:《邻避型群体性事件产生的原因及预防对策》,《管理学刊》2010 年第 12 期。

郭巍青、陈晓运:《风险社会的环境异议——以广州市民反对垃圾焚烧厂建设为例》,《公共行政评论》2011 年第 1 期。

郭文斌:《知识图谱理论在教育与心理研究中的应用》,浙江大学出版社 2015 年版。

何艳玲、陈晓运:《从"不怕"到"我怕":"一般人群"在邻避冲突中如何形成抗争动机》,《学术研究》2012 年第 5 期。

何艳玲:《"中国式"邻避冲突:基于事件的分析》,《开放时代》2009 年第 12 期。

何艳玲:《邻避冲突及其解决:基于一次城市集体抗争的分析》,《公共管理研究》2006 年第 4 期。

侯光辉、王元地:《邻避危机何以愈演愈烈—— 一个整合性归因模型》,《公共管理学报》2014 年第 3 期。

侯杰泰:《结构方程模型及其应用》,教育科学出版社 2014 年版。

胡鞍钢:《中国集体领导体制》,中国人民大学出版社 2013 年版。

胡燕、孙羿、陈振光:《邻避设施规划的协作管治问题——以广州两座垃圾焚烧发电厂选址为例》,《城市规划》2013 年第 6 期。

黄建伟:《邻避冲突中社会抗争与政治回应的因果推理——基于京沈高铁事件的力场分析和过程追踪》,《行政论坛》2018 年第 6 期。

黄涛:《邻避运动:是发展之痛,更是进步之阶》,《中国青年报》2014 年 7 月 7 日。

黄小勇:《公共决策的公众参与困境及其管理策略——以广东番禺区垃圾焚烧发电厂风波为例》,《国家行政学院学报》2010 年第 5 期。

黄小勇:《决策科学化民主化的冲突、困境及操作策略》,《政治学研究》2013 年第 4 期。

黄小勇:《在公众参与环境下如何进行民主决策——以漳州市引进 PX 项目为例》,《中国党政干部论坛》2011 年第 11 期。

黄学贤:《重大行政决策之范围界定》,《山东科技大学学报》2013 年第 10 期。

黄有亮、张涛、陈伟等:《"邻避"困局下的大型工程规划设计决策审视》,《现代管理科学》2012 年第 10 期。

黄月琴:《反石化运动的话语政治:2007 — 2009 年国内系列反 PX 事件的媒介建构》,博士学位论文,武汉大学新闻与传播学院,2010 年。

黄振威:《半公众参与决策模式——应对邻避冲突的政府策略》,《湖南大学学报》2015 年第 4 期。

黄振威:《城市邻避设施建造决策中的公众参与》,《湖南城市学院学报》2014 年第

1 期。

黄振威:《当前我国重大行政决策制度的特征》,《学习时报》2015 年 11 月 9 日。

黄振威:《当前重大决策风险评估的新趋势》,《学习时报》2015 年 8 月 24 日。

黄振威:《国际智库研究的文献计量分析》,《湖南大学学报》2016 年第 6 期。

黄振威:《邻避项目决策是如何做出来的——基于领导干部调查问卷的分析》,《探索》2018 年第 1 期。

黄振威:《权力制约、可信承诺与经济增长》,浙江大学出版社 2014 年版。

黄峥、金钱:《公园还是养老保障:邻避设施的补偿效应研究》,《中国行政管理》2017 年第 10 期。

贾西津:《中国公民参与:案例与模式》,社会科学文献出版社 2008 年版。

姜秉权、许振亮:《基于知识图谱的国际生态文明研究前沿:共词分析视角》,《科技与经济》2009 年第 5 期。

郎友兴、薛晓婧:《"私民社会":解释中国式"邻避"运动的新框架》,《探索与争鸣》2015 年第 12 期。

李钢、蓝石:《公共政策内容分析方法:理论与应用》,重庆大学出版社 2007 年版。

李建华:《邻避冲突管理:以嘉义县鹿草焚化厂设置为例》,硕士学位论文,中正大学政治学系,2001 年。

李强:《中石油云南炼油项目将充分尊重群众意愿》,《中国经济时报》2013 年 5 月 15 日。

李万新:《公众参与环境决策的方法与实践》,中欧环境治理项目政策与实践对比研究报告五——中国卷(2013 年)。

李小敏、胡象明:《邻避现象原因新析:风险认知与公众信任的视角》,《中国行政管理》2015 年第 3 期。

李兴孟:《"PX 项目"公共危机管理案例分析——政府责任和信息沟通的视角》,《法制与社会》2011 年第 2 期。

李永展、翁久惠:《邻避设施对主观环境生活品质影响之探讨:以居民对垃圾焚化炉之认知与态度为例》,《经济法制论丛》1995 年第 16 期。

李永展:《邻避症侯群之解析》,《都市与计划》1997 年第 1 期。

李子豪:《公众参与对地方政府环境治理的影响——2003—2013 年省际数据的实证分析》,《中国行政管理》2017 年第 8 期。

联合国开发计划署评估办公室编:《计划管理者手册:面向结果的监督与评估》,科学出版社 1999 年版。

梁罗、王国婷、任荣明：《邻避型群体事件与事后救济型群体事件的博弈比较》，《生态经济》2014年第6期。

林聚任：《社会网络分析：理论、方法与应用》，北京师范大学出版社2009年版。

林文渊、赵家民：《垃圾焚化厂回馈金制度之探讨》，《环境与管理研究》2008年第12期。

刘冰：《邻避设施选址中的地方政府行为及社会动员模式研究——以漳州PX项目成功选址为例》，载杜志淳：《中国社会公共安全研究报告》2014年第2期，中央编译出版社2014年版。

刘峰：《建立重大决策终身责任追究制度及责任倒查机制》，《理论视野》2015年第1期。

刘佳佳、黄有亮、张涛：《邻避设施选址过程中公共参与方式选择研究》，《建筑经济》2013年第2期。

刘平、鲁道夫·特劳普—梅茨：《地方决策中的公众参与：中国和德国》，上海社会科学院出版社2009年版。

刘启元、叶鹰：《文献题录信息挖掘方法及其软件SATI的实现》，《信息资源管理学报》2012年第1期。

刘莘主编：《法治政府与行政决策、行政立法》，北京大学出版社2006年版。

刘顺忠：《管理科学研究方法》，武汉大学出版社2012年版，第186页。

刘战、潘云良：《当代中国系统管理：三个体系建设的实践与探索》，中共中央党校出版社2006年版。

娄胜华、姜姗姗：《"邻避运动"在澳门的兴起及其治理——以美沙酮服务站选址争议为个案》，《中国行政管理》2012年第4期。

卢阳旭、何光喜、赵延东：《重大工程项目建设中的"邻避"事件：形成机制与治理对策》，《北京行政学院学报》2014年第4期。

吕书鹏、王琼：《地方政府邻避项目决策困境与出路——基于"风险—利益"感知的视角》，《中国行政管理》2017年第4期。

麻宝斌、杜平：《重大决策社会稳定风险评估的主题、内容与方法》，《哈尔滨工业大学学报(社会科学版)》2014年第1期。

马奔、李珍珍：《邻避设施选址中的公民参与——基于J市的案例研究》，《华南师范大学学报(社会科学版)》2016年第4期。

马奔、王昕程、卢慧梅：《当代中国邻避冲突治理的策略选择——基于对几起典型邻避冲突案例的分析》，《山东大学学报》2014年第3期。

马奔、李继朋:《我国邻避效应的解读:基于定性比较分析法的研究》,《上海行政学院学报》2015 年第 9 期。

马奔:《邻避设施选址规划中的协商式治理与决策——从天津港危险品仓库爆炸事故谈起》,《南京社会科学》2015 年第 12 期。

毛庆铎、马奔:《邻避风险认知偏差与沟通:社会判断理论的视角》,《北京行政学院学报》2017 年第 5 期。

孟薇、孔繁斌:《邻避冲突的成因分析及其治理工具选择——基于政策利益结构分布的视角》,《江苏行政学院学报》2014 年第 2 期。

庞晓天:《公共项目建设的邻避冲突:困境、动因与突破——基于对上海虹杨变电站规划冲突事件的分析》,载上海市社会科学联合会编:《转型·创新·改革——上海市社会科学界第十届学术年会文集(2012 年度)(经济·管理学科卷)》,上海人民出版社 2012 年版。

彭小兵、朱沁怡:《邻避效应向环境群体性事件转化的机理研究——以四川什邡事件为例》,《上海行政学院学报》2014 年第 6 期。

钱坤、黄忠全、刘小峰:《基于演化博弈视角的邻避设施环境补偿机理》,《系统工程》2017 年第 3 期。

丘昌泰:《从"邻避效应"到"迎臂效应":台湾环保抗争的问题与出路》,《政治科学论丛》2002 年第 17 期。

邱皓政:《量化研究与统计分析》,重庆大学出版社 2013 年版,第 305 页。

邱均平:《信息计量学》,武汉大学出版社 2007 年版,第 320 页。

上官敫铭:《厦门人反 PX 之战:环保旗帜下的民意胜利》,《南方都市报》2007 年 12 月 25 日。

孙德超:《重大事项社会稳定风险评估指标体系的构建及运行》,《哈尔滨工业大学学报(社会科学版)》2014 年第 1 期。

孙玮:《"我们是谁":大众媒介对于新社会运动的集体认同感构建——PX 项目事件大众媒介报道的个案研究》,《新闻大学》2007 年第 3 期。

孙枝俏、王金水:《公民参与公共政策制度化的价值和问题分析》,《江海学刊》2007 年第 5 期。

谭鸿仁、王俊隆:《邻避与风险社会:新店安坑掩埋厂设置的个案分析》,《地理研究》2005 年第 5 期。

谭爽、胡象明:《邻避型社会稳定风险中风险认知的预测作用及其调控——以核电站为例》,《武汉大学学报(哲学社会科学版)》2013 年第 9 期。

谭爽：《浅析邻避型群体事件的生成及规避》，《北京交通大学学报（社会科学版）》2014 年第 2 期。

汤汇浩：《邻避效应：公益性项目的补偿机制与公民参与》，《中国行政管理》2011 年第 7 期。

汤京平、翁伟达：《解构邻避运动》，《公共行政学报》2005 年第 14 期。

汤京平：《邻避性环境冲突管理的制度与策略》，《政治科学论丛》1999 年第 6 期。

童星、陶鹏：《邻避型群体性事件及其治理》，《南京社会科学》2010 年第 8 期。

万筠、王佃利：《中国邻避冲突结果的影响因素研究——基于 40 个案例的模糊集定性比较分析》，《公共管理学报》2019 年第 1 期。

万里：《决策民主化和科学化是政治体制改革的一个重要课题（首届全国软科学研究工作座谈会上的讲话）》，《人民日报》1986 年 8 月 15 日。

王佃利、王玉龙、于棋：《从"邻避管控"到"邻避治理"：中国邻避问题治理路径转型》，《中国行政管理》2017 年第 5 期。

王佃利、王铮：《交通类邻避设施冲突的衍生逻辑及其治理——基于设施属性的多案例分析》，《中国行政管理》2018 年第 9 期。

王佃利、邢玉立：《空间正义与邻避冲突的化解——基于空间生产理论的视角》，《理论探讨》2016 年第 5 期。

王佃利、徐晴晴：《邻避冲突的属性分析与治理之道——基于邻避研究综述的分析》，《中国行政管理》2012 年第 12 期。

王锋、胡象明、刘鹏：《焦虑情绪、风险认知与邻避冲突的实证研究——以北京垃圾填埋场为例》，《北京理工大学学报（社会科学版）》2014 年第 6 期。

王海平：《领导重大决策失误需经济赔偿》，《东方早报》2005 年 7 月 4 日。

王辉：《昆明市民不服炼化项目规划选址申请行政复议》，《南方都市报》2013 年 9 月 2 日。

王奎明、钟杨：《"中国式"邻避运动核心议题探析——基于民意视角》，《上海交通大学学报（哲学社会科学版）》2014 年第 1 期。

王绍光：《中国公共政策议程设置的模式》，《中国社会科学》2006 年第 5 期。

王韶光、樊鹏：《中国式共识型决策"开门"与"磨合"》，中国人民大学出版社 2013 年版。

王万华：《重大行政决策中的公众参与制度构建》，《中共浙江省委党校学报》2014 年第 5 期。

王锡锌：《我国公共决策专家咨询制度的悖论及其克服——以美国《联邦咨询委员

会法》为借鉴》,《法商研究》2007 年第 2 期。

王向民、许文超:《制度缺失的理性行动:PX 事件中政府与民众博弈的"内卷化"现象》,《上海交通大学学报(哲学社会科学版)》2014 年第 6 期。

王雅琴:《公众参与背景下的政府决策能力建设》,《中国行政管理》2014 年第 9 期。

王仰文:《行政决策连带责任制度的内在逻辑与中国实践》,《山东科技大学学报》2014 年第 12 期。

王仰文:《行政决策责任的多元类型及内在关联研究》,《中共云南省委党校学报》2014 年第 9 期。

王仰文:《行政决策责任追究程序启动标准问题研究》,《辽宁师范大学学报》2014 年第 5 期。

王仰文:《行政决策责任追究的主体范围问题研究》,《广西社会科学》2014 年第 4 期。

王仰文:《行政决策责任追究对象的类型化认定研究》,《江南大学学报》2014 年第 11 期。

王仰文:《行政决策责任追究基本程序构建问题研究》,《内蒙古农业大学学报》2014 年第 5 期。

魏娜、韩芳:《邻避冲突中的新公民参与:基于框架建构的过程》,《浙江大学学报(人文社会科学版)》2015 年第 4 期。

文辉、杨军:《突发公共事件的微博传播特征及其舆论引导——以"什邡事件"的新浪微博传播为例》,载于祝小宁:《全球治理中的公共管理创新研究——2013 年公共管理国际会议论文集续集》,电子科技大学出版社 2014 年版。

吴浩:《国外行政立法的公众参与制度》,中国法制出版社 2008 年版。

吴明隆:《结构方程模型——AMOS 的操作与应用》,重庆大学出版社 2009 年版。

肖北庚:《行政决策法治化的范围与立法技术》,《河北法学》2013 年第 6 期。

谢彩霞、梁立明、王文辉:《我国纳米科技论文关键词共现分析》,《情报杂志》2005 年第 3 期。

熊炎:《邻避型群体性事件的实例分析与对策研究——以北京市为例》,《北京行政学院学报》2011 年第 3 期。

徐湘林:《从政治发展理论到政策过程理论——中国政治改革研究的中层理论建构探讨》,《中国社会科学》2004 年第 3 期。

许振亮:《国际技术创新研究前沿与学术群体可视化分析》,博士学位论文,大连理工大学21世纪发展研究中心,2010年。

薛晓源、刘国良:《全球风险世界:现在与未来——德国著名社会学家、风险社会理论创始人乌尔里希·贝克教授访谈录》,《马克思主义与现实》2005年第1期。

杨馥源、陈剩勇:《地方公共决策专家咨询体系的现状及建议》,《中国石油大学学报》2008年第10期。

杨槿、朱竑:《"邻避主义"的特征及影响因素研究——以番禺垃圾焚烧发电厂为例》,《世界地理研究》2013年第3期。

杨拓:《环境污染类邻避设施行为主体间认知差异评估》,《管理现代化》2014年第6期。

杨雪峰、章天成:《环境邻避风险:理论内涵、动力机制与治理路径》,《国外理论动态》2016年第8期。

杨烨:《环保公众参与办法最快年底出台　违法者或遭实质问责》,2014年8月5日,见http://politics.people.com.cn/n/2014/0805/c70731-25401530.html。

杨寅:《行政决策程序、监督与责任制度》,中国法制出版社2011年版。

杨志军、欧阳文忠:《消极改变政策决策:当代中国城市邻避抗争的结果效应分析》,《甘肃行政学院学报》2017年第1期。

姚俊颖:《重视过程制度才有生命力》,《中国环境报》2014年9月25日。

余明桂、潘红波:《政治关系、制度环境与民营企业银行贷款》,《管理世界》2008年第8期。

袁方:《社会研究方法教程》,北京大学出版社1997年版。

曾繁旭、钱琪瑶:《传播链条、社会网络与公众回应:社会化媒体时代的风险沟通效果研究》,《新闻与写作》2015年第6期。

曾哲:《我国重大行政决策权划分边界研究》,《南京社会科学》2012年第1期。

张洁、张涛甫:《美国风险沟通研究:学术沿革、核心命题及其关键因素》,《国际新闻界》2009年第9期。

张金马:《公共政策分析:概念·过程·方法》,人民出版社2004年版。

张紧跟、叶旭:《邻避冲突何以协商治理——以广东茂名PX事件为例》,《中国地质大学学报(社会科学版)》2018年第9期。

张紧跟:《邻避冲突何以协商治理:以杭州九峰垃圾焚烧发电项目为例》,《行政论坛》2018年第4期。

张紧跟:《制造同意:广州市政府治理邻避冲突的策略》,《武汉大学学报(哲学社会科学版)》2017年第3期。

张乐、童星:《公众的"核邻避情结"及其影响因素分析》,《社会科学研究》2014 年第 1 期。

张文彤:《SPSS 统计分析高级教程》,高等教育出版社 2004 年版,第 313 页。

张维迎:《信息、信任与法律》,三联书店 2006 年版。

张小乖:《地方重大公共决策过程中风险评估机制建设研究》,载于中央党校政法教研部课题组:《推进公共决策科学化和民主化机制建设研究报告》,内部研究报告,2016 年。

张旖:《我国重大行政决策风险评估制度研究》,硕士学位论文,内蒙古大学宪法与行政法专业,2014 年。

张勇杰:《邻避冲突环保 NGO 参与作用的效果及其限度——基于国内十个典型案例的考察》,《中国行政管理》2018 年第 1 期。

赵娜、方卫华:《重大行政决策的集体讨论决定制度研究》,《北京航空航天大学学报》2014 年第 1 期。

赵小燕:《邻避冲突参与动机及其治理:基于三种人性假设的视角》,《武汉大学学报(哲学社会科学版)》2014 年第 2 期。

赵小燕:《邻避冲突的政府决策诱因及对策》,《武汉理工大学学报》2014 年第 3 期。

郑卫:《我国邻避设施规划公众参与困境研究——以北京六里屯垃圾焚烧发电厂规划为例》,《城市规划》2013 年第 8 期。

中国互联网信息中心:《中国互联网络发展状况统计报告》,2020 年 4 月。

中国社会科学院公共政策研究中心、香港城市大学亚洲管治研究中心:《中国公共政策分析 2003》,中国社会科学出版社 2003 年版。

钟勇、欧阳丽、郑卫等:《由邻避公用设施扰民反思规划编制体系的改进对策》,《现代城市研究》2013 年第 2 期。

周光辉:《当代中国决策体制的形成与变革》,《中国社会科学》2011 年第 3 期。

周丽旋、彭晓春、关恩浩等:《垃圾焚烧设施公众"邻避"态度调查与受偿意愿测算》,《生态经济》2012 年第 12 期。

周亚越、俞海山:《邻避冲突、外部性及其政府治理的经济手段研究》,《浙江社会科学》2015 年第 2 期。

周叶中:《论重大行政决策问责机制的构建》,《广东社会科学》2015 年第 2 期。

朱海波:《地方政府重大行政决策程序立法及其完善》,《广东社会科学》2013 年第 4 期。

朱红军:《厦门 PX 事件:民意考量政府》,《浙江人大》2008 年第 Z1 期。

朱竞若、蒋升阳:《厦门 PX 项目续建、停建还是迁建?》,《人民日报》2007 年 12 月 19 日。

朱阅会:《"两会"期间有关安全问题的议案提案》,《湖南安全与防灾》2007 年第 4 期。

朱正威、王琼、吴佳:《邻避冲突的产生与演变逻辑探析——基于对 A 煤矿设施当地民众的实证调查》,南京社会科学 2017 年第 3 期。

朱正威、吴佳:《空间挤压与认同重塑:邻避抗争的发生逻辑及治理改善》,《甘肃行政学院学报》2016 年第 3 期。

英文文献

Aberbach Joel D., Bert A. Rockman, "Administrators' beliefs about the role of the public: the case of American federal executives." *Western Political Quarterly*, Vol. 31, No. 4 (Dec 1978).

Alkadry, Mohamad G, "Deliberative discourse between citizens and administrators: if citizens talk, will administrators listen?", *Administration & Society*, Vol.35, No.2 (May 2003).

Arnstein, Sherry R, "A ladder of citizen participation", *Journal of the American Institute of Planners*, Vol.35, No.4 (July 1969).

Bacot, Hunter, T. Bowen, and M. R. Fitzgerald, "Managing the Solid Waste Crisis", *Policy Studies Journal*, Vol.22, No.2 (June 1994).

Banks E.Pendleton, "Ethnography: an essential tool for impact prediction", *Impact Assessment*, Vol.8, No.4 (Dec 1990).

Barry George Rabe, *Beyond NIMBY: Hazardous Waste Siting in Canada and the United States*, Washington, D.C.: Brookings, 1994.

Burningham, Kate, "Using the Language of NIMBY: A topic for research, not an activity for researchers", *Local Environment*, Vol.5, No.1 (August 2000).

Churchill, G, "A Paradigm for Developing Better Measures of Marketing Constructs", *Journal of Marketing Research*, Vol.16, No.1 (1979).

Clingermayer J. "Electoral Representation, Zoning Politics, and the Exclusion of Group Homes", *Political Research Quarterly*. Vol.47, No.4 (Dec 1994).

Dear, M, "Understanding and Overcoming the NIMBY Syndrome", *Journal of the American Planning Association*, Vol.58, No.3(Summer 1992).

Devine-Wright Patrick, "Public engagement with large-scale renewable energy technologies: breaking the cycle of nimbyism." *Wiley Interdiplinary Reviews: Climate Change*, Vol.2, No.1(Jan 2011).

Devine-Wright Patrick, "Rethinking nimbyism: The role of place attachment and place identity in explaining place-protective action", *Journal of Community & Applied Social Psychology*, Vol.19, No.6(Nov 2009).

Domenic V.Cicchetti, Donald Shoinralter, and Peter J.Tyrer, "The Effect of Number of Rating Scale Categories on Levels of Interrater Reliability :A Monte Carlo Investigation", *Applied Psychological Measurement*, Vol.9, No.1(March 1985).

Dunn, S. C., Seaker, R. F., Waller, M. A, "Latent Variables in Business Logistics Research: Scale Development and Validation", *Journal of Business Logistics*, Vol. 15, No. 2 (1994).

Ferreira Susana, L.Gallagher, "Protest responses and community attitudes toward accepting compensation to host waste disposal infrastructure", *Land Use Policy*, Vol.27, No.2(April 2010).

Finucane Melissa L., et al, "The affect heuristic in judgments of risks and benefits", *Journal of Behavioral Decision Making*, Vol.13, No.1(Jan 2000).

Frey, Bruno S, Felix Oberholzer – Gee, "The cost of price incentives: An empirical analysis of motivation crowding–out", *The American Economic Review*, Vol. 87, No. 4 (Sep 1997).

Futrell, Robert, "Framing Processes, Cognitive Liberations, and NIMBY Protest in the U. S.Chemical-Weapons Disposal Conflict", *Sociological Inquiry*, Vol.73, No.3(August 2003).

George Pring, Penelope Canan, *Slapps: Getting Sued For Speaking Out*, Temple University Press, 1996.

Goklany I.*Clearing the Air: The Real Story of the War on Air Pollution*, Washington, DC: Cato Institute, 1999.

Gregory E.Mcavoy. "Partisan Probing and Democratic Decision making Rethking the Nimby Syndrome", *Policy Studies Journal*.Vol.26, No.2(June 1998).

Gregory, R., Mcdaniels, T., Fields, D, "Decision aiding, not disputere solution: Creating insights through structured environmental decision", *Journal of Policy Analysis and Manage-*

ment, Vol.20, No.3(Summmer 2001).

Gregory, Robin, et al, "Incentives Policies to Site Hazardous Waste Facilities." *Risk Analysis*, Vol.11, No.4(Dec 2010).

Hélène Hermansson, "The Ethics of NIMBY Conflicts", *Ethical Theory and Moral Praticec*, Vol.10, No.1(February 2007).

Herbert Inhaber, *Slaying the NIMBY Dragon*, New Jersey: Transaction Publisheres, 1998.

Jenkins-Smith, H., H.Kunreuther, "Mitigation and benefits measures as policy tools for siting potentially hazardous facilities: Determinants of effectiveness and appropriateness." *Risk Analysis*, Vol.21, No.2(April 2001).

Johnson Thomas, "Environmentalism and NIMBYism in China: promoting a rules-based approach to public participation." *Environmental Politics*, Vol.19, No.3(May 2010).

Kasperson R.E, "Siting Hazardous Facilities: Searching for Effective Institutions and Processes", in Lesbirel S.H.& Shaw D.(eds.), *Managing Conflict in Facility Siting: An International Comparison*, Edward Elgar Publishing, 2005.

Katherine Levine Einstein, Maxwell Palmer, and David M.Glick. "Who Participates in Local Government? Evidence from Meeting Minutes", *Perspectives on Politics*. Vol.17, No.1 (March 2019).

Kraft, Michael E., and Bruce B.Clary, "Citizen participation and the NIMBY syndrome: Public response to radioactive waste disposal", *Western political quarterly*, Vol.44, No.2(June 1991).

Kraft, E, Clary, B, "Citizen Participation and the Nimby Syndrome: Public Response to Radioactive Waste Disposal", *The Western Political Quarterly*, Vol.44, No.2(Jun., 1991).

Krütli Pius, et al, "Functional-dynamic public participation in technological decision-making: Site selection processes of nuclear waste repositories", *Journal of Risk Research*. Vol. 13, No.7(October 2010).

Kuhn, Richard G., K.R.Ballard, "Canadian Innovations in Siting Hazardous Waste Management Facilities." *Environmental Management*, Vol.22, No.4(August 1998).

Kunreuther Howard, Kevin Fitzgerald, and Thomas D.Aarts, "Siting noxious facilities: A test of the facility siting credo", *Risk Analysis*, Vol.13, No.3(June 1993).

Kunreuther Howard, "Voluntary Procedures for Siting Noxious Facilities: Lotteries, Auctions and Benefit-sharing", in Don Munton(Editor), *Hazardous Waste Siting and Democratic Choice*, Georgetown University Press, 1996.

L.Venkatachalam,"The contingent valuation method:a review",*Environmental Impact Assessment Review*,Vol.24,No.1(Jan 2004).

Lake Robert W,"Rethinking nimby",*Journal of the American Planning Association*,Vol. 59,No.1(Dec 1993).

Lake Robert W,"Volunteers,NIMBYs,and environmental justice:dilemmas of democratic practice",*Antipode*,Vol.28,No.2(April 1996).

Lesbirel S.Hayden,"Markets,transaction costs and institutions:compensating for nuclear risk in Japan",*Australian Journal of Political Science*,Vol.38,No.1(March 2003).

Lidskog Rolf,"From conflict to communication? Public participation and critical communication as a solution to siting conflicts in planning for hazardous waste",*Planning Practice & Research*,Vol.12,No.3(August 1997).

Lima Maria Luisa,"On the influence of risk perception on mental health:living near an incinerator",*Journal of Environmental Psychology*,Vol.24,No.1(March 2004).

Mark D.Robbins,Bill Simonsen,Barry Feldman,"Citizens and resource allocation:Improving decision making with interactive web-based citizen participation",*Public Administration Review*,Vol.68,No.3(May 2008).

Masashi Yamamoto,Yuichiro Yoshida,"Does the NIMBY Strategy Really Promote a Self-Interest:Evidence from England's Waste Management Policy",*National Graduate Institute for Policy Studies*,Oct 2012.

McAvoy,Gregory E."Partisan probing and democratic decisionmaking rethinking the NIMBY syndrome",*Policy Studies Journal*,Vol.26,No.2(June 1998).

Minehart Deborah,Z.Neeman,"Effective Siting of Waste Treatment Facilities."*Journal of Environmental Economics and Management*,Vol.43,No.2(March 2002).

Mitchell Ronald K.,B.Agle,"Toward a Theory of Stakeholder Identification and Salience:Defining the Principle of Who and What Really Counts",*Academy of Management Review*,Vol.22,No.4(Oct 1997).

O'Hare M,"Not on My Block You Don't:Facility Siting and the Strategic Importance of Compensation",*Public Policy*,Vol.24,No.4(March 1977).

Popper Frank,"Siting LULUs(locally unwanted land uses)",*Planning(ASPO)*,Vol. 47,No.4(Jan 1981).

Rebecca Morris,"Computerized Content Analysis in Management Research:A Demonstration of Advantages & Limitations",*Journal of Management*,Vol.20,No.4,1994.

Rosenbaum Walter A, "The paradoxes of public participation", *Administration & Society*, Vol.8, No.3(Nov 1976).

Ruth Burnice Mckay, "Consequential Utilitarianism: Addressing Ethical Deficiencies in the Municipal Landfill Siting Process", *Journal of Business Ethics*, Vol.26, No.4(Oct 2004).

S. Krimsky, A. Plough, *Environmental Hazards: Communicating Risks as a Social Process*. Dover.MA: Auburn House Publishing Company, 1988.

Saha Robin, Paul Mohai. "Historical context and hazardous waste facility siting: Understanding temporal patterns in Michigan", *Social Problems*, Vol.52, No.4(Nov 2005).

Sakai, Toyotaka, "Fair waste pricing: an axiomatic analysis to the NIMBY problem", *Economic Theory*, Vol.50, No.2(June 2012).

Shanoff Barry, "Not In My Backyard: The Sequel", *Waste Age*, Vol.31, Issue 8(August 2000), pp.25-31.

Shemtov Ronit, "Social networks and sustained activism in local NIMBY campaigns", *Sociological Forum*, Vol.18, No.2.(June 2003), pp.215-244.

Slovic Paul, Baruch Fischhoff, and Sarah Lichtenstein. "Facts and fears: Understanding perceived risk." *Societal Risk Assessment*. Boston: Springer, 1980.

Slovic Paul, *The feeling of risk: new perspectives on risk perception*, London: Earthscan Publications, 2010.

Stoker Gerry, "Governance as theory: five propositions", *International Social Science Journal*, Vol.50, No.155(March 1998).

Sun, Linlin, et al, "Issues of NIMBY conflict management from the perspective of stakeholders: A case study in Shanghai", *Habitat International*, Vol.53, (April 2016).

Susan Hunter & Kevin M. Leyden, "Beyond NIMBY: Explaining Opposition to Hazardous Waste Facilities", *Policy Studies Journal*, Vol.23, No.4(Dec 1995).

Tarrow Sidney G, *Power in Movement: Social Movements and Contentious Politics*, New York: Cambridge University Press, 2011.

Timothy A. Gibson, "NIMBY and the Civic Good", *City and Community*. Vol.4, No.4 (Dec 2005).

Walsh Edward, Rex Warland, and D. Clayton Smith, "Backyards, NIMBYs, and incinerator sitings: implications for social movement theory", *Social Problems*, Vol.40, No.1 (Feb 1993).

Wolsink Maarten, "Entanglement of Interests and Motives: Assumptions behind the NIM-

BY-theory on Facility Siting", *Urban Studies*, Vol.31, No.6(June 1994).

Wolsink Maarten, "Wind power implementation: The nature of public attitudes: Equity and fairness instead of 'backyard motives' ", *Renewable and Sustainable Energy Reviews*. Vol. 11, No.6(August 2007).

Wolsink Maarten, "Invalid theory impedes our understanding: a critique on the persistence of the language of NIMBY", *Transactions of the Institute of British Geographers*, Vol.31, No.1(March 2006).

Yang Kaifeng, and Sanjay K.Pandey, "Further dissecting the black box of citizen participation: When does citizen involvement lead to good outcomes?", *Public Administration Review*, Vol.71, No.6(Nov 2011).

Youliang Huang, Yan Ning, Tao Zhang, et al. "Public acceptance of waste incineration power plants in China: Comparative case studies." *Habitat International*, Vol.47(June 2015).

后　记

　　关注和研究"邻避治理"问题是从我参加工作就开始了的,至今已有七八年的历史。我清楚地记得,我第一次切身感觉到"邻避"这个专有名词会与我日后的教学和科研工作密切相关,是在2012年秋天教研室组织的一次教学集体备课会上。当时我接到了一个艰巨的任务,就是给党校中青班的学员做一次案例教学,主题为"提高科学民主决策能力"。这对于一个还未完成从学生到教师身份转变,且第一次上讲台的年轻教师来说是一个不小的挑战。所幸备课时间比较充裕,教研室也很快就确定了案例切入点——邻避项目决策,可集体攻关了。我遵循着从文献入手——学者们认知问题的一般路径开始相关工作。那时"邻避治理"研究刚刚在国内兴起,国内学者的相关讨论主要集中在反思西方理论和尝试构建本土化的解释框架上;而西方学者的研究虽已进入边际改良阶段,相应的实证分析亦比较成熟,但仍不免让人在阅读时产生疑惑,中国的真实情况也是如此吗?

　　带着这样的疑问,我决定从中国的现实中来寻找答案。我和教研室的老师随后前往云南、广东、福建、浙江、湖南、四川、江西、甘肃等多处进行实地调研。我们马不停蹄地与多层级政府中亲自参与项目决策和执行的相关人员进行了座谈,了解了整个决策过程和关键考量指标;我们访谈了项目周边公众、项目施工企业、项目反对人士,知晓了他们的诉求和关键利益点;我们还采访了环保 NGO 代表,并对他们进行了问卷调查……我们取得了大量第一手资料,这些资料都表明,邻避治理远比我们预想的复杂。

几乎与此同时,我获得了国家社科基金青年项目的资助,我开始认真思考如何将这种复杂性带入"邻避治理"本质影响规律的探求中。最终我确定了政府决策这个研究视角,并在同事们的帮助下着手党政主要领导干部决策行为调查。学界其实已经关注到决策在邻避治理中的重要地位,这从每年都在上升的相关研究发文量上便可窥见一斑,但种种研究的掣肘也凸显了出来。我利用在党校上课的便利,通过收集党政主要领导干部决策行为信息的方式来弥补现有研究的不足。课题选定的调研对象都是具有一定行政职务的公职人员,因为他们具有相当丰富的邻避问题处置经验,全部都直接参与过邻避决策和邻避事件中与公众的沟通,甚至大部分还是主要决策人和公众沟通的主要负责人,所以他们对于邻避事件中的公众参与、专家咨询、风险评估、冲突处置等问题的现状究竟如何,对政府决策到底有何深层次的影响,各有关因素的影响途径是什么都有着更加深刻的理解和准确的判断。我基于这些数据开展教学和学术研究,为的就是保证研究更为贴近主题,调查结果更为符合现实。

眼前的这本书就是我过去这些年来不断学术探索的产物。现在回想起来,这真是一段痛并快乐着的学术之旅,太多的人在这段旅途中给予了我无私的帮助。因为本书的写作起因与党校主体班的教学任务直接相关,而推动这项工作不断进展的就是中共中央党校(国家行政学院)公共管理教研部和原政法教研部的领导和同事们,所以感谢他们给我提供了优质、宽松的研究环境,能和他们一起共事是我莫大的荣幸。王满传教授、刘旭涛教授、宋世明教授、李江涛教授为我辈学习之楷模,他们以学术为业的情怀、执着的科研精神和一丝不苟的工作作风都为我们青年学者树立了良好的榜样,他们对年轻人每一份努力都温柔相待的态度尤其让人敬佩。本书的部分案例和数据收集工作是和黄小勇教授、井敏副教授、赖先进副教授共同完成的,他们的睿智时常启发着我,可以说,没有他们的大力支持,课题的研究不会进行到现在。另外,本书是国家社科基金青年项目"政府决策视野下的邻避冲突治理研究"的最终成果,项目组成员龙海波、黄金、罗晶在项目申请、数据收集、案例调研、数据整理、论文撰写等方面都付出了辛勤的劳动,项目管理中的很多工作也是在他们的协助下完成的,借此向他们表达由衷的谢意。浙江大学的陈国权教授是我的博士导师,多年来对我的工作、生活十分关心,很多次正是陈老师的慷慨帮助为我扫除了研究上的障碍,心中感激,不善表达。芝加哥大学的杨大力教授是世界知名的政治学家和中国问题研究专家,他一直关心着中国的环境治理问题。我有幸于2018—2019年度前往芝加哥大学访学并加入他的研究团队。在那里我感受到了理论之美、逻辑之美、数据分析之美、文字之美,杨老师对我的点拨也让我明确了未来研究的方向,使我终生受用。

特别要感谢人民出版社的汪逸女士,本书的策划、审读、校对、出版安排等工作都凝聚了她辛勤的汗水,她的细致和耐心展现了人民出版社对作者、读者和社会科学研究事业高度负责的专业精神。

最后,感谢我的妻子和岳父母多年来的任劳任怨,也感谢孩子的自立自主。他们对于家庭的投入是我在学术道路上不断精进的动力。

黄振威

2020 年 10 月 15 日

于大有庄 100 号

责任编辑:汪　逸
封面设计:石笑梦
版式设计:胡欣欣
责任校对:张红霞

图书在版编目(CIP)数据

政府决策视野下的邻避治理研究/黄振威 著. —北京:人民出版社,2020.12
ISBN 978－7－01－022783－2

Ⅰ.①政…　Ⅱ.①黄…　Ⅲ.①城市管理-研究-中国　Ⅳ.①F299.23

中国版本图书馆 CIP 数据核字(2020)第 245953 号

政府决策视野下的邻避治理研究
ZHENGFU JUECE SHIYE XIA DE LINBI ZHILI YANJIU

黄振威　著

人民出版社　出版发行
(100706　北京市东城区隆福寺街 99 号)

环球东方(北京)印务有限公司印刷　新华书店经销

2020 年 12 月第 1 版　2020 年 12 月北京第 1 次印刷
开本:710 毫米×1000 毫米 1/16　印张:18
字数:268 千字

ISBN 978－7－01－022783－2　定价:68.00 元

邮购地址 100706　北京市东城区隆福寺街 99 号
人民东方图书销售中心　电话 (010)65250042　65289539